W9-ANT-957

Dedykuję tę książkę
wszystkim ludziom mającym mózg.
Niełatwo jest z nim wytrzymać,
więc gratuluję wam wytrwałości!

dr dean burnett

GuPi MulG

**W CO TAK NAPRAWDĘ
POGRYWA TWOJA GŁOWA?**

Przekład: Dariusz Rossowski

Feeria
WYDAWNICTWO
science

Tytuł oryginału: *The Idiot Brain. What Your Head Is Really Up To*
Przekład: Dariusz Rossowski
Redakcja: Katarzyna Nawrocka
Korekta: Maria Zalasa
Skład: Norbert Młyńczak
Druk: Drukarnia im. A. Półtawskiego

Projekt okładki: Joanna Wasilewska
Zdjęcie Autora © Sarah Breeze

All rights reserved © Dean Burnett, 2016
Copyright for Polish edition and translation © Wydawnictwo JK, 2016

Wszelkie prawa zastrzeżone. Żadna część tej publikacji nie może być powielana ani rozpowszechniana za pomocą urządzeń elektronicznych, mechanicznych, kopiujących, nagrywających i innych bez uprzedniego wyrażenia zgody przez właściciela praw.

ISBN 978-83-7229-606-1
Wydanie I, Łódź 2018

Wydawnictwo JK, ul. Krokusowa 3, 92-101 Łódź
tel. 42 676 49 69
www.wydawnictwofeeria.pl

SPIS TREŚCI

WSTĘP

||||||||||||||||||||||||||||||||||||||||||||||||||||||

Książka ta zaczyna się tak jak niemal wszystkie moje interakcje – od serii długich i drobiazgowych przeprosin. Przede wszystkim przepraszam, jeśli po zakończeniu lektury stwierdzisz, że książka ci się nie spodobała. Niemożnością jest stworzenie czegoś, co przypadnie do gustu absolutnie wszystkim. Gdybym potrafił to zrobić, byłbym już demokratycznie wybranym przywódcą całego świata. Albo Dolly Parton.

Dla mnie tematy omawiane w tej książce, a koncentrujące się wokół pokrętnych i osobliwych procesów przebiegających w mózgu oraz wywoływanych przez nie nielogicznych zachowań, są źródłem nieustannej fascynacji. Wiedziałeś na przykład, że pamięć jest egotyczna? Być może zakładałeś, że to wierny zapis zdarzeń, które ci się przytrafiły, oraz treści, które przyswoiłeś – nic bardziej błędnego. Pamięć często przekręca i „podrasowuje" przechowywane informacje, tak byś prezentował się w lepszym świetle, trochę jak zachwycona mamusia, która opowiada o oszałamiającym sukcesie Tomeczka w przedszkolnym przedstawieniu, mimo że mały stał tylko na skraju sceny i dłubał w nosie.

A co powiesz na to, że stres może *poprawić* twoje wyniki w wykonywanym zadaniu? Chodzi o neurologiczny proces,

9

nie zaś jakąś anegdotę powtarzaną przez ludzi. Jedną z najpowszechniej stosowanych metod wywołania stresu podnoszącego efektywność jest narzucenie terminu ukończenia pracy. Jeżeli stwierdzisz, że jakość końcowych rozdziałów tej książki niespodzianie się podnosi, będziesz wiedział dlaczego.

Po drugie, mimo że formalnie jest to książka naukowa, jeśli spodziewałeś się w związku z tym chłodnej analizy struktur mózgu i ich funkcji, to wybacz – nie znajdziesz tu tego. Nie wywodzę się z „tradycyjnych" kręgów akademickich. Jestem pierwszą osobą w całej mojej rodzinie, której zaświatała myśl, by iść na uniwersytet, nie mówiąc już o pozostaniu na nim i zrobieniu doktoratu. Właśnie te zagadkowe inklinacje badawcze, stojące w jawnej sprzeczności z postawą moich najbliższych krewnych, sprawiły, że zaciekawiłem się neuronauką i psychologią, zastanawiając się, co jest ze mną „nie tak". Nie znalazłem satysfakcjonującej odpowiedzi, ale upewniłem się co do mojego zainteresowania mechanizmami mózgu oraz wiedzą naukową w ogóle.

Wiedza ta jest wytworem ludzkim. A ludzie, z grubsza biorąc, są istotami bałaganiarskimi, chaotycznymi i niekierującymi się logiką (w dużym stopniu z powodu takiego, a nie innego funkcjonowania ich mózgu), co znajduje odbicie w wielu aspektach nauki. Ktoś zdecydował kiedyś, że wszystkie uczone teksty powinny być pisane wzniośle i poważnie, i jakoś tak już zostało. Większość swego życia zawodowego poświęciłem na walkę z tym poglądem, a niniejsza książka jest jej najnowszym przejawem.

Po trzecie, chciałbym przeprosić wszystkich czytelników, którzy powołując się na tę książkę, polegną w merytorycznej dyskusji z ekspertem w dziedzinie neuronauki. Nasza wiedza na temat mózgu bez ustanku się rozwija. W odniesieniu do każdej tezy z tej książki można będzie pewnie znaleźć jakieś nowe badanie naukowe czy doświadczenie, którego wyniki będą negowały podane stwierdzenia. Jednak dla wiadomości tych, którzy dopiero zaczynają lekturę tekstów naukowych, dodam, że jest to charakterystyczne niemal dla każdej dziedziny nowoczesnej nauki.

Po czwarte, jeśli żywisz przekonanie, że mózg jest jakimś tajemniczym i niewytłumaczalnym bytem sięgającym obrzeży światów mistycznych, pomostem między doświadczeniem ludzkim a sferą nieznanego itd. – to bardzo przepraszam, ta książka naprawdę ci się nie spodoba.

Żebyśmy się dobrze zrozumieli: nie ma nic równie zadziwiającego jak ludzki mózg; jego funkcjonowanie jest niewiarygodnie fascynujące. Ale czasem pojawia się nieuzasadnione wrażenie, że ma on jakiś specjalny status, niepodlegający krytycznej analizie i w pewien sposób uprzywilejowany, a nasze pojęcie o nim jest tak ograniczone, że ledwie poskrobaliśmy powierzchnię tego, do czego jest zdolny. Z całym szacunkiem, to są nonsensy.

Mózg jest po prostu narządem wewnętrznym ludzkiego organizmu i jako taki stanowi skupisko rozmaitych odruchów, cech, zdezaktualizowanych procesów oraz niewydolnych systemów. Pod wieloma względami pada ofiarą swego własnego sukcesu. Ewoluował przez miliony lat, by osiągnąć aktualny stopień złożoności, ale w tym czasie nagromadził też mnóstwo śmiecia. Przypomina dysk komputera przeładowany starym oprogramowaniem i pościąganymi kiedyś plikami, które zakłócają bieżące funkcjonowanie trochę jak te przeklęte pop-upy wyskakujące z ofertą zniżki na kosmetyki z dawno zlikwidowanego portalu, gdy ty chcesz po prostu przeczytać nowy e-mail.

Chcę przez to powiedzieć, że mózg nie jest nieomylny. Jest oczywiście siedliskiem świadomości i motorem ludzkiego doświadczenia, ale mimo odgrywania tych doniosłych ról jest też nieprawdopodobnie zabałaganiony i zdezorganizowany. Wystarczy na niego spojrzeć, by przekonać się, jak jest śmieszny. Przypomina zmutowany orzech włoski, galaretę H. P. Lovecrafta, sponiewieraną rękawicę bokserską i tak dalej. Na pewno robi wrażenie, ale jest daleki od ideału, a *te niedoskonałości wywierają wpływ na wszystko, co mówimy, robimy i odczuwamy.*

Dlatego zamiast tuszować czy wręcz ignorować co bardziej chaotyczne właściwości mózgu, powinniśmy je uwypuklać, a nawet doceniać. W książce tej opisuję wiele nieskończenie zabawnych wybryków naszego mózgu, których konsekwencje ponosimy. Przywołuję też pewne dawniejsze koncepcje jego funkcjonowania, które okazały się dalekie od rzeczywistości. Czytelnicy powinni zyskać dzięki temu pełniejsze i jednocześnie dodające otuchy wyjaśnienie przyczyn tego, że różni ludzie (oraz oni sami) regularnie robią i mówią dziwne rzeczy, a także posiąść zdolność do uzasadnionego wzniesienia brwi w reakcji na szybko przyrastającą we współczesnym świecie lawinę neurononsensów. Jeśli książka ta w ogóle może poszczycić się czymś tak wzniosłym jak przewodnie wątki czy nadrzędne cele, oto właśnie one.

Moje ostatnie przeprosiny wiążą się z komentarzem pewnego kolegi z uniwersytetu, który stwierdził: „Prędzej piekło wystygnie, niż ty wydasz własną książkę". Przeprosiny dla szatana. Ta sytuacja musi być dla ciebie bardzo niekomfortowa.

dr Dean Burnett

||||||||||||||||||||||||||||||||||||||||||||||||||||

ROZDZIAŁ 1

Kontrolki umysłowe

W jaki sposób mózg reguluje funkcje organizmu,
robiąc przy tym niezły bajzel

Mechanizmy, które pozwalają nam myśleć, rozumować i kontemplować, nie istniały miliony lat temu. Ryby, która eony temu jako pierwsza wypełzła na ląd, nie trapił niedostatek pewności siebie i wątpliwość: „Dlaczego to robię? Nie mogę oddychać tam w górze i nawet nie mam nóg, czymkolwiek by miały być. Ostatni raz gram w *Prawdę czy wyzwanie*". Aż do niedawna mózg służył dużo oczywistszemu i prostszemu celowi: dowolnymi dostępnymi środkami utrzymać organizm przy życiu.

Prymitywny mózg ludzki ewidentnie sobie z tym poradził, skoro nasz gatunek przetrwał i dziś jest dominującą formą życia na Ziemi. Ale pomimo ewolucji złożonych zdolności poznawczych funkcje pierwotnego prymitywnego mózgu nie zniknęły. Jeśli już, to tylko nabrały większego znaczenia; posługiwanie się językiem i umiejętnościami racjonalnego myślenia na niewiele by się zdało, gdyby ludzie ginęli milionami z takich banalnych powodów jak zapominanie o jedzeniu czy nieopatrzne ześlizgiwanie się w przepaść.

Mózg potrzebuje ciała, aby go utrzymywało, a ciało potrzebuje mózgu, aby je regulował oraz dyktował mu, co ma robić. (Związek między nimi jest daleko bardziej zawikłany, niż sugeruje ten opis, ale na razie niechaj nam to wystarczy.) W konsekwencji wielka część mocy mózgu jest poświęcona podstawowym procesom fizjologicznym, monitorowaniu wewnętrznych mechanizmów, koordynowaniu reakcji na napotkane problemy, sprzątaniu bałaganu. Mówiąc ogólnie, bieżącemu serwisowaniu. Obszarami odpowiedzialnymi za te fundamentalne aspekty są pień mózgu i móżdżek, które określa się czasem zbiorczo jako „mózg gadzi", co podkreśla ich prymitywną naturę, gdyż zasadniczo robią to samo co wtedy, gdy w mrokach zamierzchłej przeszłości byliśmy gadami (ssaki to późniejszy dodatek do przyrody ożywionej naszego globu). Natomiast wszystkie bardziej zaawansowane zdolności, w których lubujemy się współcześnie – świadomość, koncentracja, percepcja, rozumowanie – są ulokowane w korze mózgowej (o wiele mówiącej łacińskiej nazwie *neocortex*; *neo* znaczy „nowy"). Faktyczny podział jest znacznie bardziej złożony, niż wskazują te etykietki, ale jest to pożyteczny skrót myślowy.

Chciałoby się mieć nadzieję, że te dwie części – mózg gadzi i kora – harmonijnie współpracują albo przynajmniej wzajemnie się ignorują. Nic podobnego. Jeżeli miałeś kiedyś nad sobą szefa preferującego mikrozarządzanie, wiesz, jak frustrująco niewydajny bywa taki układ. Otrzymywanie niekompetentnych poleceń od osoby mniej doświadczonej (ale stojącej wyżej w hierarchii firmy), która zza twoich pleców dodatkowo zadaje głupie pytania, tylko utrudnia pracę. Kora przez cały czas zachowuje się tak w stosunku do mózgu gadziego.

Jednak obraz ten nie jest czarno-biały. Kora jest plastyczna i reaktywna, mózg gadzi zaś – okopany w swoich nawykach. Wszyscy znamy ludzi, którzy uważają, że wiedzą wszystko najlepiej, ponieważ są starsi albo dłużej coś robią. Współpraca z takimi osobami zazwyczaj układa się koszmarnie, jak przy próbie wprowadzania edytorów tekstu w kontaktach zawodowych z kimś, kto upiera się przy używaniu maszyny do pisania, „bo tak zawsze się robiło". Mózg gadzi potrafi być właśnie taki, sabotując pożyteczne zmiany przez swój niewzruszony upór. W tym rozdziale przekonamy się, jak mózg dezorganizuje najbardziej podstawowe czynności organizmu.

Przestań czytać! Chcę wysiąść
(Jak mózg wywołuje chorobę lokomocyjną)

Współcześnie ludzie spędzają znacznie więcej czasu w pozycji siedzącej niż kiedykolwiek wcześniej. Praca fizyczna została w wielkim stopniu wyparta przez biurową, a samochody i inne środki transportu sprawiają, że możemy przemieszczać się na siedząco. Internet pozwala spędzić praktycznie całe życie na fotelu czy kanapie, oferując zdalne zwiedzanie świata, bankowość online i zakupy w sieci.

Ma to swoje wady. Nieprzyzwoite sumy wydaje się na ergonomicznie projektowane fotele biurowe, by pracownicy nie doznawali urazów z powodu nadmiernie długiego siedzenia. Zbyt wiele godzin spędzonych nieruchomo na fotelu w samolocie może prowadzić do zgonu z powodu zakrzepicy żył głębokich. Może się to wydawać dziwne, ale brak ruchu jest szkodliwy.

A to dlatego, że ruch jest ważny. Ludzie dobrze sobie z nim radzą, co widać choćby w tym, że nasz gatunek rozprzestrzenił się niemal na całą planetę, a jego przedstawiciele byli nawet na Księżycu. Uważa się, że chodzenie trzech kilometrów dziennie jest pożyteczne dla mózgu, ale zapewne jest też pożyteczne dla każdej części ciała.[1] Nasz szkielet wyewoluował w taki sposób, że ułatwia długie chodzenie; predysponują do niego budowa i właściwości ludzkich stóp, nóg, bioder i ogólnie całego ciała. Ale rzecz nie tylko w anatomii. Wygląda na to, że jesteśmy „zaprogramowani" na chodzenie nawet bez udziału mózgu!

W kręgosłupie przebiegają wiązki nerwów, które sprawują kontrolę nad poruszaniem się przez nas bez jakiegokolwiek udziału świadomości.[2] Te wiązki nerwów, nazywane generatorami wzorców, znajdują się w niższych częściach rdzenia kręgowego w ośrodkowym układzie nerwowym. Generatory wzorców pobudzają mięśnie i ścięgna nóg do poruszania się w określonym rytmie, który odpowiada za chodzenie. Odbierają również sygnały zwrotne z mięśni, ścięgien, skóry i stawów – takie jak wykrywanie, że schodzimy po zboczu – byśmy mogli dostosować parametry ruchu do zaistniałych okoliczności. Wyjaśnia to, dlaczego nieprzytomny człowiek jest w stanie chodzić (będziemy to omawiać w dalszej części tego rozdziału przy okazji zjawiska lunatykowania).

Ta łatwość poruszania się i umiejętność robienia tego bez udziału myślenia – czy to podczas ucieczki z miejsca zagrożenia, czy w trakcie pogoni za zdobyczą albo umykania drapieżcom –

zagwarantowała naszemu gatunkowi przetrwanie. Pierwsze organizmy, które opuściły morze i skolonizowały ląd, zapoczątkowały życie wszystkich gatunków oddychających powietrzem na Ziemi. Nie zrobiłyby tego, gdyby nie były mobilne.

I tu rodzi się pytanie: skoro ruch jest nieodzowny dla naszego zdrowia oraz przetrwania gatunkowego, tak że w toku ewolucji wykształciliśmy wyrafinowane systemy biologiczne zapewniające jego sprawne funkcjonowanie, dlaczego czasem prowokuje nas do wymiotów? Jest to zjawisko znane jako choroba lokomocyjna lub choroba morska. Niekiedy przemieszczanie się sprawia, że ni stąd, ni zowąd śniadanie czy obiad lądują nam na kolanach.

Odpowiedzialność za to ponosi w rzeczywistości mózg, nie żołądek czy jelita (choć w danej chwili może się wydawać inaczej). Z jakiejż to racji mózg miałby dochodzić do wniosku, że przemieszczanie się z punktu A do B jest uzasadnionym powodem do wymiotów? Otóż mózg nie buntuje się tu przeciw naszemu ewolucyjnemu upodobaniu do ruchu. Problem wynika ze splotu działania licznych systemów i mechanizmów, które w zamierzeniu mają ułatwiać nam lokomocję. Zjawisko to ujawnia się tylko wtedy, gdy podróżujemy jakimś środkiem transportu – takim czy innym pojazdem. A oto dlaczego:

Ludzie mają wyrafinowany zestaw zmysłów i mechanizmów neurologicznych, które składają się na tzw. propriocepcję (czucie głębokie), czyli zdolność do wyczuwania aktualnego ustawienia poszczególnych części ciała oraz kierunku ich ruchu. Gdy schowasz dłoń za plecy, nadal będziesz w stanie ją tam wyczuwać, mając świadomość, gdzie się znajduje i jaki nieprzyzwoity gest robi, choć wcale jej nie widzisz. To przykład propriocepcji.

Mamy też układ przedsionkowy, zlokalizowany w uchu wewnętrznym. Tworzy go sieć wypełnionych płynem kanalików („kostnych rurek"), pozwalających wyczuwać stan równowagi ciała i jego położenie w przestrzeni. W kanalikach jest dość miejsca, by płyn mógł przelewać się pod wpływem grawitacji, a liczne neurony wyczuwają jego usytuowanie i poziom, co pozwala mózgowi na ocenę naszej bieżącej pozycji i orientacji względem ziemi. Jeśli płyn znajduje się u szczytu rurek, oznacza to, że obróciliśmy się do góry nogami, co prawdopodobnie jest dalekie od ideału, więc trzeba temu jak najszybciej zaradzić.

Naturalny sposób poruszania się człowieka (chód, bieg, a nawet raczkowanie czy podskoki) wytwarza specyficzne zestawy sygnałów. W poruszaniu się na dwóch nogach występuje stabilne bujanie w kierunku góra-dół, prędkość nadana całemu ciału, działanie zewnętrznych sił, takich jak ruch owiewającego powietrza, oraz przemieszczanie się płynów ustrojowych. Wszystko to jest wyczuwane przez propriocepcję oraz układ przedsionkowy.

Do oczu dociera obraz przesuwającego się zewnętrznego świata. Obraz taki może wynikać albo z naszego przemieszczania się, albo z ruchu otoczenia przy stałym położeniu nas samych. Na najbardziej podstawowym poziomie obie interpretacje są uzasadnione. Skąd mózg wie, która jest słuszna? Otrzymuje informacje wzrokowe, zestawia je z informacjami na temat rozmieszczenia płynów w uchu i orzeka: „Ciało się porusza, to normalne", po czym wraca do rozmyślania o seksie albo zemście, albo Pokemonach, albo czymkolwiek innym, co go zajmuje. Oczy współpracują z systemami wewnętrznymi, oferując wyjaśnienie bieżącej sytuacji.

Jednak poruszanie się w pojeździe wytwarza inny zestaw sygnałów. W samochodzie nie ma charakterystycznego rytmicznego bujania, które mózg kojarzy z chodem (chyba że zawieszenie jest całkiem do niczego); podobnie jest zwykle w samolocie, pociągu czy na statku. W trakcie podróży to nie ty faktycznie „realizujesz" przemieszczanie się; ty siedzisz sobie spokojnie, robiąc coś dla zabicia czasu, na przykład starasz się powstrzymać wymioty. Twój zmysł propriocepcji nie wysyła więc mózgowi żadnych sygnałów pozwalających mu zorientować się w sytuacji. Brak tych sygnałów oznacza dla mózgu gadziego, że nie robisz nic, co zostaje dodatkowo wzmocnione przez informacje od oczu, potwierdzające, że się nie poruszasz. Jednak w rzeczywistości *jesteś* przecież w ruchu, a wspomniane płyny w uchu, reagujące na siły związane z szybkością i przyspieszeniem, wysyłają do mózgu sygnały, że poruszasz się, i to bardzo prędko.

Mózg otrzymuje zatem sprzeczne sygnały od precyzyjnie skalibrowanych systemów detekcji ruchu i uważa się, że właśnie to powoduje chorobę lokomocyjną. Nasz świadomy mózg może łatwo uporać się z takimi niespójnymi informacjami, ale głębsze, bardziej fundamentalne systemy podświadome, które regulują czynności organizmu, nie mają pojęcia, jak radzić sobie z takimi problemami ani co może stanowić przyczynę takiej niespójności. W efekcie mózg gadzi wyciąga następujący wniosek: istnieje tylko jedna rzecz, która może tak głęboko zakłócić mechanizmy wewnętrzne, doprowadzając do je do dezorientacji.

To musi być trucizna! A kiedy mózg uznaje, że trucizna znajduje się w organizmie, może być na to tylko jedna rozsądna reakcja: pozbyć się jej, czyli niezwłocznie uruchomić odruch wymiotny. Wyżej zaawansowane obszary mózgu mogą mieć lepsze rozeznanie, ale potrzeba wielkiego wysiłku, by zmienić działanie bardziej podstawowych obszarów, gdy te zostaną aktywowane. Niemal z definicji są „okopane w swoich nawykach". Zjawisko to wciąż nie ma pełnego wyjaśnienia. Dlaczego choroba lokomocyjna nie prześladuje nas cały czas? Dlaczego niektórzy ludzie w ogóle na nią nie cierpią? Do jej wystąpienia może przyczyniać się wiele czynników środowiskowych lub osobniczych, takich jak typ pojazdu, którym się podróżuje, albo pewne predyspozycje neurologiczne do nadwrażliwości na określone formy ruchu, niemniej najbardziej ugruntowaną teorią na ten temat jest właśnie ta, którą przytoczyłem. Alternatywne wyjaśnienie oferuje tzw. hipoteza oczopląsu,[3] zgodnie z którą do choroby lokomocyjnej prowadzą nietypowe pobudzenia nerwu błędnego, wynikające z niezamierzonego rozciągania mięśni zewnętrznych gałki ocznej (odpowiadających za utrzymywanie oczu w określonej pozycji i odpowiednie ruchy gałek ocznych) w trakcie przemieszczania się. Tak czy inaczej cierpimy na te dolegliwości dlatego, że mózg łatwo traci orientację oraz dysponuje ograniczoną paletą rozwiązań potencjalnych problemów, podobnie jak człowiek awansowany na stanowisko przerastające jego kompetencje, który reaguje potokiem frazesów lub napadami złości, gdy wymaga się od niego konkretnych decyzji.

Najciężej przebiega zwykle choroba morska. Na lądzie krajobraz dostarcza wielu punktów odniesienia (takich jak mijane drzewa), na które można spojrzeć, by przekonać się o ruchu, natomiast na statku jest zazwyczaj tylko tafla morza oraz obiekty zbyt odległe, by mogły się przydać do takiego celu, toteż układ wzrokowy jest tym bardziej skłonny meldować brak ruchu. Dodatkowo nakłada się na to nieprzewidywalne bujanie, pod wpływem którego płyn w uchu wysyła jeszcze więcej sygnałów do skołowaciałego mózgu.

W swoich wspomnieniach wojennych *Adolf Hitler: My Part in His Downfall* Spike Milligan opisuje, jak jego oddział był przerzucany okrętem do Afryki, on zaś należał do nielicznych, którzy nie poddali się chorobie morskiej. Na pytanie o najlepszy sposób zmagania się z tą dolegliwością odpowiedział po prostu: „Siedzieć pod drzewem". Nie potwierdzają tego wyniki żadnych znanych mi badań naukowych, ale mam głębokie przekonanie, że metoda ta sprawdziłaby się także w zapobieganiu chorobie lotniczej.

Masz miejsce na deser?

(Zagmatwana i pokrętna kontrola mózgu nad odżywianiem)

Żywność to paliwo. Kiedy twój organizm potrzebuje energii, jesz. Kiedy nie potrzebuje, nie jesz. Jeśli się nad tym zastanowić, jest to szalenie proste, ale w tym tkwi właśnie cały problem: my, szanujące się, rozumne istoty ludzkie podchodzimy do sprawy analitycznie, co ściąga na nas różnego typu problemy i neurozy.

Mózg sprawuje zaskakująco dużą kontrolę nad zachowaniami związanymi z jedzeniem i apetytem.* Mogłoby się zdawać, że

---

* Zresztą nie jest to relacja jednokierunkowa. Nie tylko mózg wywiera wpływ na to, jakie pożywienie zjadamy, ale również zjadane pożywienie w znacznym stopniu wpływa (lub wpływało) na pracę mózgu.[4] Pewne odkrycia wskazują, że wynalezienie metod gotowania sprawiło, iż ludzie nagle zaczęli czerpać znacznie więcej substancji odżywczych z pożywienia. Być może jakiś prehistoryczny człowiek potknął się i trzymany przez niego stek z mamuta wpadł do płonącego w obozowisku ogniska. Zdeterminowany, by nie stracić posiłku, sięgnął może po patyk i wyciągnął mięso, przekonując się, że stało się łatwiejsze do pogryzienia i bardziej apetyczne. Gotowanie i pieczenie surowych produktów żywnościowych

tego rodzaju sprawami zajmują się żołądek czy jelita, ewentualnie z jakimś udziałem wątroby albo rezerw tłuszczowych, czyli obszarów przetwarzania i magazynowania trawionych substancji. Faktycznie, wszystkie one odgrywają swoją rolę, ale nie jest ona tak dominująca, jak się można spodziewać.

Przyjrzyjmy się żołądkowi. Po najedzeniu się większość ludzi mówi, że ma „pełny brzuch". Żołądek to pierwsza obszerniejsza jama ciała, do której trafia spożyty pokarm. W miarę napełniania rozszerza się on i wówczas nerwy posyłają do mózgu sygnał, by powściągnąć apetyt i przestać jeść. Na tym w założeniu opiera się działanie koktajli odchudzających, które wypija się zamiast posiłku.[5] Koktajl zawiera gęste składniki, które szybko wypełniają żołądek, rozciągając jego ściany, co wysyła do mózgu sygnał „jestem pełny" bez konieczności zapychania się pączkami czy kartoflami.

Jednak jest to rozwiązanie na krótką metę. Wielu ludzi donosi o odczuwaniu głodu już w dwadzieścia minut po wypiciu takiego koktajlu. Dzieje się tak dlatego, że sygnały o rozszerzeniu żołądka są tylko niewielką częścią systemu kontroli żywienia i apetytu. Stanowią najniższy szczebelek na długiej drabinie, która sięga znacznie bardziej złożonych struktur mózgu. Drabina ta biegnie czasem zygzakowato, a nawet zapętla się w drodze na górę.[6]

---

ułatwia ich jedzenie i trawienie. Długie i zbite cząsteczki ulegają rozpadowi czy denaturacji, przez co zęby, żołądek i jelita mogą doprowadzić do pobrania większej ilości substancji odżywczych. Uważa się, że skutkowało to gwałtownym skokiem w rozwoju mózgu. Ludzki mózg jest narządem wymagającym niezwykłych nakładów energetycznych ze strony organizmu. Gotowanie żywności pozwoliło nam zaspokoić te potrzeby. Z kolei spotęgowany rozwój mózgu podniósł naszą inteligencję, doprowadził do usprawnienia metod łowieckich, wynalezienia sposobów uprawy ziemi, powstania rolnictwa itd. Żywność zapewniła nam większy mózg, a większy mózg dał nam więcej żywności – idealne sprzężenie zwrotne.

Na apetyt oddziałuje nie tylko unerwienie żołądka. Ważną rolę odgrywają również hormony. Leptyna jest hamującą apetyt substancją wydzielaną przez komórki tłuszczowe. Z kolei zaostrzająca apetyt grelina jest wydzielana w żołądku. Jeśli człowiek ma większe zapasy tkanki tłuszczowej, powstaje u niego więcej hormonu powściągającego apetyt, a jeśli żołądek zauważa, że od dawna jest pusty, wydziela hormon, który pobudza apetyt. Proste, prawda? Niestety, nie. U ludzi może występować podniesiony poziom tych hormonów zależnie od ich zapotrzebowania na pożywienie, ale mózg szybko się do tego przyzwyczaja i praktycznie ignoruje te sygnały, jeśli utrzymują się zbyt długo. Jedną z naczelnych umiejętności mózgu jest zdolność ignorowania wszystkiego, co staje się przewidywalne, bez względu na to, jak jest ważne (właśnie dlatego żołnierze w strefie walki potrafią przez kilka godzin spać).

Zauważyłeś, że zawsze masz „miejsce na mały deser"? Mogłeś właśnie zjeść konia z kopytami czy taką furę spaghetti, że gondola z tobą poszłaby na dno Canale Grande, jednak zawsze zdołasz jeszcze wcisnąć kawałek czekoladowego tortu albo melbę z trzema kulkami lodów. Dlaczego? I jakim cudem?! Skoro żołądek jest pełny, jak to możliwe, że da się zjeść cokolwiek więcej? Dzieje się tak dlatego, że mózg podejmuje arbitralną decyzję, że masz jeszcze trochę miejsca. Słodki smak deseru jest konkretną nagrodą, rozpoznawaną i pożądaną przez mózg (patrz rozdział 8), więc uchyla on sygnały z żołądka, że „nie ma już miejsca". W odróżnieniu od sytuacji w chorobie lokomocyjnej tutaj mózg gadzi odgrywa mniejszą rolę, a przewagę zyskuje kora mózgowa.

Nie jest w pełni jasne, dlaczego to wszystko się wydarza. Być może dlatego, że w celu zachowania idealnej kondycji ludzie powinni się żywić w sposób zróżnicowany, więc zamiast polegać na fundamentalnym mechanizmie skłaniającym do jedzenia wszystkiego, co dostępne, do akcji wkracza mózg, próbując lepiej ustawić naszą dietę. I wszystko byłoby dobrze, gdyby mózg na tym poprzestawał. Ale nie poprzestaje i dlatego nie jest tak dobrze.

Ogromną siłę w odniesieniu do żywności mają nabyte skojarzenia. Ktoś może coś uwielbiać, na przykład, torty. Jada je od lat bez żadnych oporów, aż pewnego dnia po jakimś kawałku się rozchorowuje. Może krem był nieświeży albo ciasto zawierało jakiś uczulający składnik, a może (i to dopiero jest ciekawe) problem wyniknął z czegoś zupełnie innego, *co zostało zjedzone zaraz po torcie*. Jednak mózg zakodował sobie tę sytuację i od tego momentu uznaje torty za wykluczone. Wystarczy spojrzeć na kawałek ciasta z kremem, a już nachodzą nas nudności. Skojarzenia wstrętu należą do szczególnie silnych; wyewoluowały po to, by chronić nas przed zjadaniem trucizny czy czegoś niezdrowego, toteż bardzo trudno się ich pozbyć. Nie ma znaczenia, że wcześniej jadało się daną rzecz dziesiątki razy bez problemu. Mózg krzyczy: „Stop!" i niewiele można na to poradzić.

Skojarzenie nie musi dotyczyć tak drastycznych sytuacji jak rozstrój żołądka. Mózg wtrąca się niemal do każdej decyzji dotyczącej jedzenia. Znasz może angielskie powiedzenie, że „pierwszy kęs bierze się oczami". Większa część naszego mózgu, aż 65 procent, jest powiązana ze wzrokiem, nie ze smakiem.[7] Choć charakter i funkcje tych związków są nieprawdopodobnie zróżnicowane, ogólnie mówiąc, wskazują one, że wzrok jest podstawowym źródłem informacji zmysłowych dla mózgu. W porównaniu z nim smak wypada żenująco blado, jak przekonamy się w rozdziale 5. Przeciętny człowiek, mając zawiązane oczy i założony klips na nos, potrafi pomylić ziemniak z jabłkiem.[8] Oczy w dużo większym stopniu niż język wpływają na naszą percepcję, dlatego wygląd żywności odgrywa wielką rolę w czerpaniu satysfakcji z jedzenia (tłumaczy to wagę, jaką przywiązuje się do stylizacji dań w luksusowych restauracjach).

Na zwyczaje dietetyczne znacząco wpływa też rutyna. Przeanalizujmy takie pojęcie jak „pora lunchu". Kiedy wypada ta pora? Większość ludzi w krajach anglosaskich powie, że między godziną dwunastą a drugą. Ale dlaczego? Skoro jedzenie ma po prostu dostarczać energii, dlaczego wszyscy – od ciężko pracujących fizycznie robotników budowlanych czy drwali po siedzących przy biurku autorów książek albo programistów – zjadają lunch o tej samej porze? Otóż dlatego, że dawno temu zgodzili się, iż to jest pora posiłku, i mało kto to kwestionuje. Gdy wyrobisz sobie taki nawyk, mózg oczekuje, że będziesz go podtrzymywał, więc stajesz się głodny, ponieważ przychodzi pora jedzenia, zamiast orientować się, że pora coś zjeść, bo zrobiłeś się głodny. Najwyraźniej mózg uważa, że logika jest zbyt cenna, by jej nadużywać.

Nawyki stanowią ważny aspekt naszego sposobu odżywiania się. Gdy mózg wyrabia sobie pewne oczekiwania, ciało posłusznie się do nich dostosowuje. Bardzo łatwo powiedzieć człowiekowi z nadwagą, że powinien zdobyć się na trochę samodyscypliny i mniej jeść, ale nie jest to wcale tak proste. Przyczyny, z których zaczął się przejadać, mogą być złożone. Jedną z nich bywa *comfort eating*, czyli „zajadanie smutków". Gdy jest ci smutno i źle, mózg wysyła ciału sygnały, że jesteś zmęczony i wyczerpany. A skoro jesteś zmęczony i wyczerpany, to czego ci potrzeba? Energii. Skąd się ją czerpie? Z jedzenia! Ponadto wysokokaloryczna żywność może uruchamiać układy nagrody i przyjemności w mózgu.[9] Właśnie dlatego rzadko słyszy się o „sałatce na smutki"…

Kiedy zaś mózg i organizm przyzwyczają się do określonej podaży kalorycznej, bardzo trudno jest ją zredukować. Widziałeś kiedyś sprinterów czy maratończyków zgiętych w pół po biegu i z trudem łapiących oddech? Czy uznałbyś, że przesadzają z tym tlenem? Nikt nie upomina ich, że brak im samodyscypliny albo że się za mało hamują czy że są zachłanni na tlen. Podobny mechanizm (choć niestety mniej zdrowy) występuje w przypadku jedzenia: w organizmie zachodzą zmiany, w wyniku których oczekuje on zwiększonej podaży żywności, i w konsekwencji trudniej nad tym zapanować. Niełatwo jest uchwycić konkretne powody tego, że dana osoba jada więcej, niż powinna, i jest już do tej sytuacji przyzwyczajona, gdyż istnieje całe mrowie możliwości. Podejrzewa się jednak, że jest to skutek zapewnienia nieograniczonej dostępności jedzenia przedstawicielom gatunku, który w toku ewolucji przystosował się do korzystania z wszelkiej dostępnej żywności.

Jeśli potrzebny ci jest jeszcze jakiś dodatkowy dowód na to, że to mózg sprawuje kontrolę nad jedzeniem, zastanów się nad istnieniem takich zaburzeń, jak anoreksja czy bulimia. W ich przypadku mózg wytwarza w organizmie przekonanie, że obraz ciała jest ważniejszy od jedzenia, zatem ciało nie potrzebuje żywności! To tak jakbyś przekonywał samochód, że nie potrzebuje paliwa. Nie jest to ani rozumne, ani bezpieczne, a jednak zdarza się niepokojąco często.

Dwa podstawowe ludzkie wymogi, ruchu i jedzenia, zostają niepotrzebnie skomplikowane przez to, że mózg się do nich wtrąca. Niemniej jedzenie jest też jedną z wielkich przyjemności życia. Gdybyśmy mieli traktować je tylko jak szuflowanie węgla do pieca, życie straciłoby sporo blasku. Może więc mózg mimo wszystko wie, co robi.

Zasnąć i śnić może... czy raczej drgać w konwulsjach, dusić się albo lunatykować
(Mózg a złożone właściwości snu)

Spanie polega na dosłownym nicnierobieniu. Kładziemy się i tracimy świadomość. Cóż może być w tym skomplikowanego? Otóż bardzo dużo. Rzeczywiste mechanizmy snu – to, jak w niego zapadamy i co dzieje się w jego trakcie – to kwestie, nad którymi z reguły się nie zastanawiamy. Oczywiście z powodu wspomnianej utraty świadomości bardzo trudno byłoby myśleć o spaniu podczas niego samego. A szkoda, bo sen nie przestaje zadziwiać świata nauki, gdyby zaś więcej ludzi się nad nim zastanawiało, być może szybciej zgłębilibyśmy jego tajemnice.

Żeby wszystko było jasne: wciąż nie znamy celu snu! Doświadczają go (jeśli przyjąć stosunkowo elastyczną definicję) niemal wszystkie zwierzęta, nawet najprostsze nicienie.[10] Żadnych oznak snu nie wykazują co prawda na przykład meduzy i gąbki, ale one nie mają też mózgu, więc nie można od nich zbyt wiele wymagać. Niemniej sen, a przynajmniej regularne okresy ustawania aktywności, obserwuje się u przedstawicieli wielu bardzo różnych gatunków. Ewidentnie sen odgrywa istotną rolę i jest głęboko zakorzeniony w ewolucji. Ssaki wodne wykształciły sposób na spanie tylko jedną połową mózgu naraz, gdyż usypiając całkowicie, przestałyby płynąć i poszły na dno. Sen jest więc tak ważny, że liczy się bardziej niż „nieutonięcie", jednak nie wiemy dlaczego.

Istnieje wiele teorii na ten temat. Jedna z nich dotyczy procesu gojenia. Wykazano, że rany szczurów pozbawionych snu goją się dużo wolniej i generalnie zwierzęta te żyją znacznie krócej niż ich wysypiający się krewniacy.[11] Alternatywna teorii głosi, że sen ogranicza siłę sygnałów słabych połączeń nerwowych, co pozwala je łatwiej eliminować.[12] Jeszcze inna, że sen ułatwia redukcję negatywnych emocji.[13]

Według jednej z bardziej ekstrawaganckich teorii sen miał wyewoluować jako sposób zabezpieczenia przed drapieżnikami.[14] Wiele drapieżników uaktywnia się w nocy, ludzie zaś nie potrzebują 24-godzinnej aktywności, aby utrzymać się przy życiu. Sen daje nam długi okres, w którym pozostajemy w zasadzie w bezruchu, nie dając nocnemu drapieżnikowi wskazówek co do naszego miejsca pobytu.

Niektórych może oburzać ta ślepota współczesnych naukowców. Przecież sen służy odpoczynkowi, w którym dajemy ciału i mózgowi czas na regenerację i doładowanie się po wysiłku dnia. Rzeczywiście, jeżeli robiliśmy coś szczególnie wyczerpującego, dłuższy okres braku aktywności pomaga w regeneracji organizmu i ewentualnej odbudowie utraconych zasobów.

Jeśli jednak sen miałby służyć tylko wypoczynkowi, dlaczego niemal zawsze śpimy tyle samo bez względu na to, czy przez cały dzień nosiliśmy cegły czy siedzieliśmy w piżamie przed telewizorem? Przecież regeneracja po tych dwóch formach aktywności nie powinna zajmować tyle samo czasu. Ponadto aktywność metaboliczna organizmu spada we śnie tylko o 5–10 procent. To bardzo szczątkowe wyhamowanie – tak jak niewiele pomogłoby zejście ze 100 km/h do 90 km/h, gdy zauważymy dym wydobywający się spod maski samochodu.

O naszym wzorcu snu nie decyduje wyczerpanie – właśnie dlatego rzadko zdarza się, żeby ktoś zasnął w trakcie maratonu. Pora i długość snu są determinowane przez okołodobowe rytmy organizmu, wytworzone przez określone mechanizmy fizjologiczne. W mózgu znajduje się szyszynka – gruczoł regulujący wzorzec snu przez wydzielanie hormonu, zwanego melatoniną, pod wpływem którego stajemy się zrelaksowani i śpiący. Szyszynka reaguje na intensywność światła. Siatkówka w oku wychwytuje światło i wysyła sygnały do szyszynki; im więcej takich sygnałów do niej dociera, tym mniej melatoniny wydziela ten gruczoł (choć pewną ilość wytwarza stale). Poziom melatoniny w organizmie wzrasta stopniowo w ciągu dnia, a lawinowo po zachodzie słońca, dlatego nasze rytmy okołodobowe są powiązane z trwaniem dnia i jesteśmy zwykle czujni rano, a senni w nocy.

Mechanizm ten stanowi podstawę niedyspozycji związanych ze zmianą strefy czasowej (*jet-lag*). Przemieszczenie się do innej strefy czasowej powoduje, że człowiek podlega zupełnie innemu rozkładowi godzinowemu światła dziennego i na przykład doświadcza południowego słońca o porze, którą mózg uznaje za ósmą wieczorem. Nasze cykle snu są dokładnie wyregulowane i takie zaburzenie poziomu melatoniny je rozstraja. Wbrew pozorom nadrobienie braku snu przysparza naprawdę sporych trudności. Mózg i organizm są przywiązane do określonego rytmu okołodobowego, niełatwo jest więc zmusić się do snu o nieoczekiwanej porze (choć nie jest to niemożliwe). Dopiero po kilku dniach doświadczania nowego rozkładu światła dziennego rytm ten się skutecznie resetuje.

Pytasz być może: skoro nasz cykl snu jest tak wrażliwy na poziom światła, dlaczego nie wpływa na niego światło sztuczne? Otóż wpływa. Wydaje się, że w ostatnich stuleciach wzorce snu u ludzi bardzo się zmieniły z powodu rozpowszechnienia się sztucznego światła. Ponadto wzorce te różnią się zależnie od kultury.[15] W kulturach, w których jest mniejsza dostępność światła sztucznego lub jest inny rozkład światła słonecznego (na przykład na wysokich szerokościach geograficznych), występują specyficzne wzorce snu dostosowane do panujących okoliczności.

Zgodnie z podobnymi rytmami zmienia się też głęboka temperatura ciała, wahająca się między 37 a 36 stopni Celsjusza (w porównaniu z innymi ssakami ta rozpiętość temperatury jest naprawdę duża). Najwyższa jest po południu, po czym spada w miarę zbliżania się wieczoru. Kładziemy się do łóżka zwykle w połowie między szczytem a dołkiem temperatury, na okres snu przypada więc jej najniższa wartość, co może być uzasadnieniem szczelnego opatulania się kołdrą – podczas snu jesteśmy mniej rozgrzani niż w godzinach czuwania.

Z tezą, że sen to jedynie wypoczynek i sposób na oszczędzanie zasobów energii, nie zgadza się też obserwacja, że występuje on u zwierząt hibernujących,[16] czyli już pozbawionych świadomości. Hibernacja („sen zimowy") nie jest tym samym co zwykły sen: podczas hibernacji metabolizm i temperatura ciała spadają znacznie niżej niż w trakcie snu; trwa ona dłużej; upodobnia się bardziej do śpiączki. Tymczasem zwierzęta, które podlegają hibernacji, regularnie wchodzą również w stan snu, spożytkowując na to więcej energii! Najwyraźniej wypoczynek to nie jedyny cel, któremu ma służyć sen. W szczególnym stopniu dotyczy to mózgu, w którym podczas snu przebiegają złożone czynności. W skrócie wyróżnia się obecnie cztery fazy snu: fazę REM – *rapid eye movement*, czyli szybkich ruchów gałek ocznych – oraz trzy fazy bez takich ruchów, czyli non-REM albo NREM (stadium 1, 2 i 3 NREM; oto rzadki przykład pożądanej przez laików przejrzystości terminologicznej w neurologii). Trzy stadia snu NREM różnią się typem występującej w nich aktywności mózgowej.

Często zdarza się, że różne obszary mózgu synchronizują wzorce swojej aktywności, prowadząc do powstania zjawiska zwanego „falami mózgowymi". Gdy do synchronizacji włączają się również mózgi innych ludzi, nazywamy to „falą meksykańską".* Istnieje kilka typów fal mózgowych, a w każdym stadium NREM występują konkretne z nich.

W stadium 1 NREM mózg wytwarza głównie fale alfa, w zapisie stadium 2 pojawiają się tzw. wrzeciona, a w stadium 3 dominują fale delta. Odzwierciedla to stopniową redukcję aktywności mózgu w miarę wkraczania w kolejne fazy snu, a im głębiej człowiek w sen zapada, tym trudniej mu się dobudzić. W stadium 3 NREM – snu głębokiego – człowiek znacznie słabiej reaguje na bodźce zewnętrzne, na przykład na czyjś krzyk: „Wstawaj! Pali się!", niż w stadium 1. Niemniej mózg nigdy nie wyłącza się kompletnie, częściowo dlatego, że na różne sposoby podtrzymuje stan snu, ale przede wszystkim dlatego, że gdyby całkiem się wyłączył, bylibyśmy martwi.

---

* To żart. Na razie.

Z kolei w fazie snu REM mózg jest równie, jeśli nie bardziej, aktywny co podczas pełnego czuwania. Pewną ciekawą (choć nieco przerażającą) cechą REM jest atonia mięśni. Zdolność mózgu do sprawowania kontroli nad ruchem przez neurony motoryczne zostaje zasadniczo wyłączona i nie jesteśmy w stanie się poruszać. Nie jest do końca jasne, jak się to dzieje; być może jakieś specyficzne neurony hamują aktywność kory ruchowej albo zostaje zmniejszona wrażliwość obszarów kontroli ruchu, przez co znacznie trudniej jest zainicjować ruch. Jednak niezależnie, jaki stoi za tym mechanizm, zjawisko to występuje.

I bardzo dobrze. Faza REM to okres, w którym dochodzi do marzeń sennych. Gdyby więc układ ruchu pozostawał w pełni funkcjonalny, ludzie fizycznie wykonywaliby wszystko, o czym śnią. Jeżeli przypominasz sobie, co wyprawiałeś nieraz podczas snu, prawdopodobnie dostrzegasz, dlaczego lepiej byłoby tego uniknąć. Rzucanie się i wymachiwanie kończynami w trakcie snu, kiedy nie masz świadomości otoczenia, byłoby potencjalnie niebezpieczne zarówno dla ciebie, jak i nieszczęśnika śpiącego w pobliżu. Niestety na mózgu nie można jednak polegać w stu procentach, znane są więc przypadki zaburzeń behawioralnych związanych z fazą REM, w których paraliż ruchowy nie jest skuteczny i ludzie rzeczywiście fizycznie odgrywają swoje senne role. Naraża ich to na spore ryzyko, prowadząc do zjawiska lunatykowania, o którym będę pisał dalej.

Zdarzają się też drobniejsze usterki, zapewne lepiej znane ogółowi ludzi. Są na przykład zrywy senne, w których człowiek gwałtownie i bez zapowiedzi wstrząsa się w trakcie zasypiania. Powstaje wrażenie, jakby nagle zaczął spadać, toteż ciało się napręża w łóżku. Zjawisko to występuje częściej u dzieci i z wiekiem zanika. Zrywy senne łączono z lękiem, stresem, zaburzeniami snu itd., ale wydaje się, że najczęściej pojawiają się przypadkowo. Według niektórych teorii mózg myli zasypianie z umieraniem i stara się nas szybko rozbudzić. Jest to jednak wytłumaczenie mało sensowne, skoro właśnie mózg współuczestniczy w naszym zasypianiu. Inna teoria głosi, iż jest to ewolucyjna pozostałość po czasach, gdy spaliśmy na drzewach; nagłe wrażenie przechylania się sygnalizuje, że zaraz spadniemy, mózg panikuje więc i nas budzi. A może chodzi o coś zupełnie innego? Częstsze występowanie tego zjawiska u dzieci wynika prawdopodobnie z tego, że mózg jest wówczas w okresie rozwoju, w którym dopiero nawiązywane są różne połączenia, a procesy i funkcje podlegają wciąż doskonaleniu. W tak skomplikowanych systemach jak te wykorzystywane przez nasz mózg nigdy nie daje się wyeliminować wszystkich zakłóceń i usterek, toteż zrywy senne pojawiają się nawet w życiu dorosłym. Można przyjąć, że to po prostu niewielkie dziwactwo, zasadniczo nieszkodliwe.[17]

Kolejnym w zasadzie nieszkodliwym zjawiskiem – choć wcale na takie nie wygląda – jest paraliż przysenny. Z jakiegoś powodu mózg czasem zapomina włączyć system motoryczny, gdy odzyskujemy rano świadomość. Jak dotąd nie ustalono szczegółów, jak i dlaczego to się dzieje, ale dominuje przekonanie, iż ta drobna aberracja ma związek z zaburzeniem pedantycznego porządku stadiów snu. Każde stadium podlega regulacji przez określony typ aktywności neuronalnej, za którą odpowiada specyficzny zestaw neuronów. Może się zdarzyć, że zmiana tej aktywności nie zajdzie płynnie i sygnały nerwowe, które powinny reaktywować system motoryczny, są zbyt słabe (albo sygnały zamykające go są zbyt silne lub utrzymują się zbyt długo). W konsekwencji, gdy odzyskujemy świadomość, wciąż nie mamy władzy nad ruchem. Mimo że obudziliśmy się, mechanizm, który hamuje ruch w fazie REM, jest nadal aktywny, więc nie jesteśmy w stanie się poruszyć.[18] Zwykle nie trwa to długo, bo po rozbudzeniu się wznowieniu ulega cała reszta aktywności mózgowej, dominując nad sygnałami płynącymi z systemu snu, jednak póki się to nie stanie, sytuacja może napawać przerażeniem.

Zresztą przerażenie jest całkiem na miejscu. Bezradność i bezbronność w sytuacji paraliżu przysennego uruchamiają potężną reakcję lękową. Mechanizm tego zachowania omówimy w następnym podrozdziale, ale lęk ten może być tak intensywny, że wywołuje halucynacje zagrożenia, prowadzące do poczucia czyjejś obecności w pokoju – uważa się to za głęboką przyczynę fantazji o porwaniach przez przybyszów z kosmosu czy legend o sukubach. Większość ludzi, którzy doznają paraliżu przysennego, doświadcza tylko krótkich i sporadycznych epizodów, jednak u niektórych może się to stać przewlekłym i uporczywym problemem. Paraliż ten łączono z depresją i podobnymi zaburzeniami, co wskazuje na związek z przetwarzaniem sygnałów w mózgu.

Zjawiskiem jeszcze bardziej złożonym i prawdopodobnie spokrewnionym z paraliżem przysennym jest lunatykowanie. Również jego występowanie wiąże się z systemem wyłączania mózgowej kontroli motorycznej we śnie, z tym że teraz zachodzi sytuacja odwrotna – system ten nie jest dość silny lub dostatecznie skoordynowany. Lunatykowanie zdarza się częściej dzieciom, co skłania do hipotezy, iż wynika ono z niepełnego jeszcze rozwoju systemu hamowania ruchowego. Niektóre badania wskazują, że prawdopodobną przyczyną (a przynajmniej czynnikiem sprzyjającym) jest niedorozwój ośrodkowego układu nerwowego.[19] Zauważono też, że lunatykowanie jest dziedziczne i bardziej prawdopodobne w pewnych rodzinach, co sugeruje udział komponentu genetycznego we wspomnianej niedojrzałości układu nerwowego. Niemniej lunatykowanie może pojawić się też u dorosłych pod wpływem stresu, alkoholu, leków itd., które mogą mieć wpływ na system hamowania motorycznego. Część naukowców twierdzi, że lunatykowanie jest odmianą lub pewną formą padaczki; jak wiadomo, jest ona skutkiem niekontrolowanej, chaotycznej aktywności mózgowej, więc takie wyjaśnienie rzeczywiście brzmi logicznie. Jednak, bez względu na mechanizm, pomieszanie funkcji kontroli snu i ruchu zawsze wzbudza najwyższy niepokój.

Nic z tego by jednak nie wystąpiło, gdyby mózg nie był we śnie aktywny. To po co jest? Co robi w trakcie spania? Wysoce aktywna faza REM może spełniać kilka potencjalnych zadań. Jedno z głównych dotyczy pamięci. Według utrzymującej się od lat teorii w fazie REM mózg wzmacnia, reorganizuje i utrwala ślady pamięciowe. Dawne wspomnienia zostają połączone z nowymi; nowe są aktywowane, co pomaga je wzmocnić i zwiększyć ich dostępność; bardzo stare są pobudzane, co sprawia, że połączenia z nimi nie zostają całkiem zatarte itd. Proces ten zachodzi w czasie snu być może dlatego, że nie docierają wtedy do mózgu żadne zewnętrzne informacje, które wprowadzałyby dodatkowe zamieszanie i komplikacje. Nowej nawierzchni nie kładzie się na szosie, po której jeżdżą samochody – i ta sama logika znajduje zastosowanie tutaj.

Aktywacja i utrwalanie śladów pamięciowych powoduje, że w praktyce są przeżywane na nowo. Najstarsze doświadczenia stykają się z najnowszymi obrazami. Nie ma tu konkretnego porządku czy logicznej zasady, na której opiera się wynikająca z tego sekwencja doświadczeń, dlatego sny są zawsze tak dziwaczne i nie z tej ziemi. Uważa się ponadto, że obszary czołowe kory, odpowiedzialne za uwagę i logikę, starają się narzucić tej przypadkowej zbieraninie zdarzeń jakąś formę racjonalności, co tłumaczy, dlaczego mamy poczucie realności snu w trakcie jego trwania i nie uderza nas jawna nieprawdopodobność zdarzeń.

Mimo swej nieokiełznanej i nieprzewidywalnej natury niektóre sny mogą do nas powracać, zwykle te powiązane z jakimś konfliktem czy problemem. Jeśli czymś się akurat stresujesz (na przykład zbliżającym się terminem oddania książki, na który umówiłeś się z wydawcą), to sporo o tym myślisz. W rezultacie masz dużo świeżych śladów pamięciowych na ten temat, które trzeba uporządkować, więc pojawiają się często w snach i raz po raz śnisz o podpaleniu siedziby wydawcy.

Inna teoria głosi, że sen REM jest szczególnie ważny dla małych dzieci, wspomagając rozwój neurologiczny wykraczający poza samą pamięć czy odświeżanie i wzmacnianie różnych połączeń w mózgu. Pozwalałoby to wyjaśnić, dlaczego niemowlęta i dzieci muszą spać znacznie dłużej niż dorośli (często ponad połowę doby), a faza REM ich snu zajmuje w stosunku do pozostałych faz znacznie więcej czasu (stanowi około 80 procent czasu dziecięcego snu w porównaniu z 20 procentami u dorosłych). U dorosłych jest zachowana faza REM, ale tylko w takim stopniu, by utrzymać sprawność mózgu.

Według jeszcze innej teorii sen jest konieczny do usuwania „odpadów produkcyjnych" z mózgu. W nieprzerwanie zachodzących w mózgu złożonych procesach komórkowych powstaje mnóstwo metabolitów, których trzeba się pozbyć. Badania naukowe wykazały, że podczas snu dokonuje się to szybciej, być może więc sen jest dla mózgu odpowiednikiem włoskiej przerwy w godzinach otwarcia restauracji między lunchem a kolacją – czas ten jest równie pracowity, choć wypełniony innymi zadaniami.

Bez względu na to, dlaczego tak się dzieje, sen jest konieczny dla normalnego funkcjonowania mózgu. Ludzie pozbawieni snu, zwłaszcza fazy REM, szybko doświadczają znacznego spadku skupienia poznawczego, uwagi i umiejętności rozwiązywania zadań, spadku nastroju, rozdrażnienia oraz obniżenia zdolności wykonywania wszelkich zadań. Katastrofy nuklearne z Czarnobyla i Three Mile Island łączono z przepracowaniem i wyczerpaniem inżynierów, podobnie jak katastrofę promu kosmicznego Challenger; nie wspominajmy już nawet o długofalowych konsekwencjach decyzji podejmowanych przez pozbawionych snu lekarzy na trzecim dwunastogodzinnym dyżurze z rzędu.[20] Jeśli funkcjonujesz zbyt długo bez snu, mózg zaczyna uruchamiać „mikrosny", kilkuminutowe, czy choćby kilkusekundowe strzępy snu wyrwane jawie. Ale nawet jeśli zdołamy sobie poradzić z wszystkimi problemami kognitywnymi, które powoduje niedostatek snu, brak ten wiąże się ponadto z uszkodzeniem mechanizmów odpornościowych, otyłością, stresem i chorobami serca.

Jeżeli więc zdarzyło ci się przysnąć nad tą książką, nie jest nudna, tylko lecznicza…

Albo to szlafrok, albo morderca z zakrwawioną siekierą

(Mózg a reakcja walki lub ucieczki)

Nasze przetrwanie jako żywych, oddychających istot zależy od spełnienia wymogów biologicznych – snu, jedzenia i ruchu. Nie są to jednak jedyne warunki konieczne do zapewnienia egzystencji. W szerokim świecie czai się mnóstwo niebezpieczeństw, które czekają tylko na okazję, by nas dopaść. Na szczęście miliony lat ewolucji wyposażyły nas w wyrafinowany i godny zaufania zestaw środków obronnych, możliwych do zastosowania w reakcji na potencjalne zagrożenie i koordynowanych z podziwu godną szybkością oraz skutecznością przez nasz zdumiewający mózg. Dysponujemy nawet specjalną emocją przeznaczoną do rozpoznawania zagrożenia i skupiania na nim uwagi – strachem. Jedyną wadą jest to, że mózg wykazuje wrodzoną predylekcję do zabezpieczania się na zapas, co powoduje, że regularnie doznajemy strachu w sytuacjach, w których nie jest naprawdę uzasadniony.

Większość ludzi doświadczyła następującej sytuacji: podczas gdy leżysz z otwartymi oczami w ciemnym pokoju, cienie na ścianie zaczynają nagle mniej przypominać gałęzie drzewa za oknem, a bardziej wyciągnięte szkieletowate odnóża jakiegoś odrażającego potwora. Zaraz potem dostrzegasz kątem oka zakapturzoną postać przy drzwiach.

To na pewno grasujący z siekierą morderca, o którym właśnie opowiadała ci koleżanka. Naturalnie wpadasz w panikę. Tymczasem morderca stoi jak zaklęty. Nie robi najmniejszego ruchu – bo nie może. W rzeczywistości jest bowiem twoim własnym szlafrokiem, powieszonym wieczorem na drzwiach.

Logicznie podchodząc do sprawy, nie ma w tym sensu, więc dlaczego odczuwamy tak silne reakcje lękowe w stosunku do całkowicie niegroźnej rzeczy? Otóż nasz mózg wcale nie jest przekonany o tym braku zagrożenia. Choćbyśmy poruszali się w wysterylizowanych bańkach, a wokół nas nie byłoby żadnych ostrych kantów, mózg nadal podejrzewałby, że śmierć czyha na nas za każdym krzakiem. Dla niego życie przypomina balansowanie na linie zawieszonej nad przestworem pełnym rozwścieczonych szerszeni i potłuczonego szkła. Wystarczy jeden fałszywy krok, a skończysz w piekielnych mękach.

Ta skłonność jest w pełni zrozumiała. Ewolucja człowieka przebiegała we wrogim dziewiczym środowisku, w którym niebezpieczeństwa pojawiały się na każdym kroku. Ci ludzie, którzy wykształcili w sobie zdrową paranoję i uskakiwali przed cieniami (które mogły mieć autentyczne zęby), żyli dość długo, by przekazać swoje geny potomkom. W rezultacie współczesny człowiek dysponuje całym zestawem (w głównej mierze nieświadomych) automatycznych reakcji pozwalających radzić sobie z dowolnym zagrożeniem i odruch skorzystania z tego zestawu jest wciąż jak najbardziej aktywny (podobnie jak gatunek ludzki, któremu ten odruch zapewnił przetrwanie). Mowa tu o reakcji walki lub ucieczki – nazwanej zwięźle i niezwykle trafnie, gdyż rzeczywiście w sytuacji zagrożenia ludzie mogą albo z nim walczyć, albo przed nim uciekać.

Jak się pewnie domyślasz, reakcja walki lub ucieczki powstaje w mózgu. Docierają do niego informacje ze zmysłów, gromadząc się we wzgórzu, które stanowi swego rodzaju węzeł komunikacyjny mózgu. Gdyby porównać mózg do miasta, wzgórze byłoby centralnym dworcem, do którego dociera każdy towar przed wyekspediowaniem do miejsca przeznaczenia.[21] Wzgórze łączy się zarówno z zaawansowanymi partiami mózgu w korze, jak i z bardziej prymitywnymi obszarami „gadzimi" w śródmózgowiu i pniu mózgu. To niezwykle ważny rejon.

Niekiedy informacje zmysłowe, które docierają do wzgórza, są niepokojące. Mogą wskazywać na coś nierozpoznawalnego lub też na coś rozpoznawalnego, ale niepokojącego w danym kontekście. Jeżeli jesteś w lesie i słyszysz dziwny skowyt, jest to coś nierozpoznawalnego. Jeżeli jesteś sam w domu i słyszysz kroki na piętrze, sytuacja jest rozpoznawalna, ale groźna. W obu przypadkach donoszące o tym informacje zmysłowe zostają wrzucone do kategorii oznaczonej jako: NIEDOBRZE SIĘ DZIEJE. W korze, gdzie podlegają dalszemu przetwarzaniu, przygląda się im bardziej analityczna partia mózgu. Zastanawiając się, czy jest to coś, czym należy się zaniepokoić, przeszukuje zasoby pamięci, by sprawdzić, czy podobne zdarzenie kiedykolwiek nastąpiło. Jeżeli nie ma dość danych na potwierdzenie, że to, czego doświadczamy, jest bezpieczne, kora może uruchomić reakcję walki lub ucieczki.

Jednocześnie jednak informacje zmysłowe zostają przekazane również do ciała migdałowatego – części mózgu odpowiedzialnej za przetwarzanie silnych emocji, zwłaszcza strachu. Ciało migdałowate nie bawi się w subtelności. Gdy wyczuwa, że coś nie gra, natychmiast ogłasza czerwony alarm, i dzieje się to znacznie szybciej, niż trwa choćby najkrótsza analiza korowa. Właśnie dlatego niepokojące doznanie, na przykład niespodziewane pęknięcie balonika, niemal natychmiast wywołuje reakcję lękową, jeszcze zanim człowiek zdąży przetworzyć informacje na tyle, by zorientować się, że nie dzieje się nic groźnego.[22]

Następnie powiadomione zostaje podwzgórze. Jest to obszar zlokalizowany (zgodnie z nazwą) tuż pod wzgórzem i odpowiedzialny za dokonywanie różnych zmian w organizmie. Kontynuując wcześniejszą metaforę, jeśli wzgórze jest dworcem, podwzgórze to postój taksówek, które pozwalają dotrzeć do określonych części miasta, gdzie trzeba coś zrobić. Jednym z zadań podwzgórza jest uruchamianie reakcji walki lub ucieczki. Podwzgórze dokonuje tego przez postawienie ciała w stan gotowości bojowej za pośrednictwem współczulnego układu nerwowego.

Być może zastanawiasz się teraz, co to jest współczulny układ nerwowy. Dobre pytanie.

Cały układ nerwowy, czyli rozprzestrzeniająca się na organizm sieć nerwów i neuronów, pozwala mózgowi kontrolować ciało, a ciału komunikować się z mózgiem i na niego oddziaływać. Ośrodkowy układ nerwowy – mózg i rdzeń kręgowy – to miejsce, w którym podejmowane są ważne decyzje. W związku z tym jest on chroniony solidną warstwą kostną (czaszką i kręgosłupem). Od tych struktur odchodzą liczne duże nerwy, które dzielą się na coraz mniejsze, biegnąc dalej, by unerwić resztę ciała. Te sięgające daleko nerwy i ich odgałęzienia, zlokalizowane poza obrębem mózgu i rdzenia kręgowego, nazywa się obwodowym układem nerwowym.

Obwodowy układ nerwowy składa się z dwóch komponentów. Mamy układ somatyczny, zwany też wolicjonalnym, łączący mózg z układem mięśniowo-kostnym i pozwalający na wykonywanie świadomych ruchów, oraz autonomiczny układ nerwowy, który sprawuje kontrolę nad nieświadomymi procesami zapewniającymi nam funkcjonowanie, jest zatem połączony głównie z narządami wewnętrznymi.

Żeby jednak skomplikować to nieco bardziej, autonomiczny układ nerwowy dzieli się na dwie dalsze części: współczulną i przywspółczulną. Układ przywspółczulny odpowiada za utrzymywanie właściwego przebiegu spokojniejszych procesów w organizmie, takich jak stopniowe trawienie posiłku czy regulowanie usuwania odpadów. Gdyby ktoś chciał obsadzić różne części układu nerwowego w telewizyjnym sitcomie, układowi przywspółczulnemu przypadłaby rola zrelaksowanego powolniaka, który zachęca wszystkich, by wyluzowali, i sam rzadko wstaje z kanapy.

W odróżnieniu od niego układ współczulny jest niewiarygodnie spięty. W sitcomie grałby go paranoik owijający się w folię aluminiową i wygłaszający do wszystkich napotkanych osób tyrady na temat działań CIA. Układ współczulny nazywa się często „układem walki lub ucieczki", ponieważ to on wywołuje różne reakcje ciała w odpowiedzi na zagrożenie. Rozszerza źrenice, by do oczu wpadało więcej światła, co pozwala lepiej dostrzec niebezpieczeństwo. Podnosi puls, doprowadzając jednocześnie do odpływu krwi z obwodowych części ciała oraz mniej istotnych narządów i układów (w tym trawienia i ślinowego – stąd suchość w ustach w chwilach strachu) w stronę mięśni, tak byśmy mieli jak najwięcej energii do biegu lub walki (i czuli w rezultacie wielkie napięcie).

Układy współczulny i przywspółczulny działają bez przerwy i zwykle równoważą się wzajemnie, zapewniając normalne funkcjonowanie różnych systemów organizmu. Jednak w sytuacjach zagrożenia dowodzenie przejmuje układ współczulny, przygotowując ciało do walki lub (metaforycznej) ucieczki. Reakcja ta pobudza również rdzeń nadnerczy, przez co organizm zostaje zalany adrenaliną, odpowiedzialną za kolejne znajome reakcje na zagrożenie: napięcie, sensacje żołądkowe, szybki oddech dla lepszego natlenienia czy rozluźnienie zwieraczy (nie chcesz dźwigać w sobie niepotrzebnego balastu, gdy uciekasz przed czyhającą śmiercią).

Wyostrzona zostaje również spostrzegawczość, uwrażliwiając nas na potencjalne niebezpieczeństwa, a ograniczając zdolność do skupienia się na dowolnych innych drobniejszych sprawach, którymi zajmowaliśmy się, gdy zdarzyło się coś niepokojącego. Jest to skutek zarówno zwyczajowego wyczulenia mózgu na zagrożenie, jak i nagłego napływu do niego adrenaliny, która wzmacnia pewne formy aktywności, a ogranicza inne.[23]

Na wyższy bieg przechodzi też przetwarzanie emocji w mózgu, głównie z powodu uaktywnienia się ciała migdałowatego.[24] Stając w obliczu zagrożenia, musimy być w pełni zmotywowani, by się mu przeciwstawić lub jak najszybciej czmychnąć, dlatego natychmiast opada nas potężny strach lub złość, pogłębiając skupienie na czekającym nas zadaniu oraz gwarantując, że nie będziemy tracić czasu na zbędne filozofowanie.

W obliczu potencjalnego zagrożenia mózg oraz ciało błyskawicznie wchodzą w stan podwyższonej uwagi i fizycznej gotowości do działania. Problem tylko z tym słowem „potencjalne". Reakcja walki lub ucieczki uruchamia się, jeszcze zanim zyskamy pewność, że jest rzeczywiście potrzebna.

Znów jest to w pełni zrozumiałe. Prymitywny człowiek, który natychmiast uciekał przed czymś, co mogło być tygrysem, miał dużo większe szanse przeżycia i reprodukowania się niż jego kolega, który mówił: „Poczekajmy chwilę, żeby się upewnić". Pierwszy wracał do pozostałych członków szczepu bez szwanku, drugi zostawał przekąską tygrysa.

Jest to przydatna strategia przeżycia w puszczy, jednak czyni ogromne szkody współczesnym ludziom. Reakcja walki lub ucieczki uruchamia wiele realnych i energochłonnych procesów fizjologicznych, których wyciszenie zabiera dużo czasu. Niemało trwa już samo oczyszczenie krwiobiegu z wezbranej fali adrenaliny, dlatego bardzo niefortunne jest wprowadzanie całego ciała w stan bojowy, ilekroć pęknie jakiś balon.[25] Doznajemy spięcia i podniecenia potrzebnego do reakcji walki lub ucieczki, a potem szybko orientujemy się, że nie miało to sensu. Jednak nasze mięśnie pozostają napięte, a puls podniesiony itd. Nie spożytkowując tego w szaleńczym sprincie czy zapasach z napastnikiem, narażamy się na bolesne kurcze, usztywnienie mięśni, drżenie i wiele innych nieprzyjemnych konsekwencji, gdy napięcie przekracza dopuszczalny próg.

Dochodzi do tego zwiększona wrażliwość emocjonalna. Człowiek ogarnięty strachem czy złością nie jest w stanie natychmiast tych emocji odrzucić, toteż nierzadko zostają one przekierowane na Bogu ducha winne przedmioty. Powiedz komuś bardzo zdenerwowanemu, żeby się odprężył, a zobaczysz, co się stanie.

Jednak obciążenie fizyczne wynikające z reakcji walki lub ucieczki to tylko część zagadnienia. Mózg, tak dobrze przystosowany do wyszukiwania zagrożeń i skupiania się na nich, staje się źródłem coraz większych problemów. Po pierwsze, po oszacowaniu bieżącej sytuacji może wzmóc swoje uwrażliwienie na niebezpieczeństwo. Jeżeli przebywamy w ciemnym pomieszczeniu, mózg zdaje sobie sprawę, że nie widzimy zbyt dobrze, nasłuchuje więc podejrzanych dźwięków. Wiemy przecież, że w nocy powinno być cicho, zatem dowolny pojawiający się dźwięk znacznie bardziej zaprząta uwagę i jest w stanie uruchomić systemy alarmowe. Po drugie, dzisiejsza złożoność ludzkiego mózgu sprawia, że mamy zdolność przewidywania, racjonalizacji i posługiwania się wyobraźnią, a w związku z tym możemy obawiać się rzeczy, które się nie zdarzyły, czy zagrożeń nieistniejących, takich jak szlafrok udający mordercę.

Rozdział 3 poświęcam wyjaśnieniu dziwacznych sposobów, na jakie mózg wykorzystuje i przetwarza strach w naszym codziennym życiu. Nasz świadomy umysł, gdy tylko nie jest zajęty nadzorowaniem (i zakłócaniem) fundamentalnych procesów niezbędnych do zachowania przez nas życia, przejawia wyjątkowy talent do wymyślania sposobów, na jakie moglibyśmy ponieść taką czy inną szkodę. Nie musi to być szkoda fizyczna. Mogą to być tak mało uchwytne sprawy jak zawstydzenie czy smutek, fizycznie nieszkodliwe, ale jednak chciałoby się ich uniknąć, toteż sama możliwość ich wystąpienia wystarcza, by uruchomić reakcję walki lub ucieczki...

ROZDZIAŁ 2

||||||||||||||||||||||||||||||||||||||||||||||||||||

Dar pamięci
(zachowaj rachunek)

Dziwne właściwości systemu ludzkiej pamięci

Słowo „pamięć" często się dzisiaj przewija, choć z reguły w sensie technologicznym. „Pamięć" komputerowa to pojęcie powszechnie stosowane i dobrze rozumiane – miejsce magazynowania informacji. Pamięć telefonu, pamięć iPoda, nawet pendrive nazywamy pamięcią zewnętrzną. Można więc wybaczyć, że często traktujemy pamięć komputerową i pamięć ludzką jako z grubsza takie same pod względem sposobu działania. Informacja pojawia się na wejściu, mózg ją zapisuje i ty masz do niej dostęp, gdy zachodzi taka potrzeba, prawda?

Otóż nie. Dane i informacje wprowadza się do pamięci komputera, gdzie pozostają aż do czasu, gdy będzie na nie zapotrzebowanie, wtedy zaś – o ile nie pojawią się jakieś usterki techniczne – zostają pobrane dokładnie w takim samym stanie, w jakim je pierwotnie zapisano. Wszystko jasne i logiczne.

Ale wyobraźmy sobie komputer, który decydowałby, że pewne informacje w jego pamięci są ważniejsze od innych, robiąc to z niewyjaśnionych do końca powodów. Albo komputer, który katalogowałby informacje w sposób całkowicie pozbawiony logiki, na skutek czego w poszukiwaniu najbardziej podstawowych informacji trzeba by przeglądać zawartość wszystkich dysków i folderów po kolei. Albo komputer, który raz po raz nieproszony otwierałby w przypadkowych momentach twoje najbardziej prywatne i zawstydzające pliki, na przykład z pisanymi przez ciebie erotycznymi fanfikami Teletubisiów. Albo komputer, który uznawałby, że nie podobają mu się wprowadzone przez ciebie informacje, więc zmieniałby je stosownie do swoich upodobań.

A teraz wyobraź sobie komputer, który robi wszystkie te rzeczy przez cały czas. Takie urządzenie wyleciałoby przez okno z twojego biura już po pół godzinie od włączenia, posłane na niecierpiące zwłoki, ostateczne spotkanie z betonowym parkingiem trzy piętra niżej.

Tymczasem twój mózg robi to *wszystko* z twoją pamięcią, i to *nieustannie*. O ile w przypadku komputera jest tak, że można kupić nowszy model lub zawieźć wadliwie pracujący sprzęt do sklepu i wydrzeć się na sprzedawcę, który go zachwalał, o tyle na swój mózg jesteśmy w zasadzie skazani. Nie można go nawet wyłączyć i ponownie włączyć, żeby się zresetował (sen się nie liczy, o czym przekonaliśmy się w poprzednim rozdziale).

Oto jeden z powodów, z których stwierdzenie: „Mózg jest jak komputer" warto kierować do współczesnych specjalistów neuronauk, o ile ktoś lubi patrzeć, jak rozmówca skręca się z ledwo tłumionej frustracji. Jest to bowiem ogromnie uproszczone i mylące porównanie, a system pamięci jest tego doskonałą ilustracją. W rozdziale tym przyjrzymy się pewnym zdumiewającym i intrygującym właściwościom tego systemu mózgu. Określiłbym je „pamiętnymi", ale nie ma najmniejszej gwarancji, że takie się okażą, zważywszy na galimatias, jaki potrafi wywiązać się w systemie pamięci.

Po co ja tu właściwie przyszedłem?
(Rozdział między pamięcią długo- i krótkotrwałą)

Każdemu się to kiedyś przytrafiło. Zajmujesz się czymś w pokoju, kiedy nagle odczuwasz potrzebę, by pójść po coś do innego pomieszczenia. Po drodze coś cię rozprasza – słyszysz melodię z radia albo jakąś zabawną uwagę, którą ktoś rzuca, albo znienacka dociera do ciebie sens zwrotu akcji w tasiemcowej telenoweli, który od tygodni nie dawał ci spokoju. Bez względu na to, co to było, dochodzisz do miejsca przeznaczenia i zdajesz sobie sprawę, że nie masz pojęcia, po co się tu wybrałeś. Taka sytuacja jest frustrująca, irytująca i czasochłonna – a to tylko jeden z wielu psikusów, które płata nam zaskakująco złożony sposób przetwarzania przez mózg śladów pamięciowych.

Najlepiej znanym większości ludzi podziałem jest wyróżnienie pamięci krótkotrwałej i długotrwałej. Znacznie różnią się one między sobą, pozostają jednak wzajemnie zależne. Obie mają bardzo stosownie nadane nazwy. Treść w pamięci krótkotrwałej utrzymuje się maksymalnie przez minutę, podczas gdy ślady w pamięci długotrwałej mogą pozostawać z człowiekiem przez całe życie. Każdy, kto w odniesieniu do wspomnienia z poprzedniego dnia czy nawet sprzed kilku godzin mówi o pamięci krótkotrwałej, jest w błędzie – to już pamięć długotrwała.

Pamięć krótkotrwała jest ulotna i wiąże się z bieżącą świadomą manipulacją informacjami; w skrócie z rzeczami, nad którymi właśnie myślimy. Możemy o nich myśleć właśnie dlatego, że znajdują się w naszej pamięci krótkotrwałej; do tego ona służy. Pamięć długotrwała dostarcza bogactwa danych wspomagających myślenie, jednak za samo myślenie odpowiada pamięć krótkotrwała. (Z tego powodu niektórzy uczeni wolą mówić o pamięci „operacyjnej", na którą składa się pamięć krótkotrwała uzupełniona, jak się niebawem przekonamy, kilkoma dodatkowymi procesami.)

Wielu czytelników zdziwi się zapewne, że pojemność pamięci krótkotrwałej jest bardzo niewielka. Współczesne doniesienia naukowe wskazują, że przeciętnie można w niej przechowywać maksymalnie cztery „jednostki" naraz.[1] Jeśli ktoś dostanie listę słów do zapamiętania, będzie w stanie przyswoić tylko cztery. Wniosek ten opiera się na wynikach licznych doświadczeń, w których proszono ludzi o odtworzenie listy pokazanych uprzednio słów lub przedmiotów; średnio uczestnicy potrafili odtworzyć bezbłędnie tylko cztery z nich. Przez wiele lat uważano, że pojemność ta wynosi siedem plus/minus dwa. Nazywano to „magiczną liczbą" lub „prawem Millera", w uznaniu dla eksperymentów przeprowadzonych w latach pięćdziesiątych przez George'a Millera.[2] Jednak wskutek ponownej oceny rzeczywistego odtwarzania zawartości pamięci oraz zmiany samej metodologii badawczej uzyskaliśmy dane wskazujące, że rzeczywista pojemność jest bliższa czterech.

Użycie przeze mnie niejasnego terminu „jednostka" nie wynika po prostu ze słabego rozeznania w temacie (przynajmniej nie *tylko* z tego). To, co liczy się jako jednostka w pamięci krótkotrwałej, przyjmuje bardzo zróżnicowaną postać. Ludzie wypracowali pewne strategie radzenia sobie z ograniczoną pojemnością tej pamięci i metody maksymalizacji przestrzeni magazynowej. Jedną z nich jest proces segmentowania, w którym człowiek grupuje kilka rzeczy w jedną jednostkę informacji, by lepiej wykorzystać pojemność pamięci krótkotrwałej.[3] Gdyby poproszono cię o zapamiętanie słów: pachnieć, mama, ser, twoja, uroczy, byłoby to pięć jednostek. Gdybyś miał jednak zapamiętać zdanie: „Twoja mama uroczo pachnie serem", byłaby to jedna jednostka i potencjalna sprzeczka z eksperymentatorem.

Granice pojemności pamięci długotrwałej, inaczej niż w wypadku pamięci krótkotrwałej, pozostają wciąż nieznane, gdyż nikt nie żył dość długo, aby ją wyczerpać, ale ogólnie można stwierdzić, że jest nieprzyzwoicie pojemna. Dlaczego więc ta pierwsza podlega takim ograniczeniom? Częściowo dlatego, że pozostaje ona w nieustannym ruchu. Doświadczamy różnych rzeczy i myślimy o nich w każdej chwili na jawie (i w niektórych chwilach we śnie), co oznacza, że informacje wchodzą i wychodzą w alarmująco szybkim tempie. Nie jest to miejsce, które nadaje się do długotrwałego przechowywania czegokolwiek, gdyż brak tu stabilizacji i porządku – to jak zostawienie wszystkich swoich bagaży i dokumentów w wejściu do terminalu wielkiego międzynarodowego lotniska.

Kolejnym czynnikiem jest to, że wspomnienia krótkotrwałe nie mają strukturalnej podstawy. Treści te są przechowywane w postaci określonego wzorca aktywności neuronów. Dla jasności, neuron to oficjalna nazwa komórek mózgowych albo nerwowych, które stanowią fundament całego układu nerwowego. Każdy neuron jest malutkim procesorem biologicznym, zdolnym do otrzymywania i generowania informacji w postaci aktywności elektrycznej na błonie komórkowej, która nadaje neuronowi strukturę oraz zapewnia złożone połączenia z innymi neuronami. Wracając do tematu: pamięć krótkotrwała opiera się na aktywności neuronalnej w przeznaczonych do tego celu rejonach, takich jak grzbietowo-boczna kora przedczołowa płata czołowego.[4] Z badań obrazowych mózgu wiemy, że duża część wyrafinowanych procesów „myślenia" przebiega w płacie czołowym.

Przechowywanie informacji we wzorcach aktywności neuronalnej ma pewne wady. To trochę jakbyś sporządził listę zakupów na piance swojego cappuccino – technicznie jest to wykonalne, bo pianka zachowa kształty liter przez kilka chwil, ale nie zapewnia trwałości, więc w konsekwencji taka metoda przechowywania informacji nie jest zbyt praktyczna. Pamięć krótkotrwała służy do błyskawicznego przetwarzania danych i manipulowania nimi. W warunkach nieustannego napływu informacji wszystko, co w tym strumieniu nieistotne, zostaje zignorowane i nadpisane lub wygaszone.

Nie jest to system niezawodny. Dość często ważne sprawy wypadają z pamięci krótkotrwałej, zanim zostaną odpowiednio wykorzystane, co prowadzi do scenariuszy typu „Po co ja tu przyszedłem?". Ponadto pamięć ta może zostać przeciążona i pod naporem bombardowania wciąż nowymi informacjami i wymaganiami stracić zdolność do skupienia się na czymkolwiek konkretnym. Widziałeś kiedyś, jak wśród nieziemskiego harmidru (na przykład podczas dziecięcego przyjęcia albo nerwowego zebrania w pracy), gdy wszyscy domagają się, aby to ich wysłuchać, ktoś nagle krzyczy: „W takich warunkach nie da się myśleć"? Stwierdzenie to jest prawdziwe w sensie dosłownym. Pamięć krótkotrwała nie jest przystosowana do radzenia sobie z takim nawałem.

Nasuwa się od razu pytanie: Skoro pamięć krótkotrwała, w której przebiega myślenie, ma tak niewielką pojemność, to jakim cudem udaje się nam cokolwiek zrobić? Dlaczego nie siedzimy bezradni, niezdolni zliczyć nawet wszystkich palców jednej ręki? Szczęśliwie pamięć krótkotrwała jest powiązana z długotrwałą, co znacznie ogranicza liczbę stawianych jej samej wymagań.

Weźmy profesjonalnego tłumacza konsekutywnego – kogoś, kto słucha długiej, najeżonej szczegółami wypowiedzi w jednym języku, po czym odtwarza ją w innym. To przecież powinno zdecydowanie przekraczać możliwości pamięci krótkotrwałej, tak? Otóż nie. Gdybyś prosił kogoś o tłumaczenie na żywo wypowiedzi przy *jednoczesnym uczeniu się danego języka*, wówczas rzeczywiście byłoby to wielkie wyzwanie. Ale w pamięci długotrwałej zawodowego tłumacza są już zgromadzone słowa i struktury językowe (jak zobaczymy dalej, w mózgu istnieją nawet specjalne, poświęcone językowi obszary, takie jak ośrodki Broki i Wernickego). Pamięć krótkoterminowa zajmuje się kolejnością słów i znaczeniem zdań, ale jest to coś, z czym może sobie poradzić, zwłaszcza dzięki praktyce. Tego typu interakcja pamięci krótkoterminowej z długoterminową zachodzi u wszystkich. Nie musisz uczyć się, co to jest kanapka, za każdym razem, kiedy masz na nią ochotę, choć do czasu, gdy dojdziesz do kuchni, możesz zapomnieć, że to po nią szedłeś.

Informacja może na wiele sposobów zadomowić się jako trwały ślad pamięciowy. Na poziomie świadomym możemy zapewnić przekształcenie treści krótkotrwałej w długotrwałą przez odtwarzanie danej informacji, takiej jak numer telefonu ważnej dla nas osoby. Powtarzamy go sobie, by został zapamiętany. Jest to konieczne dlatego, że w odróżnieniu od wzorców ulotnej aktywności neuronów w pamięci krótkotrwałej, treści długotrwałe opierają się na wytworzeniu nowych połączeń między neuronami, wspieranych przez synapsy, a ich formowanie można pobudzać przez takie czynności jak powtarzanie rzeczy przeznaczonych do zapamiętania.

Neurony na całej swojej długości przewodzą sygnały, zwane potencjałami czynnościowymi. Przenoszenie sygnałów służy przekazywaniu informacji z ciała do mózgu i na odwrót, przybierając postać prądu płynącego zaskakująco gąbczastym kablem. Zwykle grupa neuronów tworzy łańcuch składający się na nerw, który przewodzi sygnał z miejsca na miejsce, toteż sygnały muszą przemieszczać się z jednego neuronu do następnego. Połączenie między dwoma (lub więcej) nerwami to synapsa. Nie jest to bezpośrednie złącze fizyczne. To w rzeczywistości bardzo waziutka szczelina między zakończeniem jednego neuronu a początkiem drugiego (z tym że wiele neuronów ma liczne początki i zakończenia, by nie było zbyt łatwo). Kiedy potencjał czynnościowy dociera do synapsy, pierwszy neuron w łańcuchu wydziela do synapsy cząsteczki zwane neuroprzekaźnikami. Wędrują one przez szczelinę i oddziałują z błoną drugiego neuronu za pośrednictwem jego receptorów. Gdy neuroprzekaźnik wejdzie w interakcję z receptorem, wzbudza się potencjał czynnościowy w tym neuronie, który płynie do kolejnej synapsy itd.

Jak przekonamy się dalej, istnieje wiele różnych rodzajów neuroprzekaźników. Opiera się na nich niemal cała aktywność mózgu, a każdy z nich ma swoją rolę i zadania. W organizmie występują również specyficzne receptory, które rozpoznają te cząsteczki i wchodzą z nimi w reakcje; przypomina to trochę pancerne drzwi, które można otworzyć tylko mając odpowiedni klucz, hasło, odcisk palca czy konfigurację siatkówki oka.

Uważa się, że właśnie receptory są miejscem rzeczywistego przechowywania informacji w mózgu. Podobnie jak określona sekwencja jedynek i zer na twardym dysku reprezentuje określony plik, tak pewien zbiór synaps w danym miejscu reprezentuje wspomnienie, którego doświadczamy, gdy synapsy zostają aktywowane. Synapsy stanowią więc fizyczną reprezentację określonych treści. Tak jak pewne ślady atramentu na papierze stają się – gdy na nie patrzysz – sensownymi słowami w rozpoznawanym przez ciebie języku, tak też gdy uaktywnia się określona synapsa (lub kilka synaps), mózg interpretuje to jako wspomnienie.

Takie tworzenie długotrwałych śladów pamięciowych przez kształtowanie wspomnianych synaps nazywa się kodowaniem. Jest to proces, dzięki któremu treści są realnie magazynowane w mózgu.

Kodowanie to czynność, którą mózg umie wykonywać dość szybko, ale nie natychmiastowo, dlatego pamięć krótkoterminowa, operując napływającymi informacjami, polega na mniej trwałych, za to szybszych wzorcach aktywności neuronalnej. Nie tworzy ona nowych synaps, a jedynie uruchamia grupę synaps, powiedzmy, wielozadaniowych. Powtarzanie jakiejś treści w pamięci krótkotrwałej zachowuje tę informację w postaci aktywnej na tyle długo, by mogła zostać zakodowana przez pamięć długotrwałą.

Jednak powtarzanie nie jest jedyną metodą służącą zapamiętywaniu, a ponadto ewidentnie nie wykorzystujemy jej w odniesieniu do *wszystkiego*, co mamy w pamięci. Nie musimy. Istnieją ważne przesłanki wskazujące, że niemal wszystko, czego doznajemy, zostaje w jakiejś formie zgromadzone w pamięci długotrwałej.

Wszelkie informacje ze zmysłów oraz skojarzone z nimi aspekty emocjonalne i kognitywne zostają przesłane do hipokampu w płacie skroniowym. Jest to bardzo aktywny obszar mózgu, który na bieżąco łączy nieprzerwanie napływające strumienie sygnałów zmysłowych w pojedyncze treści pamięciowe. Liczne wyniki doświadczeń wskazują, że faktyczne kodowanie zachodzi właśnie w hipokampie. Wydaje się, że ludzie z uszkodzeniami w tym obszarze nie są w stanie kodować nowych treści pamięciowych, a ci, którzy muszą wciąż pozyskiwać i zapamiętywać nowe informacje, mają bardzo wielki hipokamp (na przykład u taksówkarzy, jak zobaczymy dalej, występuje powiększony obszar hipokampu, który przetwarza pamięć przestrzenną i nawigacyjną), co wskazuje na większe obciążenie tej części mózgu i jej aktywność. Badacze, którzy w trakcie doświadczeń „znakowali" świeżo powstałe treści pamięciowe (w tym skomplikowanym procesie podaje się znakowane wersje białek biorących udział w formowaniu się neuronów), donosili, że koncentrują się one w hipokampie.[5] Dochodzą do tego jeszcze najnowsze badania obrazowe, które można wykorzystać do śledzenia aktywności hipokampu w czasie rzeczywistym.

Nowe treści zostają osadzone przez hipokamp i powoli przesuwają się do kory, wypychane przez coraz nowsze treści formujące się pod nimi. To stopniowe wzmacnianie i ugruntowywanie zakodowanych treści nazywa się konsolidacją. Zatem pochodząca z pamięci krótkotrwałej taktyka powtarzania, aż coś zostanie zapamiętane, nie jest *konieczna* do utworzenia nowych treści długotrwałych, często ma jednak podstawowe znaczenie dla zakodowania *konkretnej sekwencji informacji.*

Powiedzmy, że chodzi o numer telefonu. Jest to ciąg liczb, które znajdują się już w pamięci długotrwałej. Dlaczego miałaby je ponownie kodować? Powtarzanie numeru telefonu przenosi akcent na *kolejność* tych liczb, to ona wymaga długoterminowego zapamiętania. Powtarzanie w pamięci krótkotrwałej można porównać do brania jakiejś informacji, naklejania na niej karteczki „Pilne!" i wysyłania do kolegów prowadzących bazę danych.

Jeżeli więc pamięć długotrwała wszystko pamięta, dlaczego wciąż coś zapominamy? Dobre pytanie.

Wśród naukowców panuje konsensus, że zapomniane treści długotrwałe nadal znajdują się w mózgu – wyłączywszy niektóre urazy, w których ślady zostają fizycznie zniszczone (ale w tej sytuacji zapominanie o imieninach znajomych nie będzie miało istotnego znaczenia). Jednak treści długoterminowe muszą przejść przez trzy fazy, aby były użyteczne: muszą powstać (być zakodowane), zostać efektywnie przechowane (w hipokampie, a potem korze), następnie zaś być wywołane. Jeśli nie możesz odtworzyć jakiejś treści, równie dobrze mogłaby w ogóle nie być zapisana. Podobnie jak wtedy, gdy nie możesz znaleźć rękawiczek; wciąż *masz* je, nie przestały istnieć, ale ręce i tak ci marzną.

Niektóre treści pamięci są łatwiejsze do przywołania, gdyż są bardziej wyraziste (prominentne, istotne, intensywne). Zwykle bardzo łatwo przywołuje się na przykład wspomnienia łączące się z silnymi emocjami, takie jak dzień ślubu, pierwszy pocałunek albo sytuację, gdy dostało się dwie paczki chipsów z automatu, choć zapłaciło się tylko za jedną. W tym wypadku zdarzeniu towarzyszy ogrom powiązanych z nim emocji, myśli i wrażeń. Wszystkie one wytwarzają w mózgu kolejne powiązania z tym konkretnym wspomnieniem, co oznacza, że we wzmiankowanym procesie konsolidacji nadaje się mu znacznie większą wagę i powstaje więcej łączników, przez co łatwiej je przywołać. Natomiast treści (prawie wcale) niepowiązane ze skojarzeniami, takie jak czterysta siedemdziesiąty trzeci rutynowy dojazd do pracy, podlegają tylko minimalnej konsolidacji, więc dużo trudniej jest je odtworzyć.

Mózg korzysta z tego zresztą jak ze swego rodzaju strategii zachowawczej – niestety dość wstrząsowej. Ofiary traumatycznych wydarzeń często cierpią na tzw. wspomnienia fleszowe, w których pamięć wypadku samochodowego czy krwawej zbrodni pozostaje żywa i powraca raz po raz mimo upływu długiego czasu od zdarzenia (zob. rozdział 8). Doznania w chwili traumy, gdy mózg i organizm zostały zalane adrenaliną, powodującą wyostrzenie zmysłów i uwagi, były tak intensywne, że wspomnienie osadza się z potężną mocą i pozostaje wciąż świeże i mięsiste. Dzieje się coś takiego, jakby mózg ocenił zachodzące wypadki jako katastrofę i mówił: „To, co się stało, jest straszne. *Nigdy* tego nie zapomnij. Nie chcemy więcej przechodzić przez nic podobnego". Problem w tym, że wspomnienie bywa tak żywe, iż ono samo staje się szkodliwe.

Jednak żadna treść pamięciowa nie formuje się w izolacji, więc – jak ukazały pewne oryginalne eksperymenty – nawet w bardziej powszednich scenariuszach kontekst, w którym wspomnienie zostało nabyte, można wykorzystać jako wyzwalacz pomagający je przywołać. Prowadzący doświadczenie badacze dali do przyswojenia dwóm grupom ludzi konkretne informacje. Jedna grupa uczyła się w standardowym pomieszczeniu, a druga w trakcie przebywania pod wodą, w kombinezonie nurka.[6] Następnie sprawdzono znajomość zadanych do nauki informacji – co ważne, niektórzy badani podczas sprawdzania wiedzy znajdowali się w dotychczasowych warunkach, a inni w sytuacji osób z drugiej grupy. Osoby, które uczyły się i przechodziły test w tej samej sytuacji, wypadły znacznie lepiej niż te, które robiły to w różnych okolicznościach. Ludzie, którzy uczyli się pod wodą i wykonywali test pod wodą, uzyskali dużo lepsze wyniki niż uczący się pod wodą, a wykonujący test w zwykłym pomieszczeniu.

Przebywanie pod wodą nie miało żadnego związku z przyswajanymi informacjami, jednak stanowiło *kontekst*, w którym przebiegała nauka, on jest zaś wielką pomocą w docieraniu do pamięci. Znaczna część treści pamięciowej dotyczy kontekstu danej chwili, toteż umieszczenie kogoś w tym samym kontekście aktywuje część wspomnienia, co ułatwia jego przywołanie, tak jak pokazanie kilku liter w grze w wisielca.

W tym momencie trzeba podkreślić, że wspomnienia wydarzeń, w których braliśmy udział, nie są przecież jedynym typem treści pamięciowych. Nazywa się je wspomnieniami epizodycznymi lub „autobiograficznymi", co rozumie się samo przez się. Jednak mamy też semantyczne treści pamięciowe, które zasadniczo dotyczą informacji pozbawionych kontekstu – pamiętasz, że światło przemieszcza się szybciej niż dźwięk, ale nie przypominasz sobie konkretnej lekcji fizyki, na której się tego uczyłeś. Pamiętanie, że Paryż jest stolicą Francji, jest przykładem pamięci semantycznej, a pamiętanie o tym, jak zrobiło ci się niedobrze na szczycie wieży Eiffela, jest wspomnieniem epizodycznym.

Są to wspomnienia długotrwałe, które świadomie sobie uzmysławiamy. Istnieje jednak całe mrowie treści, których nie musimy być świadomi. Mowa tu choćby o opanowanych umiejętnościach, które nie wymagają już myślenia o nich, takich jak jazda na rowerze czy prowadzenie samochodu. W tym wypadku mówi się o treściach pamięci proceduralnej, ale w to zagadnienie nie będziemy się bardziej zagłębiać, bo zacząłbyś o nich myśleć, co mogłoby utrudnić korzystanie z nich.

Podsumowując, pamięć krótkotrwała jest szybka, przestawna i ulotna, długotrwała zaś jest odporna, wytrzymała i pojemna. Właśnie dlatego śmieszne zdarzenie ze szkoły może ci utkwić w głowie na zawsze, a mimo to nie pamiętasz, po co wszedłeś do pokoju, jeśli po drodze coś cię rozproszyło.

O, to... ty! Z tego... no...

(Mechanizmy odpowiedzialne za to, że szybciej przypominamy sobie twarze niż imiona)

– Znasz tę dziewczynę, która chodziła z tobą do szkoły?
– Możesz trochę konkretniej?
– No wiesz, tę, ciemny blond, chociaż między nami myślę, że farbowała włosy. Mieszkała na sąsiedniej ulicy, zanim jej rodzice się rozeszli i matka przeprowadziła się do mieszkania po Jonesach, jak ci wyjechali do Australii. Jej siostra przyjaźniła się z twoją kuzynką, zanim zaszła w ciążę z tym chłopakiem z miasta, z czego wyniknął mały skandal. Zawsze chodziła

w czerwonym płaszczyku, chociaż nie bardzo do niej pasował. Wiesz, o kogo mi chodzi?

– A jak miała na imię?

– Nie pamiętam.

Odbyłem niezliczone rozmowy tego typu ze swoją mamą, babcią i innymi członkami rodziny. Z ich pamięcią czy kojarzeniem szczegółów z pewnością nie dzieje się nic złego. Mogą przedstawić zbiór dokładnych informacji o kimś, którego nie powstydziłaby się strona w Wikipedii. Jednocześnie mnóstwo ludzi skarży się na trudności z odszukaniem w pamięci imion i nazwisk, nawet gdy patrzą wprost na osobę, której personalia chcą sobie przypomnieć. Mnie też się coś takiego zdarzało. Wywołuje to lawinę katastrof podczas weselnego przyjęcia.

Dlaczego tak się dzieje? Dlaczego potrafimy przypomnieć sobie czyjąś twarz, ale nie jego personalia? Przecież i to, i to jest równoprawnym sposobem identyfikacji osoby. Aby zrozumieć, co się tu dzieje, musimy nieco bardziej zagłębić się w mechanizmy działania ludzkiej pamięci.

Po pierwsze, twarz zawiera mnóstwo informacji. Mina, kontakt wzrokowy, ruchy ust – wszystko to są fundamentalne sposoby komunikacji człowieka.[7] Rysy twarzy mają też wiele indywidualnych cech: kolor oczu, kolor włosów, struktura kości, układ zębów. Można z nich wszystkich skorzystać podczas identyfikacji osoby. Wydają się na tyle użyteczne, iż ludzki mózg najprawdopodobniej wypracował specjalne procedury wspomagające i wzmacniające rozpoznawanie twarzy, takie jak rozpoznawanie wzorców oraz ogólna predyspozycja do wyławiania twarzy w przypadkowych obrazach, o czym przekonamy się w rozdziale 5.

Co w porównaniu z tym wszystkim oferuje czyjeś imię i nazwisko? Potencjalnie może zawierać jakieś kulturowe podpowiedzi na temat pochodzenia, ale generalnie jest to tylko kilka słów, sekwencja arbitralnie dobranych sylab, krótki ciąg dźwięków, który – jak ci przekazano – należy do określonej twarzy. No i co z tego?

Jak się przekonaliśmy, aby oderwana świadoma informacja przeszła z pamięci krótkotrwałej do długotrwałej, musi być powtarzana. Jednak czasem można pominąć ten krok, zwłaszcza jeśli informacja jest powiązana z czymś bardzo ważnym lub pobudzającym, co oznacza, że tworzy się wspomnienie epizodyczne. Jeżeli kogoś spotykasz i jest to najpiękniejsza osoba na świecie i natychmiast zakochujesz się po uszy, będziesz przez tygodnie szeptał imię obiektu swych westchnień.

Nie zdarza się to jednak za każdym razem, gdy kogoś poznajesz (na szczęście), więc jeśli chcesz nauczyć się jego personaliów, jedynym gwarantowanym sposobem zapamiętania ich jest powtarzanie imienia, gdy wciąż pozostaje jeszcze w pamięci krótkotrwałej. Problem w tym, że ta metoda wymaga czasu oraz obciąża zasoby mentalne. Na przykładzie „Po co ja tu właściwie przyszedłem?" widzieliśmy zaś, że to, o czym myślimy, może zostać z łatwością wymazane przez kolejną napotkaną informację, którą trzeba przetworzyć. Kiedy spotkasz się z kimś po raz pierwszy, bardzo rzadko zdarza się, żeby powiedział tylko, jak się nazywa, a potem ani słowa więcej. Nieuchronnie wywiąże się rozmowa o tym, kto gdzie mieszka, gdzie pracuje, jakie ma hobby, za co go aresztowano i tak dalej. Dobre wychowanie wymaga, abyśmy przy pierwszym spotkaniu wymienili parę uprzejmych zdań (nawet jeśli ich treść jest dla nas bez znaczenia), a każda z tych uprzejmości zwiększa ryzyko, że imię i nazwisko danej osoby zostaną wypchnięte z pamięci krótkotrwałej, zanim zdążymy je zakodować.

Większość ludzi zna dziesiątki imion i nazwisk i nie uważa, że nauczenie się kolejnego wymaga jakiegoś szczególnego wysiłku. Pamięć kojarzy usłyszane personalia z osobą, z którą rozmawiasz, toteż w mózgu tworzy się połączenie między osobą i imieniem. W miarę przedłużania się rozmowy, pojawia się coraz więcej łączników między osobą a jej imieniem, więc świadome powtarzanie go nie jest konieczne; odbywa się ono na bardziej podświadomym poziomie ze względu na rozciągnięte w czasie doświadczenie interakcji z daną osobą.

Mózg ma wiele strategii pozwalających maksymalnie wyzyskać możliwości pamięci krótkotrwałej. Jedna z nich polega na tym, że gdy otrzymujesz bardzo dużo szczegółów naraz, systemy pamięciowe mózgu akcentują zwykle pierwszą i ostatnią usłyszaną informację (zwane jest to odpowiednio efektem pierwszeństwa i efektem świeżości),[8] zatem podczas prezentacji nowej osoby personalia otrzymują większą wagę, jeśli jest to pierwsza rzecz, którą się słyszy (i zwykle tak jest).

Na tym jednak nie koniec. Jedna z nieomawianych do tej pory różnic między pamięcią krótko- i długotrwałą polega na odmiennych preferencjach co do typu przetwarzanych informacji. Pamięć krótkotrwała ma zwykle charakter słuchowy; skupia się na przetwarzaniu informacji w postaci słów i rozpoznawalnych dźwięków. Właśnie dlatego toczy się w nas wewnętrzny monolog, a myślimy, korzystając bardziej ze zdań i języka niż z obrazów jak w filmie. Nazwisko jest przykładem informacji słuchowej. Słyszysz je i myślisz o nim w kategoriach dźwięków, które się nań składają.

W odróżnieniu od tego pamięć długotrwała obficie czerpie również z przesłanek wzrokowych i semantycznych (ze *znaczenia* słów, a nie dźwięków, z których są zbudowane).[9] Dlatego bogaty bodziec wzrokowy, taki jak na przykład twarz człowieka, ma większe szanse zapaść w pamięć długotrwałą niż ulotny bodziec słuchowy typu obce nazwisko.

Podchodząc do sprawy czysto obiektywnie, twarz danej osoby i jej personalia są generalnie niepowiązane ze sobą. Słyszy się czasem stwierdzenia w rodzaju: „Wyglądasz mi na Zuzę" (po dowiedzeniu się, że tak ma na imię), jednak po prawdzie z niemożliwością graniczy precyzyjne przewidzenie czyjegoś imienia na podstawie wyglądu jego twarzy – chyba że ma je wytatuowane na czole (przykuwająca uwagę cecha typu wzrokowego, która byłaby bardzo trudna do zapomnienia).

Powiedzmy, że zarówno nazwisko, jak i twarz danej osoby zostały z powodzeniem zmagazynowane w pamięci długotrwałej. Świetnie, gratulacje. Ale to dopiero połowa sukcesu. Teraz musisz mieć dostęp do tych informacji, gdy będą potrzebne. To zaś, niestety, może się okazać trudne.

Mózg to potwornie zapętlone kłębowisko styków i kabli, jak zwinięte w kulkę światełka choinkowe wielkości znanego wszechświata. Z tych styków, synaps, zbudowane są wspomnienia długotrwałe. Pojedynczy neuron może mieć dziesiątki tysięcy synaps z innymi neuronami, a w mózgu mamy wiele miliardów neuronów. Występowanie tych synaps jest równoznaczne z istnieniem połączeń między określonym wspomnieniem a bardziej „kierowniczymi" obszarami mózgu (odpowiedzialnymi za myślenie racjonalne i podejmowanie decyzji), takimi jak kora czołowa, którym potrzebne są informacje z pamięci. Połączenia te, że tak powiem, pozwalają myślącym fragmentom mózgu „docierać" do wspomnień.

Im więcej połączeń ma określone wspomnienie i im silniejsza (aktywniejsza) jest dana synapsa, tym łatwiej jest do niego sięgnąć, podobnie jak łatwiej jest dojechać w miejsce, do którego prowadzi wiele dróg i połączeń komunikacyjnych, niż do opuszczonej szopy na pustkowiu. Imię i twarz twojej partnerki (partnera) występuje w wielu wspomnieniach, dlatego zawsze jest na wierzchu umysłu. Inni ludzie nie są traktowani tak preferencyjnie (chyba że nawiązujesz dość nietypowe związki), toteż pamiętanie ich personaliów jest trudniejsze.

Jeśli jednak mózg zapamiętał już czyjąś twarz i imię, dlaczego często przypominamy sobie jedno, a drugiego nie? Wynika to z tego, że mózg posługuje się w pracy niejako dwustopniowym systemem pamięci w odniesieniu do wywoływania treści, co odpowiada za powszechnie spotykane i irytujące poczucie: rozpoznajemy kogoś, ale nie możemy sobie przypomnieć, skąd go znamy ani jak się nazywa. Dzieje się tak dlatego, że dla mózgu znajomość i przywołanie to dwie różne sprawy.[10] Dla jasności, znajomość (czyli rozpoznanie) czegoś występuje wtedy, gdy spotkasz kogoś czy coś, i wiesz, że taka sytuacja już kiedyś nastąpiła. Ale poza tym nie ma nic; możesz stwierdzić tylko, że ta osoba (rzecz) znajduje się w zasobach twojej pamięci. Natomiast przywołanie oznacza, że docierasz do pierwotnej treści tego, jak i dlaczego poznałeś tę osobę. Rozpoznanie to tylko potwierdzenie faktu istnienia takiego wspomnienia.

Mózg dysponuje wieloma sposobami na odpalenie wspomnienia, ale nie potrzeba go aktywować, by wiedzieć, że w ogóle jest w zasobach. To trochę jak wtedy, gdy chcemy zapisać plik w komputerze i dostajemy komunikat: „Plik o tej nazwie już istnieje" – wiesz tyle, że informacje te są już zapisane, ale nie możesz w ramach tej operacji się do nich dostać. Można sobie wyobrazić okoliczności, w jakich system ten jest użyteczny. Pozwala on ograniczyć wydatkowanie cennej mocy mózgu na to, by ustalić, czy z daną rzeczą już się zetknąłeś. A w surowych realiach świata przyrody wszystko, co znane, jest czymś, co nie odebrało ci życia, toteż możesz skupić uwagę na pozostałych rzeczach, które mogą je odebrać. Z punktu widzenia ewolucji ten sposób działania mózgu jest sensowny. Skoro twarz dostarcza więcej informacji niż imię, twarze częściej okazują się znajome.

Nie oznacza to jednak, że sprawa ta przestaje być głęboko irytująca dla nas, współczesnych ludzi, gdy regularnie musimy wymieniać uprzejme zdania z osobami, które z całą pewnością znamy, tylko nie możemy ich sobie w tej chwili przypomnieć. Tu następuje moment, do którego może się odnieść większość z nas: punkt, w którym rozpoznanie przechodzi w pełne wspomnienie. Niektórzy uczeni określają to mianem progu przywołania,[11] kiedy coś stopniowo wygląda coraz bardziej znajomo, aż wreszcie następuje punkt krytyczny i aktywuje się pierwotne wspomnienie. Ze wspomnieniem tym jest powiązanych kilka innych i gdy one zostają odpalone, wywołują swego rodzaju peryferyjną czy niskopoziomową stymulację pożądanego wspomnienia, jak zaciemniony dom, który pokazuje się w błyskach fajerwerków u sąsiada. Jednak pożądane wspomnienie nie zostaje uruchomione, dopóki siła stymulacji nie przekroczy określonego poziomu, czyli progu.

Słyszałeś pewnie, jak ktoś mówił: „I nagle to wszystko do mnie wróciło!", albo znasz to poczucie, gdy odpowiedź na pytanie z teleturnieju masz najpierw na końcu języka, zanim w pełni ci się objawi. Wspomnienie, które stało w tle tego rozpoznania, otrzymało wystarczającą stymulację i zostało w końcu uruchomione (fajerwerki u sąsiada obudziły mieszkańców zaciemnionego domu i zapalili światło), toteż wszystkie powiązane z nim informacje są teraz dostępne. Pamięć została skutecznie szturchnięta, a czubek języka może wrócić do swoich normalnych obowiązków smakowania, zamiast z trudem zapewniać powierzchnię magazynową dla ciekawostek.

Ogólnie twarze łatwiej zapadają w pamięć niż imiona i nazwiska, bo są bardziej „namacalne", podczas gdy pamiętanie czyichś personaliów wymaga z reguły pełnego przywołania, a nie tylko rozpoznania. Mam nadzieję, iż dzięki tym informacjom będziesz rozumiał, że jeśli spotkamy się kiedyś po raz drugi, a ja nie będę pamiętał twojego imienia, nie znaczy to, że zachowuję się niekulturalnie.

Oczywiście w świetle norm współżycia społecznego prawdopodobnie będzie to niekulturalne. Ale przynajmniej będziesz wiedział, z czego wynika.

Lampka wina na odświeżenie pamięci
(W jaki sposób alkohol może pomóc w przypomnieniu sobie czegoś)

Ludzie lubią alkohol. Do tego stopnia, że wywoływane przezeń problemy trwale prześladują wielkie grupy ludzi. Zaburzenia te bywają tak powszechne i uporczywe, że walka z nimi wymaga nakładów finansowych liczonych w miliardach.[12] Dlaczego coś tak szkodliwego cieszy się jednocześnie taką popularnością?

Prawdopodobnie dlatego, że alkohol sprawia frajdę. Uruchamia choćby wydzielanie dopaminy w obszarach mózgu związanych z poczuciem nagrody i przyjemności (zob. rozdział 8),
wywołując euforyczny szum w uszach, tak ceniony na weekendo-
wym party. Otacza go też społeczna konwencja; stanowi niemal
obowiązkowy element uroczystości, nawiązywania przyjaźni,
a także luźnych spotkań. Ze względu na to łatwo zrozumieć,
czemu wyniszczające efekty picia alkoholu regularnie umykają
uwadze. Kac jest oczywiście przykry, ale wzajemne porówny-
wanie jego nasilenia i podśmiewywanie się z niego bywa kolejnym sposobem zacieśniania więzi z przyjaciółmi. Idiotyczne
zachowania ludzi po alkoholu byłyby w innym kontekście (np.
o dziesiątej rano w szkole) głęboko niepokojące, gdy jednak
wszyscy tak się zachowują, jest to po prostu zabawa, prawda? To
konieczne odreagowanie powagi i konformizmu narzuconego
nam przez nowoczesne społeczeństwo. Dlatego ciemne strony
picia alkoholu są traktowane przez jego zwolenników jako cena,
którą warto zapłacić.

Jednym z tych negatywnych aspektów jest utrata pamięci.
Alkohol idzie ręka w chwiejną rękę z utratą pamięci. To stały
motyw w sitcomach, skeczach, a nawet prywatnych anegdotach,
zwykle obejmujący sytuację, gdy ktoś budzi się po nocnej po-
pijawie, znajdując się w zupełnie nieoczekiwanych okolicznościach, w sąsiedztwie pachołków na poboczu drogi, chrapiących
obcych ludzi, nieznanej sobie garderoby, wzburzonych łabędzi
lub innych rzeczy lub stworzeń, które normalnie nie znalazłyby
się w jego sypialni.

Jakżeby więc alkohol miał wspomagać pamięć, co sugeruje
nagłówek tego podrozdziału? Musimy najpierw przyjrzeć się

temu, dlaczego alkohol w ogóle wpływa na nasz układ pamięci. W końcu ilekroć coś jemy, do naszego żołądka trafiają niezliczone cząsteczki i substancje. Dlaczego one nie powodują, że plącze się nam język albo wdajemy się w bójkę z uliczną lampą? Odpowiedzialne są za to chemiczne właściwości alkoholu. Ciało i mózg dysponują wielopoziomowymi mechanizmami obronnymi, które nie dopuszczają szkodliwych substancji do wnętrza organizmu (kwas żołądkowy, wielowarstwowa ściana jelitowa, specjalne bariery odgradzające mózg), ale alkohol (zwłaszcza etanol, czyli to, co pijemy) rozpuszcza się w wodzie, a jego cząsteczki są wystarczająco małe, by przeniknąć te zapory, dlatego to, co wypijamy, dociera z krwiobiegiem do wszystkich układów. Kiedy zaś alkohol zgromadzi się w mózgu, cały pęk kijów zostaje wepchnięty w szprychy różnych ważnych mechanizmów.

Alkohol jest depresantem.[13] Nie dlatego, że następnego dnia czujesz się po nim okropnie i masz doła (choć, Boże, tak właśnie się dzieje), ale z powodu obniżania przez niego aktywności nerwów w mózgu. Zmniejsza ich aktywność, jakby ktoś przyciszał wieżę stereo. Dlaczego jednak potęguje to niedorzeczność ludzkich zachowań? Skoro aktywność mózgu jest ograniczona, czy pijani nie powinni po prostu siedzieć cicho w kącie i najwyżej coś mamrotać?

Rzeczywiście niektórzy tak się właśnie zachowują, pamiętaj jednak, że zachodzące bez przerwy w ludzkim mózgu niezliczone procesy dotyczą nie tylko uruchamiania pewnych zdarzeń, ale również zapobiegania zdarzeniom. Mózg sprawuje kontrolę niemal nad wszystkim, co robimy, nie możemy jednak robić wszystkiego naraz, więc znaczna część mózgu zajmuje się hamowaniem i wstrzymywaniem aktywacji określonych jego obszarów. Zastanów się nad tym, jak regulowany jest ruch uliczny w dużym mieście; to skomplikowane zadanie, które w dużym stopniu opiera się na znakach stopu i czerwonych światłach. Bez nich miasto w ciągu kilku minut zakleszczyłoby się w gigantycznym korku. Podobnie w mózgu istnieją niezliczone ośrodki zapewniające nam ważne i konieczne funkcje, ale tylko wtedy, *gdy są potrzebne*. Tak na przykład część mózgu, która porusza twoimi nogami, jest ogromnie ważna, ale nie akurat wtedy, gdy siedzisz na zebraniu. Potrzebna jest więc inna część mózgu, która powie tamtej: „Nie teraz, chłopie".

Pod wpływem alkoholu czerwone światła przygasają lub zostają całkiem wyłączone w tych obszarach mózgu, które normalnie trzymają na wodzy zawroty głowy, euforię oraz gniew. Alkohol zatrzymuje również pracę ośrodków odpowiedzialnych za wyrazistość mowy oraz koordynację chodzenia.[14]

Warto przy tym zauważyć, że prostsze, bardziej podstawowe układy, które kontrolują na przykład pracę serca, są głęboko okopane i bardzo odporne, natomiast nowsze ewolucyjnie, bardziej wyrafinowane procesy łatwiej ulegają zakłóceniom czy uszkodzeniom pod wpływem alkoholu. Paralel dostarcza nam współczesna technologia; możesz zrzucić walkmana rodem z lat osiemdziesiątych ze schodów i niewykluczone, że będzie dalej działał, ale puknij smartfonem w kant stołu, a będziesz musiał zapłacić słony rachunek za naprawę. Wygląda na to, że wyrafinowanie pociąga za sobą większą wrażliwość.

W przypadku wpływu alkoholu na mózg „wyższe" funkcje tracimy w pierwszej kolejności. Sprawy takie jak hamulce towarzyskie, wstyd czy słabe głosiki, które mówią nam w głowie: „To chyba nie jest dobry pomysł", alkohol ucisza bardzo szybko.

W upojeniu mamy większą skłonność do mówienia tego, co
naprawdę myślimy, lub do podejmowania wyzwań dla draki,
na przykład zgody na napisanie całej książki o mózgu.[15]

Jako ostatnie zaburzeniu przez alkohol ulegają podstawowe
procesy fizjologiczne, takie jak bicie serca czy oddech (i trzeba
wypić bardzo dużo, by to nastąpiło). Jeżeli doprowadzisz się do
takiego stopnia upojenia, prawdopodobnie będzie ci brakować
mocy mózgu do tego, żebyś się tym przejął, ale naprawdę, *naprawdę* powinieneś być wtedy przejęty i zaniepokojony.[16]

System pamięci, jednocześnie podstawowy i wyrafinowany,
lokuje się gdzieś pomiędzy tymi dwoma skrajnościami. Wydaje się, że alkohol ma szczególne upodobanie do zakłócania
hipokampu, głównego obszaru formowania się i kodowania
treści pamięciowych. Może ograniczyć też pamięć krótkotrwałą,
jednak to zaburzenia pamięci długotrwałej za pośrednictwem
hipokampu powodują niepokojące dziury we wspomnieniach,
gdy budzisz się następnego ranka. Oczywiście nie jest to całkowita dezaktywacja; wspomnienia mimo wszystko są tworzone,
ale powstają mniej wydajnie i bardziej chaotycznie.[17]

Przy okazji ciekawostka: u większości ludzi upicie się w takim
stopniu, by całkiem zablokować tworzenie wspomnień (tzw.
zerwanie filmu), oznaczałoby takie upojenie, w którym ledwie
mogliby mówić czy stać. Alkoholik reaguje inaczej. Od długiego
czasu pił tak dużo, tak że jego organizm i mózg przystosował się
do radzenia sobie w tych warunkach, a nawet wymaga regularnego przyjmowania alkoholu, tak by człowiek mógł utrzymywać
się w pionie i mówić (mniej więcej) składnie pomimo spożycia
większej ilości alkoholu, niż mogłaby znieść przeciętna osoba
(zob. rozdział 8).

Jednak wypijany przez nałogowców alkohol nie pozostaje bez wpływu na system pamięci, więc jeśli w głowie bulgocze im go odpowiednio dużo, może u nich dojść do blokady tworzenia wspomnień, choć nadal rozmawiają i zachowują się normalnie ze względu na wyrobioną tolerancję. Ludzie ci nie wykazują żadnych zewnętrznych oznak problemu, choć dziesięć minut później absolutnie nie wiedzą, co mówili czy robili. Tak jakby odeszli od konsoli gry wideo, a przyciski zaczął naciskać ktoś inny – dla obserwatora gry nie byłoby różnicy, ale pierwotny gracz nie ma pojęcia, co działo się, gdy wyszedł do toalety.[18]

Zatem tak, alkohol zaburza pracę systemu pamięci. Ale w bardzo specyficznych okolicznościach może pomagać w przywoływaniu. Jest to zjawisko zwane przywoływaniem zależnym od stanu.

Wspominaliśmy już o tym, że zewnętrzny kontekst może pomóc w przypomnieniu sobie treści; masz większą możliwość wywołania jej z pamięci, jeżeli znajdujesz się w takim samym otoczeniu, w jakim została zapamiętana. Ale – i tu robi się ciekawie – odnosi się to również do kontekstu wewnętrznego, czyli stanu; stąd nazwa „przywoływanie zależne od stanu".[19] Upraszczając sprawę, takie substancje, jak alkohol, stymulanty czy dowolny środek, który zmienia aktywność mózgu, wywołują specyficzny stan neurologiczny. Kiedy mózg musi nagle radzić sobie z panoszącą się substancją, która zalewa wszystko naokoło, nie umyka to jego uwadze, podobnie jak ty na pewno zauważyłbyś, gdyby twoja sypialnia nagle wypełniła się dymem.

Odnosi się to również do nastroju. Jeżeli dowiadujesz się czegoś, będąc w złym humorze, masz większą szansę przypomnieć to sobie po pewnym czasie, gdy znów będziesz w takim humorze. Szalonym uproszczeniem jest opisywanie nastroju i jego zaburzeń jako „nierównowagi chemicznej" w mózgu (mimo że wielu tak czyni), ale ogólne poziomy aktywności chemicznej i elektrochemicznej, które skutkują powstaniem określonego nastroju, są czymś, co mózg może rozpoznawać – i rozpoznaje. Dlatego w odniesieniu do uruchamiania wspomnień kontekst wewnątrz twojej głowy jest potencjalnie równie użyteczny co kontekst na zewnątrz niej.

Alkohol miesza we wspomnieniach, ale dopiero po przekroczeniu pewnego punktu. Można zaznać miłego szumu po dwóch piwach czy lampkach wina, a mimo to pamiętać wszystko następnego dnia. Jeśli przekazano ci jakąś ciekawą ploteczkę albo przydatną informację po odrobinie wina, mózg zakoduje stan lekkiego upojenia jako element zapamiętywanej treści, zatem będzie mu łatwiej przywołać to wspomnienie, jeśli znów wypijesz trochę wina (innego wieczoru, nie tego samego zaraz po dwóch poprzednich lampkach). W tym scenariuszu kieliszek wina może faktycznie „odświeżyć" ci pamięć.

Nie należy tego jednak traktować jako naukowego potwierdzenia skuteczności pijaństwa w przygotowywaniu się do egzaminów czy testów. Przyjście na sprawdzian pod wpływem alkoholu spowoduje dostatecznie duże problemy, by zniwelować wszelkie drobne korzyści, jakie mogłoby ci dać, zwłaszcza jeśli to test na prawo jazdy.

Jednak dla zdesperowanych studentów wciąż jest jakaś nadzieja: na mózg oddziałuje także kofeina, wytwarzając specyficzny stan wewnętrzny, który może pomóc w uruchomieniu treści pamięci, i mnóstwo studentów, kując przed sesją, zarywa topione w kawie noce. Jeśli zatem pojawisz się na egzaminie podobnie pobudzony nadmiarem kofeiny, może to pomóc w przypomnieniu sobie istotniejszych szczegółów z notatek.

Nie jest to żaden niepodważalny dowód, ale pewnego razu podczas studiów (nieświadomie) zastosowałem tę technikę, gdy nie położyłem się spać przez całą noc, robiąc powtórkę przed szczególnie ciężkim dla mnie egzaminem. Na nogach utrzymywało mnie morze kawy, a potem zrobiłem sobie jeszcze kubeł XXL przed egzaminem, by zachować na nim przytomność do końca. Zdobyłem 73 procent punktów, co było jednym z najlepszych wyników na roku.

Mimo wszystko nie polecałbym tego rozwiązania. Dostałem dobry stopień, ale jednocześnie przez cały czas desperacko chciało mi się do toalety, zwróciłem się do egzaminatora „tato", gdy prosiłem o dodatkową kartkę papieru, a w drodze powrotnej do domu wdałem się w karczemną kłótnię. Z gołębiem.

Oczywiście, że pamiętam. To przecież był mój pomysł
(Egotyczny przechył systemu pamięci)

Do tej pory omawialiśmy sposób przetwarzania treści pamięciowych przez mózg, podkreślając, że procesy te nie są specjalnie proste/wydajne/spójne. Pod wieloma względami mózgowe systemy pamięci pozostawiają wiele do życzenia, jednak dzięki nim mamy przynajmniej dostęp do godnych zaufania, precyzyjnych informacji, bezpiecznie zmagazynowanych w głowie w celu wykorzystania w przyszłości.

Byłoby wspaniale, gdyby tak było, prawda? Niestety, określenia „godny zaufania" i „precyzyjny" rzadko można odnieść do pracy mózgu, a zwłaszcza pamięci. Niektóre wspomnienia przywoływane przez mózg są porównywalne raczej do kłaczków wykasływanych przez kota – to niepokojący produkt wewnętrznego międlenia.

W odróżnieniu od statycznego zapisu informacji czy zdarzeń jak na stronicach księgi, nasze wspomnienia są nieustannie przerabiane i modyfikowane, by odpowiadały temu, co mózg interpretuje jako nasze bieżące potrzeby (w czym może się zresztą srodze mylić). Treść pamięci jest zaskakująco plastyczna (czyli giętka, formowalna, a nie sztywna) i na wiele sposobów można ją zmieniać, tłumić lub błędnie przypisywać. Nazywa się to tendencyjnością pamięci. Ta tendencyjność jest często sterowana przez ego.

Naturalnie niektórzy ludzie mają wielkie ego. Często zapadają przy tym innym w pamięć, choćby dlatego, że pobudzają przeciętnych śmiertelników do fantazjowania na temat wymyślnych sposobów ich zgładzenia. Ale mimo że większość ludzi nie ma chorobliwie rozwiniętego ego, jakieś przecież ma i to ego wpływa na charakter oraz detale odtwarzanych wspomnień. Dlaczego?

Dotychczasowa wymowa tej książki wskazywała, jakoby mózg był jakimś osobnym, samoistnym bytem. Podejście to znane jest z wielu opracowań na temat mózgu i nie jest pozbawione logiki. Jeśli chce się zaprezentować naukową analizę jakiegoś przedmiotu, należy zachować maksymalny obiektywizm i racjonalność, traktujemy więc mózg jak jeden z narządów, czyli tak jak serce lub wątrobę.

Ale mózg taki nie jest. Twój mózg jest *tobą*. W tym miejscu rozważania wkraczają w przestrzeń filozofii. Czy jako jednostki jesteśmy tylko wytworem masy iskrzących neuronów, czy też czymś więcej niż prostą sumą części składowych? Czy umysł rzeczywiście powstaje w mózgu, czy też jest osobnym bytem, nierozłącznie powiązanym z mózgiem, ale jednak nie tym samym co on? Jakie ma to konsekwencje dla wolnej woli oraz naszej zdolności dążenia do celów wyższych? Z pytaniami tymi myśliciele mierzyli się od chwili, gdy odkryto, że siedliskiem naszej świadomości jest mózg. (Dziś wydaje się nam to oczywiste, ale przez stulecia za siedzibę umysłu uznawano serce, mózg miał zaś sprawować bardziej przyziemne funkcje, takie jak schładzanie i filtrowanie krwi. Echa tych czasów są nadal obecne we współczesnym języku, na przykład w powiedzeniu: „Co podpowiada ci serce?".[20])

Odłóżmy na bok te rozważania. W tym miejscu niech wystarczy nam stwierdzenie, że wiedza oraz świadectwa naukowe silnie implikują, iż nasze poczucie siebie i wszystko, co mu towarzyszy (pamięć, język, emocje, postrzeganie itd.), opiera się na procesach przebiegających w mózgu. Wszystko, czym jesteś, stanowi właściwość twojego mózgu, a skoro tak, znaczna część jego pracy ma na celu sprawienie, byś wyglądał i czuł się jak najlepiej – jak robi to nadskakujący asystent celebrytki, dbający, by nie dotarły do niej żadne głosy krytyki czy uwagi, które mogłyby ją zestresować. Mózg modyfikuje zatem wspomnienia, tak byś się lepiej z nimi czuł.

Istnieje mnóstwo przechyłów czy usterek pamięci, z których wiele nie ma uchwytnie egotycznej natury. Niemniej zaskakująco wielka liczba wydaje się wyraźnie egotyczna, zwłaszcza to, co zwie się wprost przechyłem egocentrycznym (tendencyjnością egocentryczną), w którym wspomnienia są tak zmodyfikowane przez mózg, by prezentowane wydarzenia przedstawiały cię w lepszym świetle.[21] Na przykład przypominając sobie udział w zbiorowym podjęciu decyzji, ludzie mają skłonność pamiętać, że odegrali istotniejszą i aktywniejszą rolę, niż było faktycznie. Jedno z najstarszych doniesień na ten temat wiąże się z aferą Watergate. Pewien jej uczestnik dokładnie zrelacjonował śledczym plany i dyskusje, w których brał udział, a które doprowadziły do politycznych przestępstw i ich tuszowania. Jednak późniejsze odsłuchanie autentycznych nagrań z tych spotkań ujawniło, że John Dean uchwycił tylko ogólny „wydźwięk" wydarzeń, a wiele jego twierdzeń było zupełnie błędnych. Główny problem polegał na tym, że przedstawiał siebie jako kluczową postać w planowaniu przedsięwzięć, podczas gdy z nagrań wynikało, że był co najwyżej graczem drugoplanowym. Dean nie ukartował kłamstwa po to, by wzmocnić swoje ego; jego wspomnienia zostały zmodyfikowane, tak by współgrać z jego poczuciem tożsamości i znaczenia własnej osoby.[22]

Przejawy tego rodzaju prawidłowości nie muszą dotyczyć wstrząsającej fundamentami państwa korupcji. Może chodzić o drobniejsze zdarzenia, takie jak przekonanie, że wypadłeś w rozgrywkach lepiej, niż było rzeczywiście, albo przypominanie sobie, że złowiłeś pstrąga, gdy naprawdę była to tylko płotka. Warto pamiętać, że takie zachowanie nie jest oznaką zwykłego kłamstwa czy koloryzowania dla wywarcia wrażenia na innych. Wspomnienia często zmieniają się w ten sposób, *nawet jeśli nikomu o nich nie mówimy*. Ta ostatnia informacja jest kluczowa – autentycznie wierzymy, że pamiętana przez nas wersja zdarzeń jest prawdziwa i ścisła. Cały proces modyfikacji i majstrowania przy wspomnieniach, tak by dawały bardziej pochlebny obraz nas samych, najczęściej odbywa się zupełnie nieświadomie.

Są i inne typy tendencyjności pamięci, które można przypisywać ego. Istnieje przechył wyboru (ang. *choice-supportive bias*) w sytuacji, gdy miałeś zdecydować się na jedną z wielu opcji i potem pamiętasz wybraną jako najlepszą z dostępnych, nawet jeśli nie uważałeś jej za taką w owym czasie.[23] Wszystkie opcje mogły być praktycznie identyczne pod względem swoich zalet i potencjalnych skutków, ale mózg zmienia wspomnienie tak, by zdezawuować odrzucone możliwości, a uwypuklić wybraną, przez co masz poczucie podjęcia mądrej decyzji, nawet jeśli wybór był całkowicie przypadkowy.

Jest też efekt autorstwa (ang. *self-generation effect*), sprawiający, że lepiej przypominamy sobie rzeczy powiedziane przez nas samych niż przez innych.[24] Nigdy nie wiesz, jak precyzyjny czy szczery jest ktoś inny w swoich wypowiedziach, jednak wierzysz, że ty jesteś taki, gdy coś mówisz, i to samo odnosi się do twoich wspomnień.

Bardziej niepoprawne politycznie jest nastawienie na własną rasę (ang. *own-race bias*), przez które mamy trudności z przypominaniem sobie i identyfikacją ludzi innej rasy niż nasza.[25] Ego niekoniecznie zna się na subtelnościach czy intelekcie i może ujawniać się w bezpardonowy sposób, na przykład przez faworyzowanie lub preferowanie osób o tym samym czy podobnym pochodzeniu co twoje, bo przecież twoja rasa jest „najlepsza". Ty możesz wcale tak nie myśleć, ale twojej podświadomości czasem brakuje światowego obycia.

Słyszałeś może powiedzenie: „Po fakcie wszyscy są mądrzy", używane zwykle do zbagatelizowania wypowiedzianego przez kogoś zdania, że od razu wiedział, jak potoczą się wypadki. Generalnie zakłada się, że człowiek taki przesadza albo kłamie, skoro nie ujawniał tej proroczej wiedzy wtedy, gdy byłaby rzeczywiście użyteczna. Na przykład: „Skoro byłaś pewna, że Barry pił, to dlaczego pozwoliłaś, żeby odwoził cię na lotnisko?”. Choć to oczywiście prawda, że niektórzy wyolbrzymiają swoją bystrość w ten sposób, w odniesieniu do pamięci istnieje zjawisko przechyłu wstecznego (ang. *hindsight bias*), przez który autentycznie pamiętamy minione zdarzenia jako możliwe do przewidzenia, mimo że w danym czasie byłoby to nieosiągalne.[26] Znów nie jest to celowe kreowanie swojego wizerunku; naprawdę się nam zdaje, że nasze wspomnienia potwierdzają taką wersję. Mózg zmienia je, by wesprzeć nasze ego, przez co czujemy się jak osoby lepiej poinformowane i lepiej panujące nad rzeczywistością.

A co powiesz na efekt matowienia uczuć (ang. *fading-affect bias*),[27] przez który emocjonalna pamięć zdarzeń negatywnych zaciera się szybciej niż pozytywnych? Sama treść wspomnień może pozostać nienaruszona, ale emocjonalny komponent często z czasem blaknie. Okazuje się przy tym, że przykre emocje nikną szybciej niż przyjemne. Mózgowi wyraźnie zależy, by przydarzały ci się dobre rzeczy, a „alternatywne” wydarzenia traktuje po macoszemu.

To tylko kilka przykładów tendencyjności pamięci, które można określić jako przejawy nadrzędności ego nad wiernością faktograficzną. Mózg robi to nieustannie. Tylko dlaczego?* Prze-

---

* Osobną kwestią jest, *jak* to robi. Na razie tego nie wiemy, a szczegóły dotyczące wpływu świadomości na kodowanie i przywoływanie wspomnień, filtrowania percepcji ukierunkowanego na podmiot i wielu innych prawdopodobnie istotnych tu procesów zasługują pewnie na oddzielną książkę.

cież wierne pamiętanie zdarzeń byłoby znacznie pożyteczniejsze niż koloryzujące przeinaczenia, prawda?

Hm, i tak, i nie. Tylko niektóre przejawy tendencyjności pamięci wykazują takie powiązanie z ego, podczas gdy inne mają przeciwny efekt. U niektórych ludzi pojawia się na przykład uporczywość, która w tym przypadku oznacza wielokrotne nawroty wspomnień traumatycznego zdarzenia, mimo że człowiek absolutnie nie ma chęci o nich myśleć.[28] Jest to zjawisko powszechnie spotykane i nie musi dotyczyć spraw szczególnie katastrofalnych czy dramatycznych. Możesz sobie iść spokojnie chodnikiem, nie myśląc o niczym specjalnym, a tu ni stąd, ni zowąd mózg pyta cię: „Pamiętasz, jak zaprosiłeś do tańca tę dziewczynę na zabawie w podstawówce i ona roześmiała ci się w twarz przed wszystkimi, a ty odbiegając, zderzyłeś się ze stołem i wylądowałeś w torcie?". Nagle ogarnia cię zażenowanie z powodu wspomnienia sprzed kilkudziesięciu lat, niepowiązanego z niczym. Inne zjawiska, takie jak utrata wspomnień z wczesnego dzieciństwa czy uzależnienie kontekstowe, wskazują na ograniczenia czy niedoskonałości wynikające bardziej z mechanizmów działania pamięci niż jakiegokolwiek wpływu ego.

Trzeba też wiedzieć, że zmiany powodowane przez tendencyjność pamięci są (zwykle) dość niewielkimi korektami, a nie generalną przebudową. Możesz przypominać sobie, że wypadłeś w rozmowie kwalifikacyjnej lepiej, niż było w rzeczywistości, ale nie będziesz pamiętał otrzymania pracy, jeśli jej nie dostałeś. Egocentryczny przechył mózgu nie jest tak silny, by kreować osobną rzeczywistość. Mózg przykrawa jedynie odpowiednio do swoich potrzeb materię pamięciową, ale nie tworzy nowych treści.

Tylko po co w ogóle to robi? Po pierwsze, ludzie muszą podejmować mnóstwo decyzji, a jest to znacznie łatwiejsze, gdy ma się do siebie pewne zaufanie. Mózg konstruuje model funkcjonowania świata, po to by móc się w nim poruszać, i musi mieć przekonanie, że model ten jest adekwatny (zob. fragment o złudzeniach w rozdziale 8). Gdybyś musiał rozważać każdy potencjalny skutek każdego dokonywanego wyboru, byłoby to szalenie czasochłonne. Można tego uniknąć, mając zaufanie do siebie i swojej umiejętności podejmowania decyzji.

Po drugie, wszystkie nasze wspomnienia wywodzą się z naszego osobistego, subiektywnego punktu widzenia. Jedyną dostępną nam perspektywą i interpretacją podczas oceny spraw jest nasza własna. Może to w konsekwencji spowodować przedkładanie przez pamięć sytuacji, w których mieliśmy „rację", nad te, gdy jej nie mieliśmy, w stopniu zapewniającym ochronę i wzmocnienie naszego poczucia rozeznania w świecie nawet wówczas, gdy nie wszystko się zgadza.

Co więcej, wydaje się, że poczucie własnej wartości i osiągnięć jest dla człowieka wymogiem normalnego funkcjonowania (zob. rozdział 7). Gdy ludzie tracą poczucie swojej wartości – na przykład w stanie depresji klinicznej – może to niemal sparaliżować ich działania. Jednak nawet normalnie pracujący mózg ma skłonność do martwienia się i rozważania czarnych scenariuszy, jak wówczas gdy nie możesz uwolnić się od myślenia o tym, co *mogło* się stać po jakimś ważnym wydarzeniu, na przykład rozmowie kwalifikacyjnej, choć się nie stało (proces ten zwie się myśleniem kontrfaktycznym).[29] Pewna doza ego i wiary w siebie, choćby wytworzona sztucznie przez zmanipulowane wspomnienia, jest ważna dla normalnego funkcjonowania.

Niektórzy ludzie mogą poczuć się zaniepokojeni wątpliwą wiarygodnością własnych wspomnień ze względu na zagrywki ego. A skoro odnosi się to do wszystkich, czy możemy naprawdę wierzyć w cokolwiek, co mówią ludzie? Przecież z powodu tendencji do pochlebiania sobie być może wszyscy błędnie przypominamy sobie przeszłość. Na szczęście nie ma chyba powodu do paniki. Mimo wszystko działamy zasadniczo poprawnie i efektywnie, więc wszelkie egotyczne odchyły wydają się stosunkowo nieszkodliwe. Niemniej warto zachować pewien stopień sceptycyzmu, gdy ktoś się czymś przechwala.

Tak na przykład w tym podrozdziale próbowałem wywrzeć na tobie jak najlepsze wrażenie, wyjaśniając powiązania pamięci z ego. Ale co, jeśli przypominałem sobie tylko te argumenty, które przemawiały za moją tezą, a zapominałem o pozostałych? Twierdziłem, że efekt autorstwa, który sprawia, że lepiej pamięta się rzeczy powiedziane samemu niż przez innych, bierze się z działania ego. Jednak istnieje alternatywne wyjaśnienie, które głosi, że to, co sam mówisz, angażuje mózg w znacznie większym stopniu. Musisz wymyśleć to, co powiesz, przetworzyć to, wykonać fizyczne ruchy, których wymaga wymówienie słów, odsłuchać tego, ocenić reakcje otoczenia – więc *oczywiście*, że silniej zapada ci to w pamięć.

Przechył wyboru, sprawiający, że pamiętamy dokonane przez siebie wybory jako najlepsze – czy jest to przykład działania ego, czy też sztuczka mózgu, zapobiegająca niekończącemu się rozważaniu przez nas możliwości, które nie ziściły się i nie mogły się ziścić? Ludzie nieraz je roztrząsają, tracąc na to ogrom cennej energii, często bez żadnego wymiernego pożytku.

A co z nastawieniem na własną rasę, przez które z największym trudem przypominamy sobie rysy ludzi należących do innej rasy? To jakaś ciemna strona egotycznych preferencji czy efekt wychowania wśród ludzi z własnej rasy, zapewniający mózgowi dużo większą praktykę w rozpoznawaniu osób podobnych rasowo?

Istnieją alternatywne w stosunku do ego wytłumaczenia wszystkich wspomnianych typów tendencyjności pamięci. Czy zatem cały ten podrozdział jest tylko przejawem mojego puszącego się ego? Nie. Za tym, że przechył egocentryczny jest rzeczywistym zjawiskiem, przemawia wiele świadectw, na przykład badania ukazujące, że ludzie są znacznie bardziej skłonni krytykować swoje postępowanie sprzed wielu lat niż współczesne działania, prawdopodobnie dlatego, że te drugie w dużo większym stopniu odzwierciedlają to, kim się jest obecnie; kwestionowanie ich oznaczałoby silniejszą samokrytykę, zatem jest tłumione i ignorowane.[30] Tendencja do tego, by krytykować minionego siebie, a aprobować obecnego, występuje nawet wówczas, gdy nie zaszła żadna faktyczna poprawa czy zmiana pod danym względem („W młodości nie nauczyłem się prowadzić samochodu, bo byłem za leniwy, ale teraz to niemożliwe, bo na naukę po prostu nie mam czasu”). Może się zdawać, że ten krytycyzm w stosunku do dawnego siebie przeczy egocentrycznemu przechyłowi pamięci, jednak służy on podkreśleniu tego, jak bardzo rozwinąłem się i poprawiłem, mam więc powody do dumy.

Bez względu na motywację mózg cały czas koryguje nasze wspomnienia, tak by były bardziej pochlebne, a te modyfikacje mogą się dalej same umacniać. Jeżeli pamiętamy i (lub) opisujemy jakieś zdarzenie w sposób, który subtelnie akcentuje naszą rolę w nim (złowiłem największą rybę ze wszystkich uczestników wyprawy wędkarskiej, nie trzecią pod względem wielkości), istniejące wspomnienie zostaje w praktyce „zaktualizowane" przez ten nowy dodatek (modyfikacja jest oczywiście nowym zdarzeniem, ale pozostaje silnie powiązana z istniejącym wspomnieniem i mózg musi je jakoś pogodzić). Ten sam proces zachodzi, gdy przywołujemy wspomnienie ponownie. I potem jeszcze raz. To jedna z tych rzeczy, które wydarzają się bez udziału naszej świadomości, a mózg jest tak skomplikowany, że zawsze istnieje kilka różnych wytłumaczeń tego samego zjawiska, wszystkie jednoczesne i wszystkie równie adekwatne.

Dobra strona tego jest taka, że nawet jeśli nie w pełni dociera do ciebie to, co zostało tu napisane, zapewne będziesz sobie przypominać, że dotarło, więc na jedno wychodzi. Dobra robota!

Gdzie ja jestem? Jak się nazywam?
(Kiedy i jak system pamięci może zawodzić)

W rozdziale tym omówiliśmy niektóre z bardziej widowiskowych i oryginalnych właściwości mózgowego systemu pamięci, wszystkie one zakładały jednak, że pamięć pracuje „normalnie" (z braku lepszego określenia). A jeśli coś się zepsuje? Co może rozstroić mózgowe systemy pamięci? Widzieliśmy, że ego może przekręcać wspomnienia, jednak bardzo rzadko – jeśli w ogóle – robi to w tak wielkim stopniu, by powstały wspomnienia nieistniejących zdarzeń. Wszystko po to, by podtrzymać cię na duchu. Teraz zburzymy ten obraz, wskazując, że nigdzie nie napisałem, iż ego *nigdy* się tego nie dopuszcza.

Weźmy na przykład fałszywe wspomnienia. Mogą być one bardzo niebezpieczne, zwłaszcza jeśli dotyczą czegoś okropnego. Istnieją doniesienia o poczynaniach psychologów i psychiatrów, którzy kierując się zapewne najlepszymi intencjami, starali się odkryć stłumione wspomnienia pacjentów, ci zaś tworzyli (rzekomo przez przypadek) wspomnienia okropieństw, które z założenia miałyby być „odnalezione". To psychologiczny odpowiednik zatruwania ujęcia wody.

Najbardziej niepokojące jest to, że nie trzeba cierpieć na żadne zaburzenia psychologiczne, by mieć w głowie fałszywe wspomnienia. Mogą się one przytrafić praktycznie każdemu. Wydaje się to absurdalne, że ktoś może zaszczepić fałszywe wspomnienia w naszym mózgu przez samo opowiadanie o nich, ale pod względem neurologicznym nie jest niewyobrażalne. Język zdaje się odgrywać fundamentalną rolę w naszym sposobie myślenia, a znaczą część swoich poglądów o rzeczywistości opieramy na tym, co myślą i mówią inni ludzie (zob. rozdział 7).

Przeważająca część badań nad fałszywymi wspomnieniami dotyczy zeznań naocznych świadków.[31] W trakcie procesu o poważne przestępstwa życie niewinnych ludzi może zostać zdruzgotane przez świadków, którzy błędnie odtwarzają jakiś pojedynczy szczegół albo pamiętają coś, co w ogóle nie zaszło.

Relacje naocznych świadków są cennym dowodem w sądzie, jednak sala sądowa jest to jedno z najgorszych miejsc ich składania. Panuje tam zwykle bardzo ciężka, napięta atmosfera, a zeznający dodatkowo uświadamia sobie powagę sytuacji, przysięgając mówić „prawdę, samą prawdę i tylko prawdę, tak mi dopomóż

Bóg". Ślubowanie sędziemu, że nie będziemy kłamać, i przywoływanie na pomoc swego Stwórcy? Nie są to codzienne okoliczności i prawdopodobnie doprowadzą do sporego stresu i rozproszenia. Ludzie mają skłonność sugerować się postaciami, które uznają za autorytety. Wielokrotnie okazuje się, że gdy sondujemy czyjąś pamięć, charakter zadanego pytania wywiera wielki wpływ na to, co ten ktoś sobie przypomni. Najbardziej znanym naukowcem, który przeprowadzał gruntowne badania nad tymi zjawiskami, jest prof. Elizabeth Loftus.[32] Przytacza ona niepokojące przypadki osób, które miały „zaszczepione" (zapewne przypadkowo) skrajnie traumatyczne wspomnienia wskutek stosowania wątpliwych i nieprzebadanych metod psychoterapeutycznych. Szczególnie słynny przypadek dotyczy Nadine Cool, kobiety, która zgłosiła się na terapię z powodu traumatycznego zdarzenia w latach osiemdziesiątych, a zakończyła ją ze szczegółowymi wspomnieniami udziału w morderczej sekcie satanistycznej. Do tego nigdy jednak nie doszło i ostatecznie pacjentka uzyskała od terapeuty wielomilionowe odszkodowanie.[33]

W pracach prof. Loftus znajdujemy opis wielu badań, w których wyświetlano ludziom nagrania wideo z wypadku samochodowego lub podobnego zdarzenia, a potem zadawano im pytania o to, co widzieli. Wielokrotnie przekonywano się (w tym i innych badaniach), że struktura sformułowanego pytania bezpośrednio wpływała na to, co pytany sobie przypominał.[34] Ta sytuacja w szczególności odnosi się do naocznych świadków zdarzeń.

W pewnych okolicznościach, takich jak stan stresu oraz otrzymanie pytania od osoby mającej władzę (powiedzmy, od prokuratora na sali sądowej), określone sformułowania mogą „stworzyć" wspomnienie. Jeśli prokurator pyta: „Czy oskarżony znajdował się w pobliżu sklepu z nabiałem w czasie wielkiego rabunku serów?", świadek może odpowiedzieć „tak" lub „nie" zgodnie z tym, co sobie przypomina. Jeśli jednak padnie pytanie: „Gdzie w sklepie z nabiałem stał oskarżony w czasie wielkiego rabunku serów?", z jego treści wynika, że oskarżony był w tamtym miejscu. Świadek może nie przypominać sobie, że go widział, jednak takie pytanie, sformułowane jak stwierdzenie faktu przez osobę o wyższym statusie, powoduje, że mózg zaczyna wątpić we własne wspomnienia i koryguje je tak, by zgadzały się z nowymi „faktami" pochodzącymi z „wiarygodnego" źródła. W konsekwencji świadek może zupełnie szczerze odpowiedzieć: „Myślę, że stał przy gorgonzoli", mimo że tak naprawdę nic podobnego nie widział.

Napawa grozą, iż sprawa o tak fundamentalnym znaczeniu dla życia społecznego może mieć tak kruche podstawy. Poproszono mnie kiedyś o złożenie zeznania podczas rozprawy, że być może wszyscy świadkowie oskarżenia prezentują tylko fałszywe wspomnienia. Nie zrobiłem tego, obawiając się, że nieopatrznie zburzę cały system sądowniczy.

Widzimy, jak łatwo jest wypaczyć pamięć *funkcjonującą normalnie*. Co jednak dzieje się, gdy w mózgowych mechanizmach odpowiedzialnych za pamięć coś faktycznie się zepsuje? Może się to stać na wiele sposobów, a żaden z nich nie jest specjalnie sympatyczny.

Na samym końcu skali znajduje się poważne uszkodzenie mózgu, spowodowane na przykład agresywnym schorzeniem neurowyniszczającym, takim jak choroba Alzheimera. Choroba ta (oraz inne postacie otępienia) jest skutkiem rozległej śmierci komórkowej w mózgu, powodującej wiele objawów, z których najlepiej znanym jest utrata i pomieszanie pamięci w nieprzewidywalnej formie. Konkretna przyczyna tego nie jest jasna; jedna z powszechnie obowiązujących dziś teorii mówi o powstawaniu splątków neurofibrylarnych.[35]

Neurony są długimi, rozczłonkowanymi komórkami, mającymi swoiste szkielety (tzw. cytoszkielety) zbudowane z długich łańcuchów białkowych, które zwie się neurofilamentami. Grupa neurofilamentów spleciona w jedną silniejszą strukturę, jak gruba lina utworzona z pojedynczych sznurków, tworzy neurofibryle. Stanowią one strukturalne oparcie dla komórki i pomagają w przenoszeniu w niej ważnych substancji. Z jakiegoś powodu u niektórych ludzi te neurofibryle przestają układać się w uporządkowane ciągi, zapętlając się jak wąż ogrodowy, który spuści się na pięć minut z oka. Może to wynikać z małej, ale kluczowej mutacji genu, powodującej kształtowanie się łańcuchów białkowych w nieprzewidywalny sposób, a może chodzi o jakiś inny, obecnie nam nieznany proces komórkowy, który nasila się wraz z wiekiem. Bez względu na swą przyczynę, to splątanie poważnie zakłóca pracę neuronu, tłumiąc przebieg niezbędnych procesów i ostatecznie prowadząc do jego śmierci. Zjawisko to występuje w różnych rejonach mózgu i oddziałuje na niemal wszystkie ośrodki związane z pamięcią.

Niemniej uszkodzenie pamięci nie musi być powodowane przez proces zachodzący na poziomie komórkowym. Szczególnie szkodliwy dla pamięci jest udar, czyli zaburzenie ukrwienia mózgu. Hipokamp, odpowiedzialny za bezustanne kodowanie i przetwarzanie naszych wspomnień, jest ogromnie energochłonnym rejonem neurologicznym, wymagającym nieprzerwanego strumienia składników odżywczych i metabolitów – ogólnie mówiąc, paliwa. Udar może odciąć go od tych dostaw, choćby na krótko. Przypomina to wyjęcie baterii z laptopa. To, że wyjmiemy ją tylko na moment, nie ma znaczenia; szkoda i tak jest wyrządzona. System pamięci nie będzie już od tej pory działał tak dobrze. Cień nadziei jest tylko w tym, że do spowodowania poważnych problemów z pamięcią potrzeba bardzo rozległego lub precyzyjnie zlokalizowanego udaru (krew dociera do mózgu wieloma drogami).[36]

Istnieje różnica między udarem jednostronnym a obustronnym. Mówiąc w skrócie, mózg ma dwie półkule i w każdej z nich jest hipokamp. Udar obu półkul sieje wielkie spustoszenie, a wywiązujący się tylko w jednej półkuli jest łatwiej opanować. Na przykładzie ludzi, którzy cierpieli na różne deficyty pamięci z powodu udaru lub precyzyjnie zlokalizowanych urazów, dużo dowiedzieliśmy się o pamięci. Jeden z pacjentów, którego historia przewijała się w artykułach medycznych poświęconych pamięci, cierpiał na amnezję z powodu mechanicznego uszkodzenia mózgu po zaklinowaniu się kija bilardowego bardzo głęboko w nosie[37] (naprawdę nie ma czegoś takiego jak sporty nieurazowe).

Były nawet przypadki, w których chirurgicznie usuwano części mózgu odpowiedzialne za przetwarzanie pamięci. Zresztą w ten sposób po raz pierwszy zidentyfikowano te obszary mózgu. W czasach przed rezonansem magnetycznym i innymi cudami techniki żył pacjent H.M. Cierpiał na ciężką padaczkę skroniową, co oznacza, że ośrodki w jego płacie skroniowym tak często powodowały obezwładniające ataki, iż orzeczono o konieczności ich usunięcia. Operacja zakończyła się sukcesem i ataki zniknęły. Niestety wraz z nimi zniknęła pamięć długotrwała.

Od tej pory pacjent przypominał sobie tylko ostatnie miesiące przed operacją i nic więcej. Pamiętał też, co zdarzyło się przed niecałą minutą, ale po chwili to zapominał. Na tej podstawie stwierdzono, że mechanizmy tworzenia się pamięci w mózgu są zlokalizowane właśnie w płacie skroniowym.[38]

Wciąż prowadzimy badania naukowe z pacjentami cierpiącymi na amnezję hipokampalną i ciągle odkrywamy nowe aspekty funkcji hipokampu. Wyniki niedawnego badania z 2013 roku sugerują, że uszkodzenia tego obszaru ograniczają zdolność do twórczego myślenia.[39] To zrozumiałe: tworzenie czegoś musi być trudniejsze, gdy człowiek nie może zachować ani przywołać ciekawych treści pamięci i kombinacji bodźców.

Równie ciekawe było jednak to, czego pacjent H.M. nie stracił. Ewidentnie zachował pamięć krótkotrwałą, ale informacje z niej nie miały dokąd się przenosić i po prostu się rozpływały. Pacjent potrafił przyswoić nowe umiejętności motoryczne, takie jak konkretna technika rysunku, ale za każdym razem, gdy testowano u niego daną umiejętność, był przekonany, że styka się z nią po raz pierwszy, mimo wykazywania w niej sporej biegłości. Najwyraźniej ta nieświadoma pamięć była przetwarzana w jakimś innym miejscu przez osobne mechanizmy, które zostały oszczędzone.*

---

* Wykładowca powiedział nam kiedyś, że jedną z nielicznych rzeczy, których H.M. się nauczył, było miejsce przechowywania herbatników. Pacjent nigdy nie pamiętał jednak, że przed chwilą już jadł, więc ciągle chodził po nowe. Pamięci mu nigdy nie przybyło, natomiast kilogramów i owszem. Nie mogę zweryfikować tej opowieści; nigdzie nie znalazłem bezpośrednich relacji czy zapisków na ten temat. Jeffrey Brunstrom z zespołem z University of Bristol przeprowadził jednak eksperyment, w którym informowano głodnych ludzi, że dostaną do zjedzenia 500 ml albo 300 ml zupy. Następnie dostawali je w obiecanej ilości. Jednak ze

Na podstawie telenowel można by sądzić, że najczęstszą postacią utraty pamięci jest amnezja wsteczna, czyli niemożność przywołania wspomnień utworzonych przed czasem urazu. W typowej scenie bohater otrzymuje cios w głowę, przewraca się, rozbijając ją jeszcze bardziej, a potem odzyskuje przytomność i pyta: „Gdzie ja jestem? Co to za ludzie?", po czym stopniowo okazuje się, że nie jest w stanie przypomnieć sobie nic z minionych dwudziestu lat życia.

Jest to zdarzenie dalece mniej prawdopodobne, niż sugeruje nam telewizja. Utrata poczucia tożsamości i całej historii życia po uderzeniu w głowę występuje niezwykle rzadko. Poszczególne treści pamięciowe są rozlokowane w wielu miejscach mózgu, więc uraz, który miałby wymazać je wszystkie, musiałby jednocześnie uszkodzić ogromną jego część.[41] W takiej sytuacji przypomnienie sobie imion znajomych nie jest największym priorytetem. Ośrodki wykonawcze w płacie czołowym, odpowiedzialne za odtwarzanie pamięci, odgrywają również ważną rolę w takich procesach, jak podejmowanie decyzji, rozumowanie itd., jeśli więc są uszkodzone, utrata pamięci stanowi stosunkowo drobniejszy problem w porównaniu z bardziej palącymi sprawami. Co prawda

---

względu na przemyślną konstrukcję pojemników z użyciem ukrytych pompek niektórym uczestnikom otrzymującym 300 ml uzupełniano porcję, tak że zjadali 500 ml, podczas gdy z talerza niektórych z tych drugich dyskretnie ubywało zupy, tak że zjadali tylko 300 ml.[40]

Ciekawa obserwacja polegała na tym, że rzeczywista wielkość porcji nie miała znaczenia; o chwili nadejścia głodu decydowała ilość *pamiętana* (mimo że błędnie). Osoby, który myślały, że zjadły 300 ml (mimo że było to 500 ml), powiadamiały, że czują się głodne znacznie wcześniej niż ci, którzy sądzili, że zjedli 500 ml (choć w rzeczywistości zjedli 300 ml). Najwyraźniej w odniesieniu do apetytu pamięć może przeważać nad realnymi sygnałami fizjologicznymi, wydaje się więc, że poważne zaburzenie pamięci może mieć znaczący wpływ na sposób żywienia.

ludziom zdarza się cierpieć na amnezję wsteczną, ale jest ona zwykle przejściowa i pamięć w końcu wraca. Nie wygląda to tak dobrze w fabule filmu, ale dla człowieka jest zwykle dużo lepsze. Jeśli już dochodzi do amnezji wstecznej, zaburzenie to, ze swej natury, niespecjalnie poddaje się badaniu. Trudno jest ocenić i monitorować stopień utraty czyichś wspomnień z dotychczasowego życia, bo skąd mielibyśmy wiedzieć cokolwiek o tym życiu? Pacjent może mówić: „Chyba przypominam sobie jazdę autobusem do zoo, gdy miałem jedenaście lat" i wygląda to tak, jakby wracała mu pamięć, ale o ile lekarz nie był z nim wtedy w tym autobusie, jak można mieć pewność? Równie dobrze może to być wspomnienie zasugerowane lub wykreowane. W celu przebadania utraty czyichś wspomnień trzeba by dysponować precyzyjną kroniką *całego jego* życia, by móc zmierzyć ewentualne dziury, a taki materiał rzadko jest dostępny.

Nasza wiedza na temat jednego typu amnezji wstecznej, wynikającej z zespołu Wernickego-Korsakowa, będącego zwykle następstwem niedoboru tiaminy w zaawansowanym alkoholizmie,[42] poszerzyła się dzięki osobie znanej jako „Pacjent X", który uprzednio napisał swoją autobiografię. Pozwoliło to lekarzom na bardziej precyzyjne przebadanie utraty pamięci u niego, gdyż mieli do dyspozycji materiał źródłowy.[43] Być może częściej będziemy mieli taką okazję w przyszłości, skoro coraz więcej ludzi utrwala swoje życie online na portalach społecznościowych. Z tym że to, co robi się online, nie zawsze jest wiernym odbiciem rzeczywistego życia. Można sobie wyobrazić psychologów klinicznych studiujących fejsbukowy profil pacjenta z amnezją i wnioskujących, że na jego wspomnienia powinny składać się głównie śmichy-chichy z filmików z kotami.

Hipokamp łatwo ulega zaburzeniom lub uszkodzeniom – z powodu urazu fizycznego, udaru, różnego rodzaju demencji. Nawet wirus *Herpes simplex*, odpowiedzialny za zimno na ustach, może sporadycznie stać się bardzo agresywny i go zaatakować.[44] Ponieważ zaś hipokamp jest niezbędny do formowania nowych treści pamięci, częstszą formą amnezji jest amnezja następcza, czyli niezdolność do formowania nowych wspomnień po przebytej traumie. Na nią cierpiał właśnie pacjent H.M. (który zmarł w 2008 roku w wieku 78 lat). Jeśli widziałeś film *Memento*, to właśnie coś takiego. Jeśli oglądałeś ten film, ale nie bardzo go sobie przypominasz, na niewiele się to zda – ale na pewno będzie to piękny przykład ironii losu.

Był to bardzo pobieżny przegląd wielu rzeczy, które mogą potoczyć się nie tak w mózgowych procesach pamięci ze względu na uraz, operację, chorobę, alkohol czy cokolwiek innego. Czasami występują bardzo specyficzne formy amnezji (na przykład niepamięć zdarzeń, ale nie informacji merytorycznych), a niektóre deficyty pamięci pojawiają się bez uchwytnej fizycznej przyczyny (uważa się, że niekiedy amnezja ma charakter czysto psychologiczny, wynikając z wyparcia traumatycznych przeżyć).

Jak ten poplątany, pogmatwany, niespójny, wrażliwy i kruchy system może do czegokolwiek służyć? Cóż, może, bo z reguły po prostu *działa*. Mimo wszelkich zastrzeżeń nie przestaje zdumiewać swą pojemnością i zdolnościami adaptacyjnymi, którymi zawstydza najnowocześniejsze superkomputery. Jego wrodzona plastyczność i dziwna organizacja są efektem milionów lat ewolucji, więc kim jestem, bym miał go krytykować? Ludzka pamięć nie jest doskonała, ale mimo to całkiem niezła.

ROZDZIAŁ 3

||||||||||||||||||||||||||||||||||||||||||||||||

Strach ma wielkie oczy

Wielorakie sposoby, na jakie mózg
trzyma nas ciągle w strachu

Czym się właśnie martwisz? Zapewne jest tego trochę. Czy masz już wszystko, co potrzebne na nadchodzące przyjęcie urodzinowe dziecka? Czy projekt, którym zajmujesz się w pracy, idzie tak, jak powinien? Czy będzie cię stać na zapłacenie rachunku za ogrzewanie w zimie? Kiedy ostatnio dzwoniła twoja mama, i czy dobrze się czuje? Ten ból w biodrze nie chce ustąpić, czy to nie artretyzm? Mielone leżą już w lodówce od tygodnia – czy jeśli ktoś je zje, to się nimi zatruje? Dlaczego swędzi cię stopa? Pamiętasz, jak w drugiej klasie spadły ci portki – czy ludzie też jeszcze to pamiętają? Czy samochód nie zaczął jeździć jakoś ociężale? Co to za hałas: szczur? A jeśli roznosi dżumę?! Szef nigdy ci przecież nie uwierzy, jeśli weźmiesz zwolnienie na dżumę. I tak dalej, i tak dalej, i tak dalej, i tak dalej.

Jak widzieliśmy w podrozdziale na temat reakcji walki lub ucieczki, mózg jest nastawiony na wyszukiwanie potencjalnych

zagrożeń. Można by twierdzić, że jedną z wad naszej wysub-
limowanej inteligencji jest pozostawienie jej na łasce pojęcia
„zagrożenie". Wieki temu, w mrokach naszej ewolucyjnej przeszłości, dotyczyło ono tylko rzeczywistych, fizycznych zagrożeń
dla życia, których świat nie szczędził, jednak te czasy dawno
minęły. Świat się zmienił, ale nasz mózg jeszcze tego nie załapał
i może się przejąć dosłownie wszystkim. Wymieniona powyżej
lista to zaledwie czubek tworzonej przez niego gigantycznej
neurotycznej góry lodowej. Wszystko, co tylko może mieć jakieś
negatywne następstwa, choćby minimalne czy subiektywne, jest
oznaczane jako „warte zmartwienia". A czasem nie trzeba nawet
tego. Czy unikałeś kiedyś przejścia pod drabiną albo rzucałeś sól
przez lewe ramię, albo zostawałeś w domu w piątek trzynastego?
W takim razie masz zadatki na przesądnego – realnie stresujesz się sytuacjami czy zdarzeniami, które nie mają faktycznego
oparcia w rzeczywistości. W rezultacie zachowujesz się w sposób, który nie może tak naprawdę wywrzeć żadnego skutku na
wydarzenia, po to tylko, by zwiększyć poczucie bezpieczeństwa.

Na tej samej zasadzie możemy wsiąknąć w teorie spiskowe,
paranoicznie emocjonując się sprawami, które są zasadniczo
możliwe, ale niewiarygodnie mało prawdopodobne. Podobnie
jest z fobiami wytwarzanymi przez mózg – przeraża nas coś,
czego nieszkodliwość sobie uświadamiamy, ale przerażenie
i tak nas nie opuszcza. Innymi razy mózg nawet nie stara się
o wysunięcie choćby hipotetycznego powodu zmartwienia i po
prostu martwi się niczym. Ile razy słyszałeś, jak ludzie mówią,
że „jest zbyt cicho" albo że ten spokój na pewno „nie wróży nic
dobrego". Taka postawa może skutkować przewlekłym zaburzeniem lękowym.

To jeden z wielu sposobów, na które skłonność mózgu do zmartwień może wywrzeć realny wpływ na organizm (w postaci nadciśnienia tętniczego, napięcia, drżenia, utraty wagi, przybywania na wadze) i odbić się na całym życiu – obsesja na punkcie nieszkodliwych drobiazgów może nam w końcu wyrządzić szkodę. Ankiety prowadzone przez takie instytucje jak Office for National Statistics (brytyjski główny urząd statystyczny) wskazują, że co dziesiąty dorosły Brytyjczyk doświadcza w swoim życiu zaburzenia powiązanego z lękiem,[1] a w opracowaniu o zdrowiu psychicznym w Wielkiej Brytanii *In the Face of Fear* (W obliczu strachu) ujawniono 12,8-procentowy wzrost zachorowań na schorzenia lękopochodne między rokiem 1993 a 2007.[2] To blisko milion więcej dorosłych Brytyjczyków, którzy cierpią na te dolegliwości.

Komu potrzebne krwiożercze drapieżniki, skoro własna rozbudowana mózgownica przytłacza nas nieustającym stresem?

Co wspólnego z UFO ma czterolistna koniczyna?

(Powiązania między przesądami, teoriami spiskowymi i odlotowymi wierzeniami)

Oto drobna ciekawostka dla ciebie: jestem zamieszany w machinacje kilku szemranych grupek, które sekretnie sterują społeczeństwem. Pozostaję w zmowie z koncernami farmaceutycznymi, które w celu pomnożenia zysków dążą do pozbycia się z rynku wszelkich naturalnych środków leczniczych, medycyny alternatywnej i leków na raka (w końcu nic tak nie przysparza pieniędzy jak masowe zgony potencjalnych klientów). Należę do spisku, który robi wszystko, by opinia publiczna nigdy nie zdała sobie sprawy, że lądowania na Księżycu były tylko wyrafinowanym oszustwem medialnym. Moja oficjalna działalność na polu psychiatrii to oczywiście element zmowy mającej na celu tłumienie wolnej myśli i narzucenie konformizmu. Należę też do globalnej siatki uczonych, promujących mity o zmianie klimatu, ewolucji, szczepieniach i kulistości Ziemi. Przecież nie ma na świecie zamożniejszych i potężniejszych osób niż uczeni, nie mogą więc oni ryzykować utraty swojej pozycji przez to, że ludzie dowiedzieliby się, jak jest naprawdę.

Być może zdumiał cię mój udział w tak wielu zakamuflowanych przedsięwzięciach. Mnie również. A dowiedziałem się o nim zupełnie przypadkowo, dzięki mrówczej pracy komentatorów, której efekty są widoczne pod moimi artykułami w elektronicznym wydaniu „Guardiana". Pomiędzy uwagami, że jestem najsłabszym adeptem pióra na przestrzeni dziejów, kosmosu i ludzkości – w związku z czym powinienem zarzucić te działania i oddać się niewymownym aktom z moją matką/psem/meblami – są też „dowody" mojej nikczemnej i wielowątkowej działalności spiskowej.

Podobno należy się tego spodziewać, jeśli pisuje się teksty do poczytnego portalu, mimo wszystko byłem wstrząśnięty. Niektóre z teorii spiskowych nie miały nawet sensu. Gdy napisałem tekst w obronie osób transpłciowych po szczególnie zjadliwym artykule na ich temat (nie mojego autorstwa, jak śpieszę dodać), oskarżono mnie o udział w sitwie antytranspłciowej (bo nie broniłem tych osób wystarczająco gorliwie), a także protranspłciowej (bo w ogóle ich broniłem). Nie tylko uczestniczę więc w wielu spiskach, ale na dodatek sam zwalczam siebie w tym galimatiasie.

Z czytelnikami jest zazwyczaj tak, że natykając się na artykuł krytyczny wobec swych aktualnych poglądów czy przekonań, łatwiej wyciągają wniosek, iż jest dziełem jakiejś mrocznej siły dążącej do światowej tyranii, niż przedwcześnie łysiejącego gostka, siedzącego na kanapie w Cardiff w Walii.

Pojawienie się internetu i zwiększenie możliwości komunikacyjnych społeczeństwa dało nowy znaczący impuls dla rozwoju teorii spiskowych. Ludziom jest dużo łatwiej znajdować „dowody" swych teorii o zamachach z 11 września czy dzielić się rewelacjami na temat CIA i AIDS w zaciszu swego domu.

Teorie spiskowe nie są jednak zjawiskiem nowym,[3] może więc odzwierciedlają osobliwy kaprys mózgu, przez który ludzie tak ochoczo dają się wciągać w paranoiczną grę wyobraźni? W pewnym sensie tak jest. Ale wracając do tytułu podrozdziału; co to ma wspólnego z przesądami? Przekonanie o istnieniu UFO i próby włamania się do Strefy 51[*] radykalnie różnią się od uznawania, że czterolistna koniczyna przynosi szczęście, więc jaki tu jest związek?

Pytanie jest o tyle paradoksalne, że spiski i przesądy łączy właśnie skłonność do dostrzegania prawidłowości w różnych (często niepowiązanych) sytuacjach. Istnieje nawet nazwa dla dostrzegania związków w okolicznościach, w których faktycznie nie występują – apofenia.[4] Jeśli na przykład przypadkiem

---

[*] Na tym obszarze jednej z baz wojskowych w Newadzie przetrzymywano ponoć i badano pozaziemskie istoty przechwycone rzekomo w Roswell w 1947 roku, a następnie prowadzono prace nad nadzwyczajnymi technologiami, takimi jak wywoływanie kataklizmów klimatycznych czy podróże w czasie (przyp. tłum.).

założysz majtki na lewą stronę i wygrasz tego dnia coś w loterii zdrapkowej, a potem zawsze już zakładasz tak majtki, kiedy kupujesz zdrapki – jest to apofenia. Nie ma możliwości, by sposób noszenia majtek wpływał na liczby na zdrapce, ale ty dostrzegłeś prawidłowość i za nią podążasz. Podobnie jeśli dwie niezwiązane ze sobą osoby publiczne umrą z przyczyn natural-nych lub w wypadkach w odstępie miesiąca, jest to tragiczne. Jeśli jednak przyjrzawszy się obu tym przypadkom, stwierdzisz, że każda z tych osób krytykowała określony organ polityczny czy instytucję państwową, i dojdziesz do wniosku, że zostały w związku z tym zgładzone w zamachach, jest to apofenia. Na najbardziej podstawowym poziomie w każdej teorii spiskowej czy przesądzie można odkryć wykreowanie znaczącego związku między wzajemnie niezależnymi zdarzeniami.

Skłonność taką wykazują nie tylko ludzie nadzwyczaj para-noiczni czy podejrzliwi, ale i zwykli śmiertelnicy. I nietrudno zrozumieć, jak mogło do tego dojść.

Do mózgu dociera nieprzerwany strumień zróżnicowanych informacji, z których trzeba odczytać jakiś sens. Świat taki, ja-kim go postrzegamy, jest rezultatem złożonego przetwarzania tych informacji. Od siatkówki oka, przez korę wzrokową do hipokampu i kory przedczołowej – mózg odwołuje się do wielu ośrodków w celu wykonania różnych współzależnych operacji. (Dziennikarze relacjonujący „odkrycia” neuronauki, którzy sugerują, że określonym funkcjom mózgu odpowiadają pewne poświęcone im i tylko im obszary, wprowadzają nas w błąd. To w najlepszym razie bardzo szczątkowe wyjaśnienie.)

Mimo że w odbiorze zmysłowym i percepcji otaczającego nas świata biorą udział liczne ośrodki mózgu, procesy te mają swoje ograniczenia. Nie chodzi o to, że mózg ma małe moce, ale że w każdej chwili podlegamy istnemu bombardowaniu przez zwartą masę sygnałów, z których tylko nieliczne są dla nas w jakiś sposób istotne, mózg ma zaś zaledwie ułamek sekundy, by przetworzyć je na nasz użytek. Z tego względu często idzie na skróty, by (z grubsza) zapanować nad sytuacją.

Jednym ze sposobów oddzielania przez mózg informacji istotnych od nieistotnych jest rozpoznawanie prawidłowości i skupianie się na nich. Bezpośrednie przykłady takiego postępowania prześledzimy w działaniu systemu wzrokowego (zob. rozdział 5), a tu powiedzmy tyle, że mózg nieustannie wypatruje związków pomiędzy obserwowanymi rzeczami. Jest to taktyka niewątpliwie służąca przetrwaniu, zakorzeniona w czasach, gdy nasz gatunek stawał w obliczu nieustających zagrożeń – przypominasz sobie reakcję walki lub ucieczki? – i bez wątpienia wszczynająca niekiedy fałszywe alarmy. Czymże jest jednak kilka fałszywych alarmów, gdy na szali jest zachowanie życia?

Te właśnie fałszywe alarmy są przyczyną problemów. W efekcie dopada nas apofenia, dodając do niej reakcję walki i ucieczki oraz tendencję do czarnowidztwa, i ni stąd, ni zowąd mnóstwo spraw wali się nam na głowę. Widzimy wokół siebie prawidłowości, których nie ma, i przywiązujemy do nich wagę na wypadek, gdyby mogły wywrzeć na nas negatywny wpływ. Zauważ, ile przesądów dotyczy unikania pecha czy nieszczęścia. Nigdy nie słyszy się o spiskach w intencji dopomożenia ludzkości. Sekretne elity nie organizują dobroczynnych loterii z wypiekami.

Mózg rozpoznaje prawidłowości i tendencje na podstawie informacji zmagazynowanych w pamięci. To, czego doświadczamy, współformuje nasz sposób myślenia, co jest oczywiście w pełni sensowne. Jednak nasze pierwsze doświadczenia pochodzą z dzieciństwa, które ma wielki wpływ na kształt dalszego życia. Z reguły wystarcza pierwsza próba nauczenia rodziców najnowszej gry komputerowej, by pozbyć się resztek poczucia, że są wszechwiedzący i wszechmocni, jednak we wczesnym dzieciństwie często tak są postrzegani. W trakcie naszego dorastania niemal całe (jeśli nie zupełnie całe) nasze otoczenie znajduje się pod kontrolą; praktycznie wszystkiego, co wiemy, dowiadujemy się od dorosłych, do których mamy zaufanie, a wszystko, co się dzieje, przebiega pod ich nadzorem. Są dla nas pierwszymi punktami odniesienia w najbardziej formatywnych latach życia. Jeśli więc dorośli żywią jakieś przesądy, jest bardzo prawdopodobne, że je przejmiemy bez konieczności uzyskania dowodu na ich potwierdzenie.[5]

Z powyższego wynika także, że nasze najwcześniejsze wspomnienia rodzą się w świecie, który sprawia wrażenie uporządkowanego i kontrolowanego przez potężne i trudne do zrozumienia postacie (w odróżnieniu od świata rządzonego przez przypadek czy chaos). Takie koncepcje mogą zostać głęboko zakorzenione i ten system przekonań może zostać wniesiony do dorosłości. Niektórzy dorośli czują się pewniej z myślą, że świat jest zorganizowany zgodnie z planami jakichś potężnych władców, na przykład multimiliarderów, kosmicznych jaszczurów z upodobaniem do ludzkiego mięsa albo superpotężnych uczonych.

Poprzedni akapit może sugerować, że osoby wierzące w teorie spiskowe mają niskie poczucie bezpieczeństwa i są niedojrzałe, podświadomie tęskniąc do rodzicielskiej aprobaty, której nie otrzymywały w dzieciństwie. I na pewno część z nich jest taka, ale jednocześnie tacy są też niezliczeni inni ludzie, którzy nie pasjonują się teoriami spiskowymi. Nie zamierzam rozpisywać się o ryzyku kreowania nieuzasadnionych zależności między dwiema niepowiązanymi sprawami, by potem sam się tego dopuszczać. To, co zostało powiedziane, wskazuje jedynie sposób, w jaki historia rozwoju mózgu może „uprawdopodabniać" teorie spiskowe.

Jednak jedną ze znaczących konsekwencji (a może jest to przyczyna?) naszej skłonności do poszukiwania wzorców jest to, że mózg nie radzi sobie dobrze z przypadkowością. Trudno mu przyjąć do wiadomości, że coś może się zdarzyć bez innego widocznego powodu niż czysty przypadek. Być może to kolejny skutek wypatrywania przez niego wszędzie zagrożeń (jeśli coś zachodzi bez realnej przyczyny, nic nie będzie można z tym zrobić, gdy okaże się niebezpieczne, a to jest myśl nieznośna). A może jest zupełnie inaczej? Może opór mózgu przed przypadkowością jest po prostu przypadkową mutacją, która okazała się pożyteczna? To byłaby okrutna ironia, jeśli nie coś jeszcze.

Bez względu na przyczynę, odrzucenie przypadkowości ma liczne poważne konsekwencje, w tym odruchowe założenie, że wszystko, co się dzieje, zachodzi z jakiegoś powodu, co często określa się mianem „losu". W rzeczywistości niektórym ludziom po prostu się nie poszczęściło, ale to nie jest akceptowalne wyjaśnienie dla mózgu, musi więc znaleźć inne i połączyć z jakimś cieniem uzasadnienia. Prześladuje cię pech? To na pewno przez stłuczone lustro, które zamieszkiwała twoja dusza, i teraz jest ona popękana. A może nawiedzają cię złośliwe chochliki; nie znoszą żelaza, więc miej przy sobie podkowę, to je odstraszy.

Można by argumentować, że zwolennicy teorii spiskowych są przekonani o kierowaniu światem przez mroczne organizacje, bo jest to *lepsze niż pogląd alternatywny!* Myśl, że cała ludzkość brnie po omacku, zdana na kaprysy przypadku i szczęśliwych trafów, jest pod wieloma względami bardziej stresująca niż obecność niecnych elit pociągających za sznurki, choćby tylko dla własnych interesów. Lepszy pijany pilot za sterem niż żaden.

W badaniach osobowości nazywa się to "znacznym obszarem kontroli", co odnosi się do stopnia, w jakim jednostka wierzy, że ma kontrolę nad dotyczącymi jej zdarzeniami.[6] Im większy jest twój obszar kontroli, tym większe masz poczucie panowania nad sytuacją (stopień, w jakim rzeczywiście nad nią panujesz, jest tu bez znaczenia). Pozostaje niewyjaśnione, dlaczego niektórzy ludzie mają silniejsze tego rodzaju poczucie niż inni. Wyniki niektórych badań wiązały powiększony hipokamp z większym obszarem kontroli;[7] jednak hormon stresu, kortyzol, może powodować kurczenie się hipokampu, a ludzie mający mniejsze poczucie panowania nad swoim życiem zwykle łatwiej się stresują, zatem wielkość hipokampu może być następstwem, a nie przyczyną rozległości obszaru kontroli.[8] Mózg nigdy nie ułatwia nam swego poznania...

Tak czy inaczej większy obszar kontroli może dać ci wrażenie, że masz wpływ na przyczynę określonych zdarzeń (przyczynę, która tak naprawdę nie istnieje, ale to bez znaczenia). Jeśli to przesąd, rzucasz za siebie solą albo odpukujesz w niemalowane, albo unikasz drabiny czy czarnych kotów i dzięki temu zyskujesz wewnętrzne przekonanie, że twoje działania zapobiegły katastrofie (choć na zasadzie urągającej racjonalnemu wyjaśnieniu).

Osoby mające jeszcze większy obszar kontroli starają się neutralizować dostrzegane "spiski" przez szerzenie wiedzy o nich, "dokładniejsze" przyglądanie się szczegółom (wiarygodność źródeł rzadko staje się przedmiotem troski), wyłuszczanie ich każdemu, kto się nawinie, oraz określanie pozostałych „stadem bezwolnych baranów" czy podobnym epitetem. Przesądy są z reguły bardziej pasywne; pokutują wśród wielu osób, ale ludzie ci poza tym żyją całkiem normalnie. Natomiast teorie spiskowe pociągają za sobą znacznie większe oddanie i zaangażowanie. Czy zdarzyło się ostatnio, żeby ktoś żarliwie próbował cię przekonać do sekretnej prawdy, że czterolistna koniczyna przynosi szczęście?

Ogólnie wydaje się, że uwielbienie mózgu dla prawidłowości i antypatia do przypadkowości prowadzi do wielu bardzo pochopnych wniosków. Nie byłby to wielki problem, gdyby nie to, że jednocześnie mózg szalenie utrudnia przekonanie kogokolwiek, iż drogie mu poglądy i wnioski są błędne, bez względu na ilość przedstawionych dowodów. Zwolennicy przesądów i teorii spiskowych zachowują swe osobliwe wierzenia wbrew wszystkiemu, co zarzuca im racjonalny świat. A wszystko to zawdzięczamy swoim idiotycznym mózgom.

Ale czy na pewno? Wszystko, co napisałem, opiera się na naszej aktualnej wiedzy neurobiologicznej i psychologicznej, lecz wiedza ta jest przecież dość ograniczona. Sam przedmiot rozważań wydaje się trudno uchwytny. Czym jest przesąd – w znaczeniu psychologicznym? Jak przekładałby się on na czynność mózgową? Czy to wierzenie? Myśl? W rozwoju technologicznym dotarliśmy do etapu, na którym możemy skanować aktywność pracującego mózgu, lecz to, że widzimy aktywność, nie oznacza, że rozumiemy jej istotę, podobnie jak zdolność zobaczenia klawiatury fortepianu nie oznacza, że zagramy Mozarta.

Nie żeby uczeni nie próbowali. Na przykład Marjaana Linderman ze współpracownikami wykonała rezonans czynnościowy fMRI dwunastu osobom przyznającym się do wiary w zjawiska

nadprzyrodzone i jedenastu sceptykom.[9] Proszono ich o wy-
obrażenie sobie jakiejś krytycznej sytuacji życiowej (takiej jak
nieuchronna utrata pracy lub rozpad związku), a następnie pokazywano im „emocjonalnie naładowane obrazy przedmiotów
nieożywionych i scenerii (np. pary czerwonych wiśni)" – czyli
coś, co widuje się na plakatach motywacyjnych: zapierające dech
szczyty górskie itp. Wierzący w zjawiska nadprzyrodzone mówili,
iż dostrzegali w tych obrazach wskazówki i znaki co do tego, jak
rozwiążą się ich osobiste problemy. Ci, którzy wyobrazili sobie
rozpad związku, po zobaczeniu obrazu czuli na przykład, że
wszystko dobrze się skończy, bo dwie zespolone gałązką wisienki
oznaczają silne więzi i wzajemne oddanie. Sceptycy, jak można
się spodziewać, nie mieli takiego przekonania.

Ciekawą obserwacją poczynioną w trakcie badania było to, że
oglądanie obrazów aktywowało u wszystkich lewy dolny zakręt
skroniowy, obszar kojarzony z przetwarzaniem obrazów. U wie-
rzących w zjawiska nadprzyrodzone znacznie mniejszą aktywność zaobserwowano w prawym dolnym zakręcie skroniowym
niż u sceptyków. Rejon ten kojarzy się z inhibicją kognitywną, co
oznacza modulowanie i ograniczanie procesów poznawczych.[10]
W tym wypadku może to być tłumienie aktywności prowadzącej
do formułowania nielogicznych wzorców i powiązań, co tłuma-
czyłoby, dlaczego niektórzy z łatwością dają wiarę irracjonalnym
czy nieprawdopodobnym zdarzeniom, a innych trzeba do tego
długo przekonywać; jeśli prawy dolny zakręt skroniowy jest
słaby, silniejszy wpływ wywierają procesy mózgowe skłaniające
się ku większej irracjonalności.

Eksperyment ten jest jednak z wielu powodów daleki od
dostarczenia ostatecznych wniosków. Po pierwsze, brała w nim

udział bardzo mała grupa ludzi, a po drugie i przede wszystkim, w jaki sposób człowiek ma zmierzyć swoje „skłonności nadprzyrodzone"? Nie jest to coś, do czego stosuje się system metryczny. Niektórzy lubią myśleć o sobie jako o ludziach w pełni racjonalnych, ale, o ironio, bywa to piramidalnym złudzeniem. Jeszcze trudniej jest badać teorie spiskowe. Aparat badawczy się nie zmienia, ale ze względu na przedmiot trudniej jest rekrutować ochotników do badań. Wyznawcy takich teorii są z reguły skryci, paranoiczni i nieufni wobec wszystkich postrzeganych jako przedstawicieli władzy. Gdyby więc uczony miał zapytać: „Czy zechciałby pan przyjść do naszego bezpiecznego laboratorium i pozwolić przeprowadzić na sobie parę eksperymentów? W grę może wchodzić zamknięcie w metalowej rurze, tak byśmy mogli skanować mózg", zapewne odpowiedź nie byłaby twierdząca. Dlatego wszystko, co zawarłem w tym podrozdziale, stanowi racjonalny zestaw teorii i założeń opartych na danych, którymi obecnie dysponujemy.

Ale z drugiej strony, przecież właśnie to powinienem powiedzieć, prawda? Cały ten tekst może być elementem spisku, utrzymującego ludzi w niewiedzy...

Niektórzy woleliby zetrzeć się z tygrysem niż zaśpiewać karaoke

(Fobie, lęki społeczne i ich liczne przejawy)

Karaoke to rozrywka popularna na całym świecie. Niektórzy ludzie uwielbiają poderwać się na oczach nieznanej (i zwykle dość wstawionej) publiczności, by odśpiewać piosenkę, którą często ledwie znają, robiąc to bez względu na swoje umiejętności estradowe. Nie prowadzono eksperymentów w tym zakresie, ale stawiam na istnienie odwrotnie proporcjonalnej zależności między entuzjazmem a zdolnościami. Do tej skłonności niektórych osób niemal na pewno znacząco przyczynia się alkohol. Zresztą w czasach telewizyjnych konkursów talentów można wystąpić nawet przed milionową widownią, zamiast zadowalać się garstką rozkojarzonych piwoszy.

Dla części z nas jest to jednak perspektywa przerażająca. Treść najgorszych nocnych koszmarów. Niektórzy ludzie, zapytani, czy chcieliby wstać i coś zaśpiewać, reagują, jakby powiedziało się im, że mają żonglować odbezpieczonymi granatami, nago, na oczach swoich byłych partnerek. Krew odpływa im z twarzy, spinają się, zaczynają gwałtownie oddychać i wykazują wiele innych klasycznych objawów reakcji walki lub ucieczki. Gdyby dać im wybór między zaśpiewaniem a udziałem w bitwie, z wdzięcznością przyjęliby walkę na śmierć i życie (chyba że i w tym wypadku byłaby widownia).

O co tu chodzi? Bez względu na to, co myślisz o karaoke, jest to zabawa wolna od ryzyka, o ile tylko publiczność nie składa się z przypakowanych melomanów. Oczywiście występ może wyjść fatalnie; możesz fałszować tak okrutnie, że słuchacze będą błagać o słodką ulgę śmierci. Ale co z tego? Kilkunastu ludzi, których nigdy więcej nie spotkasz, uzna twoje talenty śpiewackie za poniżej krytyki? Jakiż to problem? Jednak w ocenie naszego mózgu jest to problem. Wstyd, hańba, publiczne poniżenie to negatywne doznania, których nie życzy sobie nikt poza najbardziej skrzywionymi zboczeńcami. Sama ewentualność pojawienia się ich wystarcza, by odwieść ludzi od robienia niejednej rzeczy.

Ludzie boją się też wielu rzeczy dalece powszedniejszych niż karaoke: rozmawiania przez telefon (sam tego unikam, ilekroć tylko się da), płacenia za coś, gdy stoi za nimi kolejka, wygłaszania prezentacji, podcinania włosów u fryzjera. Czynności, które miliony innych ludzi robią bez wahania, napełniają niektórych strachem i paniką.

Są to lęki społeczne. Praktycznie każdy odczuwa je w pewnym zakresie, jeśli jednak nasilają się w stopniu, który zaburza lub niweczy funkcjonowanie danej osoby, można je sklasyfikować jako społeczne fobie. Aby zrozumieć leżące u ich podstaw mechanizmy neurologiczne, spójrzmy na fobie w szerszej perspektywie.

Fobia to *irracjonalny* lęk przed czymś. Jeśli pająk wyląduje nieoczekiwanie na twojej ręce, a ty krzykniesz i gwałtownie wstrząśniesz ręką, wszyscy to zrozumieją. Włochaty stwór zaskoczył cię, a ludzie nie lubią kontaktu z insektami, więc twoja reakcja jest usprawiedliwiona. Jeśli jednak pająk wyląduje na twojej ręce, a ty zaczniesz wrzeszczeć wniebogłosy, wywracając krzesła w drodze po wybielacz do wyszorowania dłoni, którym wypalisz sobie dziury w ubraniu, a potem przez miesiąc odmówisz wychodzenia za próg domu – można to uznać za irracjonalne. W końcu to był tylko pająk.

Ciekawą cechą fobii jest to, że ludzie mają zwykle pełną świadomość, iż zachowują się nielogicznie.[11] Na poziomie świadomym pacjenci z arachnofobią wiedzą, że pająk wielkości dziesięciogroszówki nie stanowi dla nich zagrożenia, nie potrafią jednak opanować swojej przesadzonej reakcji lękowej. Z tego względu typowe próby wsparcia podejmowane w obliczu czyjejś fobii („On ci nie zrobi krzywdy") całkowicie chybiają celu. Skoro wiedza o tym, że coś nie jest zagrożeniem, nie ma większego znaczenia, lęk, który wiążemy z danym czynnikiem, musi mieć źródło poniżej poziomu świadomości i dlatego fobie tak uparcie się nas trzymają.

Fobie można podzielić na konkretne (lub proste) oraz złożone. Obie te kategorie odnoszą się do źródła lęku. Proste wiążą się z jakimś przedmiotem (na przykład nożem), zwierzęciem (pająkami, szczurami), sytuacją (jazda windą) lub rzeczą (krwią, wymiocinami). O ile tylko człowiek stroni od tych czynników spustowych, może żyć spokojnie. Czasem nie daje się uniknąć ich całkowicie, ale zwykle kontakt jest przejściowy. Można na przykład bać się wind, ale jazda windą trwa tylko kilkanaście sekund (chyba że jesteś Willym Wonką).

Istnieje wiele powodów, z których fobie mogą się w nas narodzić. Na najbardziej podstawowym poziomie jest uczenie się asocjacyjne (skojarzeniowe), czyli przyporządkowywanie określonej reakcji (takiej jak lękowa) konkretnym bodźcom (na przykład pająkowi). Wydaje się, że do procesów takich zdolne są nawet najmniej skomplikowane pod względem neurologicznym organizmy, w tym kalifornijski mięczak morski *Aplysia*, metrowej długości brzuchonóg (ślimak) o bardzo prostej budowie, na którym przeprowadzono w latach siedemdziesiątych pierwsze eksperymenty w celu poznania zmian neuronalnych zachodzących w trakcie nauki.[12] Układ nerwowy tych mięczaków, w porównaniu z ludzkim, jest bardzo uproszczony, elementarny, niemniej wykazują one oznaki uczenia się asocjacyjnego, a poza tym mają wielkie neurony, do których można przytknąć elektrody, by rejestrować przebiegające procesy. Ich niektóre komórki nerwowe mają aksony (czyli długi „tułów" komórki) o średnicy dochodzącej do milimetra. Być może nie brzmi to zbyt imponująco, ale to stosunkowo dużo. Gdyby aksony ludzkich neuronów miały wielkość słomki do napojów, aksony *Aplysii* byłyby rozmiarów tunelu pod kanałem La Manche.

Te wielkie neurony byłyby bezużyteczne, gdyby zwierzęta nie posługiwały się uczeniem asocjacyjnym, o które nam tu chodzi. Odnosiliśmy się do niego już wcześniej. W rozdziale 1, we fragmencie o jedzeniu i apetycie pisałem o tym, jak mózg tworzy skojarzenie tortu z chorobą, tak że człowiekowi robi się niedobrze na samą myśl o nim. Taki sam mechanizm może stosować się do fobii i lęków.

Jeśli zostajesz przestrzeżony przed czymś (rozmowami z obcymi, instalacją elektryczną, szczurami, zarazkami), mózg przepowiada sobie wszystkie okropieństwa, które mogłyby się wydarzyć w razie zetknięcia się z tym zagrożeniem. Następnie kiedyś dochodzi do takiego spotkania i mózg uruchamia te wszystkie „prawdopodobne" scenariusze, aktywując reakcję walki lub ucieczki. Ciało migdałowate, odpowiedzialne za kodowanie składnika lękowego zapamiętywanych treści, przyczepia do wspomnień takiego spotkania tabliczkę „Niebezpieczeństwo!". Zatem przy kolejnym spotkaniu przypomnisz sobie „niebezpieczeństwo" i zareagujesz identycznie. Gdy dowiadujemy się, że trzeba na coś uważać, zaczynamy się tego obawiać. U niektórych ludzi może to prowadzić do fobii.

Proces ten sugeruje, że praktycznie dowolna rzecz może się stać przedmiotem fobii, a lista przeróżnych fobii występujących u ludzi zdaje się to potwierdzać. Do ciekawszych należą turofobia (lęk przed serami), ksantofobia (lęk przed kolorem żółtym, wykazujący pewne pokrewieństwo do turofobii), hipopotomonstroseskwipedaliofobia (lęk przed długimi słowami, bo psychologowie są z natury niecni) i fobiofobia (lęk przed fobiami, bo mózg często odwołuje się do logiki i mówi: „Przymknij się, tak naprawdę nie jesteś moim ojcem!"). Niemniej niektóre fobie pojawiają się znacznie częściej niż inne, co wskazuje na udział dodatkowych czynników.

Do lęku przed niektórymi rzeczami usposobiła nas ewolucja. W pewnym eksperymencie behawioralnym wpojono szympansom lęk przed wężami. Jest to stosunkowo łatwe zadanie, które zwykle polega na pokazywaniu węża, po czym następuje jakieś nieprzyjemne doznanie, takie jak umiarkowany wstrząs elektryczny czy coś niesmacznego do jedzenia – cokolwiek takiego, czego małpy będą wolały unikać. Ciekawostka jest taka, że gdy inne szympansy widziały reakcje lękowe kolegów, szybko same nauczyły się obawiać węży, mimo że nie były poddane treningowi.[13] Zjawisko to często określa się jako społeczne uczenie się.*

---

* Może ono w sporym stopniu wyjaśniać ten eksperyment. Znaczną część tego, co wiemy i jak się zachowujemy, czerpiemy z obserwacji zachowania innych, zwłaszcza jeśli chodzi o takie sprawy, jak reakcja na zagrożenia – a szympansy są pod tym względem podobne do nas. Zjawiska społeczne omawiam szerzej w rozdziale 7, jednak w przypadku tego eksperymentu nie mogą stanowić one całości wytłumaczenia. Okazało się bowiem, że po przeprowadzeniu takiej samej procedury z kwiatami zamiast węży, lęk do kwiatów dało się zaszczepić behawioralnie, ale inne szympansy rzadko przejmowały go przez samą obserwację. Lęk przed wężami jest łatwo przekazywany, a lęk przed kwiatami nie. Ewolucja przygotowała nas do wrodzonej podejrzliwości wobec potencjalnie śmiertelnych zagrożeń, dlatego lęk przed wężami i pająkami jest tak powszechny.[14] Natomiast nikt nie boi się kwiatów (antrofobia), chyba że cierpi na wyjątkowo paskudny katar sienny. Do mniej oczywistych ewolucyjnych skłonności lękowych zaliczamy strach przed windą albo zastrzykami i dentystą. W windzie możemy się czuć „złapani w potrzask", co uruchamia alarm w mózgu. Zastrzyki i wizyta u dentysty wiążą się zaś z potencjalnym bólem oraz naruszeniem integralności ciała, powodując reakcję lękową. Ewolucyjna skłonność do obaw i strachu przed trupami (które

Społeczne uczenie się i sygnały mają szaloną siłę, a tendencja mózgu do dmuchania na zimne sprawia, że jeśli widzimy, iż ktoś się czegoś boi, powstaje duże prawdopodobieństwo, że też zaczniemy się bać. Jest tak szczególnie w dzieciństwie, gdy nasz obraz świata kształtuje się głównie za pośrednictwem innych ludzi, którzy – jak zakładamy – wiedzą więcej od nas. Jeśli więc nasi rodzice mają jakąś silną fobię, prawdopodobnie ją przejmiemy. Jest to zrozumiałe: jeżeli dziecko widzi, że jego rodzic (niania, przedszkolanka, nauczyciel czy inna naśladowana osoba) krzyczy i wymachuje rękami na widok myszki, zapewne będzie to dla niego silne i emocjonujące przeżycie, które wywrze głębokie wrażenie na formującej się psychice.

Obecność reakcji lękowej mózgu oznacza, że fobie są trudne do wykorzenienia. Większość wyuczonych skojarzeń można usunąć w ramach procesu ukazanego w słynnym eksperymencie Pawłowa z psami. Dźwięk dzwonka został skojarzony z jedzeniem, podpowiadając uruchomienie wyuczonej reakcji (ślinienie się), ilekroć się rozlegał. Gdy jednak pojawiał się potem wielokrotnie bez związku z karmą, skojarzenie w końcu znikło. Taką samą procedurę, zwaną wymieraniem odruchu (nie mylić z losem dinozaurów), stosuje się w wielu kontekstach.[16] Mózg uczy się, że dany bodziec, na przykład dźwięk dzwonka, z niczym się nie wiąże, nie wymaga więc konkretnej reakcji.

---

mogą być siedliskiem chorób lub wskazywać na czające się w pobliżu zagrożenie oprócz tego, że po prostu niepokoją) stoi być może w tle efektu „doliny niesamowitości"[15] – na widok animacji komputerowych lub robotów, które wyglądają *prawie*, ale nie całkiem jak człowiek, przechodzą nam po plecach ciarki, podczas gdy para wyłupiastych oczu na skarpetce nie robi na nas wrażenia. Niemal ludzkiemu wytworowi brak subtelnych detali i rysów, które ma żywy człowiek, wygląda więc bardziej na „martwy" niż „zabawny".

Można by oczekiwać, że fobie będą ulegać podobnemu procesowi, skoro niemal żadne spotkanie z ich przedmiotem nie wywołuje nawet najmniejszej szkody. Jednak tu właśnie jest haczyk: reakcja lękowa uruchamiana przez fobię jednocześnie *ją uzasadnia*. To arcydzieło zapętlonej logiki – mózg decyduje, że coś jest groźne, i w rezultacie uruchamia reakcję walki lub ucieczki. Powoduje ona charakterystyczne zmiany fizjologiczne, zalewając organizm adrenaliną, wzmagając napięcie, wywołując panikę itd. Reakcja ta jest biologicznie wymagająca i wyczerpująca, często też nieprzyjemna w doznaniach, więc mózg zapamiętuje ją następująco: „Gdy ostatnim razem się z tym zetknąłem, organizm dostał świra, czyli miałem rację, to jest niebezpieczne!". W ten sposób fobia zostaje wzmocniona, a nie osłabiona, bez względu na to, jak mała była rzeczywista wyrządzona szkoda.

Pewną rolę odgrywa też sama natura fobii. Do tej pory opisywaliśmy tylko fobie proste, uruchamiane przez konkretne czynniki, zatem mające identyfikowalne i możliwe do uniknięcia źródło. Istnieją jednak także fobie złożone, uruchamiane przez czynniki bardziej skomplikowane, takie jak kontekst czy sytuacja. Przykładem jest agorafobia, powszechnie brana błędnie za lęk przed otwartą przestrzenią. Ściślej mówiąc, agorafobia to lęk przed sytuacją, w której niemożliwa byłaby ucieczka lub uzyskanie pomocy.[17] Zasadniczo sytuacje tego rodzaju mogą się pojawić w dowolnym miejscu po wyjściu z domu, toteż ciężka agorafobia uniemożliwia ludziom opuszczenie mieszkania, co prowadzi właśnie do owego niewłaściwego rozumienia terminu.

Agorafobia wyraźnie łączy się z zaburzeniami panicznymi (zespołem lęku napadowego). Ataki paniki mogą zdarzyć się każdemu. Opanowuje nas wtedy reakcja lękowa, z którą nie potrafimy sobie poradzić, tak że mamy poczucie przerażenia, z trudem łapiemy oddech, kręci się nam w głowie, pojawiają się nudności i wrażenie uwięzienia. Objawy te różnią u poszczególnych osób. Ciekawy artykuł Lindsey Homes i Alissy Scheller w „Huffington Post" z 2014 roku pt. *Tak odczuwa się atak paniki* zawiera relacje z pierwszej ręki zebrane od pacjentów, w tym następującą: „Podczas ataku nie mogę wstać, nie mogę się odezwać. Czuję tylko wielki, wszechogarniający ból, jakby coś zgniatało mnie na małą kuleczkę. W ciężkich przypadkach nie mogę normalnie oddychać, zaczynam się hiperwentylować i wymiotuję".

Wielu innych ludzi ma całkowicie odmienne, choć równie przykre doznania.[18] Za każdym razem rzecz sprowadza się do tego samego; mózg nie potrafi się zdystansować i zaczyna indukować reakcje lękowe mimo braku uzasadniającej je przyczyny. Ponieważ nie ma widocznej przyczyny, w żaden sposób nie można wpłynąć na sytuację, toteż lęk szybko narasta i wymyka się spod kontroli. To istota napadu paniki. Ludzie są przerażeni i pobudzeni w niewinnych okolicznościach, które następnie kojarzą z paniką, więc w rezultacie wykształcają lekką fobię na ich punkcie.

Nie wiadomo dokładnie, dlaczego napad paniki pojawia się za pierwszym razem, ale jest na ten temat kilka teorii. Może to być skutek doznanego wcześniej urazu, z którego skutkami mózg nie zdążył się jeszcze rozprawić. Może wiązać się z nadmiarem lub niedoborem pewnych neuroprzekaźników. Możliwy jest też czynnik genetyczny, gdyż u bliskich krewnych osoby cierpiącej na zaburzenia paniczne występuje większe ryzyko występowania podobnych napadów.[19] Według jednej z teorii doświadczający ich pacjenci mają skłonność do myślenia katastroficznego; rozpatrując jakiś drobny problem zdrowotny czy inny, zamartwiają się nim, przekraczając wszelkie granice rozsądku.[20] Być może mamy do czynienia z kombinacją wszystkich tych czynników, a może z czymś dziś jeszcze nieodkrytym. Mózgowi nie brakuje inwencji, jeśli chodzi o nieracjonalne reakcje lękowe.

W końcu dochodzimy do lęków społecznych – a jeśli są szczególnie uciążliwe, wręcz fobii społecznych. Opierają się one na strachu przed negatywnymi reakcjami ze strony innych ludzi – na przykład na obawach o wrażenia publiczności po twoim występie karaoke. Boimy się nie tylko jawnej wrogości i agresji; zmrozić nas może zwykła dezaprobata. Na przykładzie tego, że ludzie mogą się stać istotnym źródłem fobii, widać, jak mózg wykorzystuje innych do kalibracji naszego postrzegania świata i nas samych w nim. W konsekwencji aprobata otoczenia jest dla nas ważna często nawet bez względu na to, kim są dane osoby. Miliony ludzi dąży do takiej czy innej sławy, a czym jest sława, jeśli nie aprobatą ze strony nieznajomych? Pisaliśmy już o tym, jak egotyczny bywa mózg, więc może wszyscy celebryci są po prostu złaknieni masowej aprobaty? To trochę smutne (chyba że są to celebryci, którzy chwalili tę książkę).

Lęki społeczne powstają wtedy, gdy skłonność mózgu do przewidywania negatywnych konsekwencji i zamartwiania się nimi łączy się z jego potrzebą społecznej akceptacji i aprobaty. Rozmowa przez telefon wymaga interakcji bez korzystania z dodatkowych sygnałów, pojawiających się podczas spotkania twarzą w twarz, toteż dla niektórych osób (takich jak ja) jest bardzo trudna; wpadamy w panikę, że niechcący urazimy lub znudzimy rozmówcę. Płacenie za zakupy, gdy stoi za tobą długa kolejka, może szarpać nerwy, ponieważ tak naprawdę to ty wstrzymujesz tych wszystkich ludzi, którzy wpatrują się, jak z trudem radzisz sobie z przeliczaniem monet. Te i mnóstwo podobnych sytuacji pozwalają mózgowi wyobrażać sobie, na ile sposobów możesz denerwować lub frustrować innych, co przysparza ci negatywnych ocen i wywołuje zażenowanie. Wszystko to sprowadza się zaś do tremy scenicznej – obawy przed pomyłką na oczach widowni.

Niektórzy wcale nie mają takich problemów, a inni wręcz przeciwnie. Istnieje wiele wyjaśnień, jak się to dzieje. Roselind Lieb w swym badaniu stwierdziła, że z prawdopodobieństwem powstania lęków społecznych wiąże się styl, w jakim było się wychowywanym przez rodziców,[21] i nietrudno zauważyć tu logiczny związek. Nadmiernie krytyczni rodzice mogą wpoić dzieciom nieustanną obawę przed rozdrażnieniem ważnego autorytetu nawet najdrobniejszymi działaniami. Natomiast nadopiekuńczy rodzice mogą nie dopuścić, by dziecko doznało jakichkolwiek negatywnych konsekwencji swych zachowań, gdy więc człowiek taki dorasta i wychodzi spod opiekuńczych skrzydeł, a jakiś jego czyn wywołuje negatywne konsekwencje, nie jest na to przygotowany, zatem nadmiernie się przejmuje, a w rezultacie nie potrafi sobie z tym poradzić i będzie zapewne bał się powtórki takiej sytuacji. Samo wbijanie dziecku do głowy lęku przed obcymi może rozdmuchać strach przed nimi do nieproporcjonalnych rozmiarów.

Ludzie doznający takich fobii zwykle uciekają się do strategii unikowych, czyli stronienia od wszelkich sytuacji, w których fobia mogłaby się uruchomić.[22] Może być to dobre z punktu widzenia spokoju umysłu, ale na pewno nie służy rzeczywistemu pozbyciu się fobii. Im bardziej jej unikamy, tym dłużej zachowuje swoją siłę i żywotność w mózgu. To trochę jak zaklejenie mysiej dziury w ścianie tapetą – z pozoru wygląda dobrze, ale nadal masz problem z gryzoniami w domu.

Z dostępnych danych wynika, że lęki i fobie społeczne należą do najczęstszych typów fobii.[23] Nic dziwnego, wziąwszy pod uwagę paranoidalne skłonności mózgu, wiodące nas do strachu przed niegroźnymi sprawami, oraz zważywszy na nasze uzależnienie od aprobaty innych. Gdy jedno łączy się z drugim, lądujemy z irracjonalnym lękiem przed negatywnymi opiniami o naszym braku kompetencji. Na dowód tego dodam, że jest to ~~dziewiąta~~ ~~dziesiąta~~ ~~jedenasta~~ ~~dwunasta~~ dwudziesta ósma napisana przeze mnie wersja tego zakończenia. A nadal jestem pewien, że wielu osobom się nie spodoba.

Nie miej koszmarów... chyba że cię kręcą

(Dlaczego ludzie lubią się bać i wyszukują do tego okazje)

Dlaczego w dążeniu do chwilowej ekscytacji niektórzy ludzie dosłownie rzucają się na okazje, by ryzykować rozplaskanie się o twardy grunt? Weźmy amatorów skoków na bungee, base- -jumpingu, spadochronów. Wszystko, co pisaliśmy do tej pory, ukazywało dążność mózgu do działań samozachowawczych, skutkującą tremą, strategiami unikowymi itd. Jednak tacy pisarze, jak Stephen King czy Dean Koontz zbijają krocie na powieściach, w których roi się od napawających grozą nadprzyrodzonych zdarzeń oraz brutalnych, gwałtownych śmierci bohaterów. Wspólnie sprzedali blisko miliard egzemplarzy swych książek. Franczyza *Piły mechanicznej* – prezentacja najbardziej wymyślnych i krwawych sposobów przedwczesnego uśmiercania ludzi z niejasnych powodów – liczy obecnie siedem produkcji, z których wszystkie były wyświetlane w kinach na całym globie, zamiast zapieczętowane w ołowianych kontenerach zostać wystrzelone na Słońce. Opowiadamy sobie przerażające historie przy ognisku, jeździmy kolejkami strachu w lunaparku, zwiedzamy nawiedzone domy i przebieramy się za truposzy w Halloween, by wycyganić cukierki od sąsiadów. Jak wyjaśnić nasze upodobanie do takich rozrywek, niekiedy oferowanych już dzieciom, skoro opierają się one na wzbudzaniu lęku?

Tak się składa, że dreszcz strachu oraz poczucie zadowolenia, jakie dają słodycze, mogą zależeć od tego samego obszaru mózgu. Jest to szlak mezolimbiczny, zwany też mezolimbicznym szlakiem nagrody lub mezolimbicznym szlakiem dopaminergicznym, gdyż odpowiada za mózgowe doznania nagrody, a wykorzystuje w tym celu neurony dopaminowe. Należy on do wielu obwodów czy szlaków, które pośredniczą w poczuciu nagrody, powszechnie uważa się go jednak za centralny. Dlatego też jest ważny z punktu widzenia zjawiska „lubowania się w strachu".

Składają się na niego pole brzuszne nakrywki (PBN) i jądro półleżące (JP).[24] Są to gęsto upakowane obwody i zwoje nerwowe, położone głęboko w mózgu i mające liczne połączenia z bardziej wysublimowanymi obszarami, w tym hipokampem i płatami czołowymi, a także z regionami prymitywniejszymi, na przykład pniem mózgu, zatem jest to ośrodek bardzo wpływowy.

PBN to obszar, który rejestruje bodziec i decyduje o jego pozytywnym lub negatywnym charakterze – czy jest to coś, czego chce się więcej, czy należy tego unikać. Decyzję tę przekazuje do JP, które powoduje odczuwanie stosownej reakcji.

Gdy zjadasz smaczną przekąskę, PBN rejestruje to jako coś dobrego i powiadamia o tym JP, za sprawą którego doznajesz przyjemności i zadowolenia. Jeżeli przypadkiem pociągniesz łyk nieświeżego mleka, PBN wychwytuje to jako coś złego, a JP sprawia, że odczuwasz wstręt, odrazę, nudności, wszystko, co tylko mózg może zrobić, by mieć pewność, że ostrzeżenie „Nie rób mi tego więcej!" do ciebie dotarło. System ten nazywamy mezolimbicznym szlakiem nagrody.

„Nagroda" oznacza w tym kontekście pozytywne, przyjemne odczucia, pojawiające się, gdy robimy coś, co spotyka się z aprobatą mózgu. Na co dzień dotyczy to czynności fizjologicznych, takich jak jedzenie, gdy jesteś głodny lub gdy pożywienie jest bogate w składniki odżywcze (węglowodany są – zdaniem mózgu – cennym źródłem energii, dlatego tak trudno jest powstrzymywać się przed nimi na diecie). Niektóre inne czynniki powodują znacznie silniejszą aktywację układu nagrody – takie na przykład jak seks, toteż ludzie nie szczędzą czasu i trudu, by go sobie zapewnić, mimo że możemy żyć bez niego. Tak, możemy.

Nie musi jednak chodzić o sprawy tak konieczne i żywotne. Podrapanie się w swędzącym miejscu daje przyjemną satysfakcję, powstającą za pośrednictwem układu nagrody. Mózg mówi ci, że to, co właśnie zrobiłeś, jest dobre i że powinieneś robić tego więcej.

W sensie psychologicznym nagroda jest (subiektywnie) pozytywną reakcją na zdarzenie, która potencjalnie prowadzi do zmiany w zachowaniu, zatem nagroda może przyjmować rozmaite postaci. Jeśli po naciśnięciu dźwigni szczur dostaje kawałeczek owocu, będzie ją dalej naciskał, owoc jest więc skuteczną nagrodą.[25] Ale jeżeli zamiast niego szczur dostanie najnowszą grę na Playstation, prawdopodobnie straci zainteresowanie dźwignią. Przeciętny nastolatek może być innego zdania, ale dla szczura taka gra jest bezużyteczna i nie ma wartości motywacyjnej, nie jest więc nagrodą. Zmierzam do tego, że dla różnych ludzi (czy istot) nagrodą są różne rzeczy – niektórzy lubią dać się nastraszyć czy odchodzić od zmysłów, a inni nie i w ogóle nie widzą w tym nic atrakcyjnego.

Strach i niebezpieczeństwo mogą się stać przedmiotami pożądania na kilka sposobów. Zacznijmy od tego, że z natury jesteśmy ciekawscy. Nawet takie zwierzęta jak szczury wykazują tendencję do zapoznawania się z nowościami, jeśli nadarza się okazja. Ludzie tym bardziej.[26] Zastanów się, jak często robimy coś tylko po to, by zobaczyć, co się stanie. Każdy, kto ma dzieci, zna tę często pożałowania godną skłonność. Pociąga nas sam urok nowości. Jednak mamy do dyspozycji szeroką gamę nowych doznań i doświadczeń, dlaczego więc wybieramy te związane z lękiem i zagrożeniem (dwoma czynnikami negatywnymi) zamiast wielu równie nieznanych, ale w pełni bezpiecznych?

Mezolimbiczny szlak nagrody dostarcza przyjemności, kiedy zrobisz coś dobrego. Ale „coś dobrego" obejmuje bardzo szeroki wachlarz możliwości, w tym sytuację, *kiedy coś złego się kończy*. Za sprawą adrenaliny oraz reakcji walki lub ucieczki okresy strachu i przerażenia odbieramy szalenie intensywnie, gdyż wszystkie zmysły i układy mamy pobudzone i wyczulone na niebezpieczeństwo. Jednak zwykle po pewnym czasie źródło zagrożenia czy lęku znika (zważywszy zwłaszcza na nasz paranoiczny mózg). Mózg orientuje się, że było jakieś zagrożenie, ale teraz go nie ma.

Przebywałeś w domu, w którym straszy, ale już z niego wyszedłeś. Prułeś przez powietrze na spotkanie pewnej śmierci, ale teraz stoisz spokojnie na ziemi, cały i zdrowy. Słyszałeś przerażającą opowieść, ale już się skończyła, a żądny krwi morderca się nie pojawił. W każdym z tych przypadków szlak nagrody rejestruje zagrożenie, które nagle ustąpiło, więc uznaje, że *jest bardzo ważne, byś następnym razem zrobił to samo, co pozwoliło zażegnać niebezpieczeństwo.* W tym celu uruchamia potężną reakcję nagrody. W większości innych przypadków, takich jak posiłek czy seks, robi się coś, co podnosi jakość życia na krótką metę, ale tu uniknąłeś śmierci! To sprawa dalece poważniejsza. Co więcej, z powodu adrenaliny krążącej w organizmie pod wpływem reakcji walki lub ucieczki wszystko wydaje się podbite i wyostrzone. Emocje i ulga, które pojawiają się po ustąpieniu strachu, mogą być ogromnie stymulujące – bardziej niż w innych sytuacjach.

Szlak mezolimbiczny ma ważne połączenia neuronalne z hipokampem i ciałem migdałowatym, co pozwala mu akcentować wspomnienia pewnych zdarzeń, które uznaje za istotne, i przyporządkowywać im silny ładunek emocjonalny.[27] Nie tylko na bieżąco nagradza lub karze pewne zachowania, ale dopilnowuje też, by pamięć o nich była szczególnie trwała.

Wyostrzenie uwagi, nasilenie emocji, żywe wspomnienia – wszystko to łącznie oznacza, że doświadczenie kontaktu z czymś budzącym duży strach może sprawiać poczucie „intensywniej” toczącego się życia niż w innych okolicznościach. Skoro w porównaniu z tym doświadczeniem inne wydają się szare i prozaiczne, może się pojawić pożądanie tego typu „wzlotów”; przecież dla człowieka przyzwyczajonego do picia podwójnego espresso latte z dodatkowym mlekiem nie będzie niczym szczególnym.

I często musi to być „prawdziwy" dreszcz, a nie syntetyczny. Świadome, myślące obszary mózgu nieraz dają się łatwo oszukać (wiele takich przypadków omawiam w tej książce), ale nie są aż tak naiwne. Gra komputerowa, w której siedzisz za kierownicą pędzącego bolidu, nie ma szans dostarczyć takiej samej ekscytacji i doznań co rzeczywista sytuacja, bez względu na to, jak realistycznie będzie zrobiona. To samo odnosi się do walki z zombie czy manewrowania statkiem kosmicznym. Ludzki mózg rozpoznaje, co jest rzeczywiste, a co nie, i potrafi stosować to rozróżnienie, wbrew dawnym teoriom o grach komputerowych prowadzących do przemocy.

Jeśli jednak realistyczne gry nas nie przerażają, jak to możliwe, by całkiem abstrakcyjne fabuły książek napędzały nam stracha? Być może chodzi o stopień kontroli. W trakcie gry na komputerze zachowujesz pełne panowanie nad sytuacją; możesz włączyć pauzę, gra reaguje na twoje polecenia itd. Inaczej jest w przypadku powieści czy filmu grozy, gdy jednostka jest biernym odbiorcą i mimo pochłonięcia fabułą nie ma wpływu na przebieg zdarzeń. (Można oczywiście zamknąć książkę, ale to nie zmienia biegu akcji.) Niekiedy wrażenia czy sceny z filmu albo powieści długo z nami pozostają, niepokojąc nas przez znaczny czas. Wynika to z obecności żywych wspomnień, do których wielokrotnie wracamy i które aktywujemy, w miarę jak się „osadzają". Ogólnie im większą kontrolę mózg zachowuje nad biegiem zdarzeń, tym mniejszy niosą lęk. Dlatego pewne rzeczy, które „lepiej zostawić grze wyobraźni", bywają bardziej przerażające niż najkrwawsze efekty specjalne.

Lata siedemdziesiąte, długo przed nadejściem techniki komputerowo generowanych obrazów i zaawansowanego protezowania, powszechnie uznawane są przez koneserów gatunku za złoty wiek horrorów. Ich groza pochodziła z sugestii, timingu, atmosfery i innych sprytnych trików. W rezultacie to mózg, z jego skłonnością do wyszukiwania i przewidywania zagrożeń, odwalał niemal całą robotę, a ludzie dosłownie podskakiwali w fotelach na widok czających się cieni. Pojawienie się nowoczesnych efektów specjalnych w wielkich hollywoodzkich produkcjach sprawiło, że horrory stały się znacznie bardziej płaskie i podawane wprost, z wylewaniem wiader krwi zamiast psychologicznego napięcia.

Jest miejsce na oba podejścia, oraz wiele innych, jednak gdy grozę wzbudzają tak bezpośrednie środki, mózg jest mniej zaangażowany, co pozwala mu na myślenie i analizę oraz zachowywanie pełnej świadomości, że to tylko fikcyjny scenariusz, z którego można się w dowolnej chwili wymiksować. W konsekwencji groza nie ma aż takiej mocy. Zrozumieli to twórcy gier komputerowych: fabuły horroru wymagają, by bohater przez cały czas próbował uniknąć przemożnego niebezpieczeństwa czającego się w niepewnym otoczeniu, zamiast rozpirzgnąć je całe w drobny mak gigantycznym działem laserowym.[28]

Można twierdzić, że podobnie jest ze sportami ekstremalnymi i innymi ekscytującymi formami aktywności. Ludzki mózg jest w stanie świetnie odróżnić ryzyko rzeczywiste od sztucznego. Do odczucia prawdziwego dreszczu emocji niezbędna jest bardzo realna możliwość poniesienia negatywnych konsekwencji. Zestaw zawierający ekrany, uprząż i wentylatory mógłby realistycznie odtwarzać doznania skoku na bungee, ale nie będą one dość autentyczne, by przekonać mózg, że spadasz z wielkiej wysokości, zatem strach przed rozbiciem się o ziemię zostanie usunięty i przeżycie nie będzie takie samo. Podobnie wrażenia szybkiego przemieszczania się w górę i w dół są trudne do sztucznego odtworzenia, stąd popularność kolejek górskich. Im mniejszą mamy kontrolę nad napawającą strachem sytuacją, tym bardziej jest emocjonująca. Istnieje w tym wypadku jednak pewna wartość graniczna, gdyż musi pozostawać jakiś stopień wpływu na zdarzenia, by był to wciąż strachy „rozrywkowy", a nie czyste przerażenie. Spadanie ze spadochronem po wyskoczeniu z samolotu uznaje się za ekscytujące i rozrywkowe. Spadanie bez spadochronu już takie nie jest. By mózg mógł *bawić się* napawającą strachem czynnością, musi więc być zarówno pewien stopień rzeczywistego ryzyka, jak i możliwość zapanowania nad skutkami, tak by ostatecznie tego ryzyka uniknąć. Większość ludzi, którzy wychodzą cało z wypadku samochodowego, cieszy się, że przeżyła, rzadko jednak mają ochotę zafundować sobie podobne doświadczenia ponownie.

Ponadto mózg ma ten dziwaczny zwyczaj, o którym już wspominałem, zwany myśleniem kontrfaktycznym – tendencję do rozważania potencjalnych negatywnych skutków, do których *nie doszło* (patrz rozdział 2). Nasila się ona dodatkowo, gdy samo zdarzenie wywoływało strach, ponieważ pojawia się poczucie rzeczywistego zagrożenia. Jeśli przy przechodzeniu przez jezdnię unikasz o włos potrącenia przez samochód, całymi dniami może potem wracać do ciebie myśl, że *mogłeś* zostać potrącony. Nie zostałeś potrącony; w sensie fizycznym nic się w tobie nie zmieniło. Mimo to mózg lubi skupiać się na potencjalnym zagrożeniu, czy to przeszłym, teraźniejszym czy przyszłym.

O ludziach, którzy uwielbiają takie rozrywki, mówi się często, że lubią „czuć adrenalinę". Poszukiwanie mocnych wrażeń to cecha osobowości,[29] charakteryzująca osoby, które dążą do nowych, różnorodnych, złożonych i intensywnych przeżyć powiązanych z pewnym stopniem ryzyka fizycznego, finansowego czy prawnego (utrata pieniędzy i wtrącenie do więzienia to również niebezpieczeństwa, których wielu ludzi życzy sobie unikać). W poprzednich akapitach pisałem, że pewien zakres kontroli nad zdarzeniami jest konieczny do tego, by dreszcz emocji sprawiał przyjemność, zdarza się jednak, że pogoń za mocnymi wrażeniami zakłóca zdolność do adekwatnej oceny ryzyka i kontroli nad sytuacją. W pewnym badaniu z końca lat osiemdziesiątych obserwowano narciarzy, porównując tych, którzy doznali urazów, z pozostałymi.[30] Okazało się, że ci pierwsi w dużo większym zakresie byli amatorami mocnych wrażeń, co sugeruje, że cecha ta skłaniała ich do podejmowania decyzji czy działań, wskutek których tracili kontrolę nad biegiem wypadków. To okrutna ironia, że pragnienie zasmakowania ryzyka potrafi przyćmić zdolność do jego dostrzegania.

Nie jest jasne, dlaczego u niektórych ludzi wykształcają się takie ekstremalne skłonności. Może dochodzić do tego stopniowo. Przelotny flirt z ryzykownym przeżyciem dał przyjemny dreszcz emocji, więc poszukujemy go potem coraz częściej i zwiększamy intensywność. To klasyczna teoria równi pochyłej. Pasuje jak ulał do narciarzy…

W niektórych badaniach poświęconych temu zagadnieniu analizowano czynniki biologiczne czy neurologiczne. Istnieją świadectwa, że pewne geny, takie jak DRD4, który koduje jedną z klas receptorów dopaminowych, mogą być u poszukiwaczy przygód zmutowane, co powoduje modyfikację aktywności mezolimbicznego szlaku nagrody, prowadząc do zmian w nagradzaniu doznań.[31] Jeśli szlak mezolimbiczny jest bardziej aktywny, intensywne doświadczenia są jeszcze mocniej odczuwane. Jeśli zaś jest słabszy, trzeba silniejszej stymulacji, by w ogóle odczuć jakąś frajdę; w konsekwencji dość zwyczajny dla nas efekt wymaga działań na granicy ryzykowania życiem. W obu przypadkach ludzie mogą dążyć do dodatkowej stymulacji. Niemniej wszelkie próby odgadnięcia roli konkretnego genu w pracy mózgu są procesem długotrwałym i złożonym, toteż nasze przypuszczenia na ten temat nie zostały jeszcze potwierdzone.

W eksperymencie Sary B. Martin i jej współpracowników z 2007 roku wykonano badania obrazowe mózgu kilkudziesięciorga ludzi mających różne wyniki w skali mierzącej skłonność do poszukiwania mocnych wrażeń. W swej relacji badacze twierdzą, że poszukiwanie takich wrażeń jest skorelowane z powiększeniem prawego przedniego hipokampu.[32] Skądinąd wiadomo, że jest to obszar mózgu i układu pamięci odpowiedzialny za przetwarzanie i rozpoznawanie nowości. Ogólnie mówiąc, układ pamięci posyła do tego ośrodka informacje z prośbą: „Rzuć na to okiem. Znasz to?", a prawy przedni hipokamp odpowiada „tak" lub „nie". Nie wiemy, co konkretnie oznacza powiększenie tego obszaru. Być może człowiek doświadczył tak wielu nowych rzeczy, że ośrodek rozpoznający je musiał się poszerzyć, a może właśnie dlatego, że jest on wyjątkowo rozwinięty, wymaga znacznie bardziej niezwykłych doznań, by uznać je za nowe. Gdyby tak było, zyskiwanie nowych stymulacji i przeżyć byłoby dla tych ludzi sprawą potencjalnie ważniejszą i pilniejszą niż dla pozostałych.

Bez względu na konkretną przyczynę tego powiększenia hipokampu dla specjalisty neuronauk wielką gratką jest widzieć, że coś tak skomplikowanego i subtelnego jak cecha osobowości może potencjalnie odzwierciedlać się w obserwowalnych różnicach anatomicznych w mózgu. Nie zdarza się to tak często, jak można by sądzić po doniesieniach prasowych.

Podsumowując, niektórym ludziom podobają się przeżycia wzbudzające lęk. Uruchomiona przez nie reakcja walki lub ucieczki prowadzi do powstania mnóstwa wzmożonych doświadczeń w mózgu (oraz wyraźnego poczucia ulgi, gdy owe doznania się kończą), co pod pewnymi warunkami można wykorzystywać w celach rozrywkowych. U niektórych ludzi mogą występować subtelne różnice strukturalne lub czynnościowe w mózgu, skłaniające ich do poszukiwania wrażeń nasyconych ryzykiem i strachem niekiedy wręcz w alarmującym stopniu. Ale nie powinniśmy tego krytykować; gdy wyjdzie się poza elementarne podobieństwa strukturalne, mózg każdego człowieka jest inny i różnic tych nie należy się bać, nawet jeśli lubisz drżeć ze strachu.

Wyglądasz kwitnąco – to takie cudne, gdy ludzie nie przejmują się swoją wagą
(Dlaczego krytyka działa silniej niż pochwała)

Angielska rymowanka *sticks and stones will break my bones, but names will never hurt me* (pałki i kamienie połamałyby mi kości, ale wyzwiska po mnie spływają) nie wytrzymuje konfrontacji z rzeczywistością, prawda? Po pierwsze, cierpienie po złamaniu kości jest naprawdę potworne, nie powinno się go więc lekką ręką używać jako punktu odniesienia w pomiarze bólu. Po drugie, gdyby przezwiska i obelgi rzeczywiście nie sprawiały przykrości, po co w ogóle powstałaby ta rymowanka? Nie istnieje na przykład porzekadło: „noże i ostrza pocięłyby mnie jak sito, ale słodycze są całkiem niewinne". Miło jest dostać pochwałę, ale bądźmy uczciwi: krytyka żądli.

W warstwie nominalnej tytuł tego podrozdziału jest komplementem. W zasadzie nawet dwoma, pochwala bowiem i wygląd, i podejście do życia. Jest jednak mało prawdopodobne, by adresat wypowiedzi tak ją zinterpretował. Krytyka jest subtelna i uchwycenie jej wymaga pewnej spostrzegawczości, gdyż została implikowana. Niemniej właśnie ona przebija się na pierwszy plan. To tylko jeden z niezliczonych przykładów zjawiska wynikającego z mechanizmu pracy mózgu – krytyka zwykle ma większą wagę niż pochwała.

Jeśli zmieniłeś kiedyś uczesanie czy styl ubioru albo opowiedziałeś wesołą historyjkę lub zrobiłeś coś innego tego typu, bez względu na to, ile osób pochwali twój wygląd czy roześmieje się z dowcipu, w pamięci utkwią ci te indywidua, które zawahały się przed powiedzeniem czegoś miłego albo wręcz wybałuszyły na ciebie oczy, i przez nie będziesz miał zepsuty humor.

Co się tu dzieje? Skoro krytyka jest nieprzyjemna, dlaczego mózg traktuje ją z takim namaszczeniem? Czy w grę wchodzi jakiś neurologiczny mechanizm? Czy też jest to tylko mroczna psychologiczna fascynacja bólem, taka, jaka przejawia się w osobliwej potrzebie skubania bąbla czy trącania językiem poluzowanego zęba? Istnieje oczywiście niejedna potencjalna odpowiedź.

Dla mózgu złe rzeczy są zwykle istotniejsze od dobrych.[33] Na bardzo podstawowym poziomie neurologicznym siła krytyki może wynikać z działania kortyzolu. Hormon ten jest wydzielany za sprawą mózgu w reakcji na sytuacje stresowe; jest to jeden z chemicznych czynników spustowych reakcji walki lub ucieczki, powszechnie obwiniany o problemy zdrowotne powodowane przeciągającym się stresem. Jego wydzielanie jest kontrolowane głównie przez oś podwzgórze–przysadka–nadnercza (PPN), czyli złożony kompleks neurologicznych i endokrynnych (tj. regulujących hormony) obszarów mózgu i organizmu, które koordynują całościową reakcję na stres.

Dawniej sądzono, że oś PPN aktywuje się w odpowiedzi na stresujące zdarzenie dowolnego typu, na przykład nagły donośny dźwięk. Późniejsze badania wykazały jednak, że działa ona nieco bardziej selektywnie, uruchamiając się tylko w określonych okolicznościach. Jedna z dzisiejszych teorii głosi, że oś PPN aktywuje się wówczas, gdy zagrożona jest realizacja „celu".[34] Jeśli na przykład idziesz chodnikiem i spada na ciebie ptasia kupa, jest to zdarzenie irytujące i potencjalnie groźne z powodów higienicznych, ale zapewne nie uruchomi reakcji pośredniczonej przez oś PPN, bo „uniknięcie zabrudzenia przez zbłąkanego ptaka" nie zaliczało się do twoich świadomych celów. Gdyby jednak „pocisk" tego samego ptaka trafił w ciebie, gdy będziesz w drodze na ważną rozmowę kwalifikacyjną, zdarzenie to niemal na pewno uruchomiłoby reakcję PPN, bo zakłócałoby osiągnięcie twojego celu: dotarcie na spotkanie, zrobienie dobrego wrażenia, dostanie pracy. W kwestii ubioru kandydata podczas rozmowy kwalifikacyjnej istnieją różne szkoły, ale żadna nie poleca noszenia na sobie zbędnych produktów trawienia ptactwa.

Najoczywistszym „celem" jest utrzymanie się przy życiu, jeśli więc dzieje się coś, co może pokrzyżować te plany, oś PPN uruchamia reakcję stresową. Częściowo z tego powodu uważano, że reakcja PPN pojawia się za każdym razem, bo nieustannie i wszędzie dostrzegamy zagrożenia dla siebie.

Niemniej ludzie są skomplikowani. Jedną z konsekwencji tego jest znaczne uzależnienie od opinii i zdania innych. Teoria ochrony «ja» społecznego głosi, że ludzie mają głęboko zakorzenioną motywację zabezpieczania swojego statusu społecznego (by być dalej lubianym przez ludzi, których aprobatę sobie cenią). Wynikają stąd zagrożenia społeczno-ewaluatywne. W szczególności wszystko, co zagraża postrzeganemu statusowi społecznemu czy obrazowi danej osoby, sprzeciwia się celowi podobania się, uruchamia więc oś PPN, zalewając organizm kortyzolem.

Krytyka, przytyki, wyśmiewanie, akty odrzucenia są atakami na poczucie wartości własnej i potencjalnie wyrządzają mu szkodę, zwłaszcza jeśli dochodzi do nich publicznie, co kłóci się z celem bycia lubianym i akceptowanym. Powodowany tym stres uruchamia kortyzol, który wywołuje liczne skutki fizjologiczne (takie jak zwiększone wydzielanie glukozy), a także ma bezpośredni wpływ na mózg. Wiemy już, jak reakcja walki lub ucieczki wyostrza uwagę oraz buduje żywsze i wyrazistsze wspomnienia. Za sprawą kortyzolu, a także innych wydzielanych hormonów, potencjalnie dzieje się to też (w różnym stopniu), gdy podlegamy krytyce. W efekcie doświadczamy realnej reakcji somatycznej, która nas uwrażliwia oraz sprawia, że zdarzenie zapada w pamięć. W całym tym rozdziale piszę o skłonności mózgu do przesady w wypatrywaniu zagrożeń; nie ma powodu, by miał nie doszukiwać się ich w krytyce. Gdy zaś dzieje się coś negatywnego i doświadczamy tego z pierwszej ręki, wytwarzając wszystkie adekwatne emocje i doznania, uruchamiają się procesy w hipokampie i ciele migdałowatym, przez co wspomnienia są wzmocnione składnikiem emocjonalnym i przechowywane „na widoku".

Miłe zdarzenia, takie jak otrzymanie pochwały, również wywołują reakcję neurologiczną – tym razem za pośrednictwem oksytocyny, która powoduje odczuwanie przyjemności, jednak uczucie to jest słabsze i bardziej ulotne. Oksytocyna, ze względu na swą chemiczną postać, zostaje usunięta z krwiobiegu w ciągu około pięciu minut. W odróżnieniu od niej kortyzol może utrzymywać się przez ponad godzinę, a nawet dwie, toteż efekty jego działania są znacznie trwalsze.[35] Ta ulotna natura sygnałów przyjemności może wydawać się przejawem spartańskiego traktowania nas przez naturę, jednak gdy coś przez długi czas sprawia nam intensywną przyjemność, często – jak przekonamy się dalej – nas to obezwładnia.

Łatwo można popaść w błędne przypisywanie wszystkiego, co zachodzi w mózgu, działaniu różnych cząstek chemicznych i wiele „mainstreamowych" tekstów z zakresu neuronauk pada ofiarą tej tendencji. Przyjrzyjmy się kilku innym potencjalnym wyjaśnieniom kładzenia akcentu na krytykę.

Swoją rolę może odgrywać w tym atrybut nowości. Wbrew temu, co sugerują internetowe komentarze pod cudzymi wypowiedziami, większość ludzi odnosi się do pozostałych z szacunkiem wynikłym z norm społecznych i dobrego wychowania (oczywiście z uwzględnieniem różnorodności kulturowej). Wykrzykiwanie na ulicy obelg pod czyimś adresem nie jest czynnością, na którą pozwalają sobie szacowni obywatele, chyba że uwagi skierowane są do funkcjonariuszy drogówki, ewidentnie wyjętych spod działania tej zasady. Normami są uprzejmość i drobna pochwała, na przykład mówienie „dziękuję" kasjerce, która oddaje ci resztę, chociaż są to twoje pieniądze i nie ma prawa ich zatrzymać. Kiedy coś staje się normą, nasz preferujący

nowości mózg zaczyna to odfiltrowywać przez proces habitua-
cji.[36] Gdy coś dzieje się wiele razy, po co marnować na to cenne
zasoby mentalne, skoro można to bezpiecznie zignorować?

Drobne pochwały są standardem, toteż krytyka zyskuje na
sile przez walor atypowości. Pojedyncza zdegustowana twarz
w roześmianej widowni będzie się wyróżniać *właśnie przez to*, że
jest inna. Układy wzroku i uwagi wyewoluowały tak, by skupiać
się na nowościach, różnicach i zagrożeniach – a wszystko to
właśnie ucieleśnia naburmuszony widz. Podobnie jeśli przy-
wykliśmy do puszczania mimo uszu takich uwag jak „Dobra
robota!" jako nieznaczących zwrotów grzecznościowych, słowa
„Schrzaniłeś to!" zabrzmią tym ostrzej, że nie padają równie
często. A my będziemy jeszcze rozpamiętywać nieprzyjemne
zdarzenie, by zrozumieć, dlaczego do niego doszło, i zapobiec
pojawieniu się go w przyszłości.

W rozdziale 2 pisałem, że mechanizmy pracy mózgu czynią
nas istotami nieco egotycznymi, ze skłonnością do interpretacji
i pamiętania zdarzeń tak, by wyłaniał się z nich lepszy obraz
własny. Jeśli taki jest nasz stan wyjściowy, pochwały mówią
nam tylko to, co i tak już „wiemy", podczas gdy otwarta krytyka jest trudniejsza do przekręcenia i staje się wstrząsem dla
psychiki.

Jeśli „wychodzisz z czymś do ludzi", dając występ, tworząc coś
czy choćby formułując opinię, którą uznajesz za wartą wypowie-
dzenia, w podtekście komunikujesz: „Myślę, że się to spodoba"
– poszukujesz aprobaty. I o ile nie jesteś niepokojąco pewny
siebie, zawsze pojawia się też w takiej sytuacji jakiś element
wątpliwości, świadomość, że możesz się mylić. W tym sensie
jesteś wyczulony na ryzyko odrzucenia, nastawiony na wypa-

trywanie oznak dezaprobaty czy krytyki, zwłaszcza jeśli chodzi o coś, z czego jesteś dumny lub co wymagało wysiłku i czasu. Kiedy zaś człowiek wypatruje czegoś, czego się obawia, rośnie prawdopodobieństwo, że to znajdzie – podobnie jak hipochondryk zawsze jest w stanie wyszukać u siebie groźne objawy rzadkich chorób. Zjawisko to zwie się efektem potwierdzenia (ang. *confirmation bias*); koncentrujemy się na tym, czego szukamy, a pomijamy wszystko, co temu nie odpowiada.[37]

Nasz mózg ocenia rzeczywistość wyłącznie na podstawie naszej wiedzy, a wiedza ta opiera się na naszych wnioskach i doświadczeniach, toteż oceniamy czyny ludzi na podstawie tego, co wynika z autopsji. Skoro jesteśmy grzeczni i uprzejmi, bo tego wymaga dobre wychowanie, to inni też są tacy, prawda? W konsekwencji każda otrzymana pochwała budzi pewną wątpliwość co do swojej szczerości. Gdy jednak ktoś cię krytykuje, oznacza to, że nie tylko coś ci nie wyszło, ale że nie wyszło to *tak bardzo*, iż ktoś zdecydował się przekroczyć społeczne normy, by to zakomunikować. Znów widać tu, że krytyka ma większą wagę niż pochwała.

Skomplikowany mechanizm identyfikowania przez mózg potencjalnych zagrożeń i reagowania na nie umożliwił rasie ludzkiej przetrwanie tysiącleci w dziewiczej przyrodzie i wyewoluowanie w wyrafinowany, cywilizowany gatunek, jakim dziś jesteśmy – mechanizm ten nie jest jednak wolny od wad. Złożony ludzki intelekt pozwala nie tylko rozpoznawać zagrożenia, ale również przewidywać je oraz wyobrażać je sobie. Na wiele sposobów można człowiekowi zagrozić i go przestraszyć, co prowadzi do neurologicznych, psychologicznych i socjologicznych reakcji mózgu.

Z sytuacją tą wiążą się pewne słabości, które inni ludzie potrafią niestety wykorzystywać, co skutkuje już dość realnymi zagrożeniami. Być może znasz taktykę „rozmiękczania" stosowaną przez amatorów podrywu. Podchodzą do kobiety i mówią coś, co brzmi jak komplement, ale w rzeczywistości ma być krytyką i przytykiem. Gdyby mężczyzna podszedł do kobiety i zwrócił się do niej słowami z tytułu tego podrozdziału, byłoby to właśnie rozmiękczanie. Albo mógłby powiedzieć coś takiego: „Podoba mi się twoja fryzura – większość dziewczyn z taką twarzą jak twoja nie zaryzykowałaby takiego uczesania" albo „Normalnie nie podobają mi się takie niskie dziewczyny, ale ty wydajesz się fajna", albo „Ta sukienka będzie wyglądać czadowo, jak zrzucisz kilka kilogramów", albo „Nie mam pojęcia, jak odzywać się do kobiet, bo zawsze widywałem je tylko przez lornetkę, dlatego wypróbuję na tobie tani chwyt psychologiczny w nadziei, że wystarczająco zachwieje twoją pewnością siebie, żebyś zechciała się ze mną przespać". Ostatnia odzywka nie należy do typowego repertuaru rozmiękczania, ale dobrze podsumowuje istotę ich wszystkich.

Nie trzeba jednak aż takiej przebiegłości. Zapewne wszyscy znamy osoby, które widząc czyjąś dumę z własnego dokonania, natychmiast rzucają się do wytknięcia drobnych niedociągnięć. Bo po co zdobywać się na wysiłek osiągnięcia czegoś samemu, skoro można poczuć się lepiej po ściągnięciu innych w dół, do swego poziomu?

To okrutny paradoks, że tak mozolnie zabezpieczając się przed zagrożeniami, mózg w rezultacie sam je wytwarza.

ROZDZIAŁ 4

||||||||||||||||||||||||||||||||||||||||||||||||||||||||

Masz się za mądralę, co?

Meandry wiedzy o inteligencji

C o decyduje o wyjątkowości i unikalności ludzkiego mózgu?
Jest wiele możliwych odpowiedzi, ale najprawdopodob-
niejsza jest ta, że dzięki niemu górujemy nad innymi gatunkami
inteligencją. Wiele żywych istot jest w stanie wykonywać podstawowe czynności, za które odpowiada nasz mózg, ale do tej
pory żadne z nich nie stworzyły filozofii, samochodów, ubrań,
źródeł energii, religii ani nawet *jednego* rodzaju makaronu, nie
mówiąc o ponad trzystu. Choć książka ta dotyczy głównie tego,
co ludzki mózg wykonuje nieefektywnie czy w pokrętny sposób,
nie można nie dostrzegać, iż ewidentnie sprawdza się w tym czy
owym, skoro pozwolił ludziom na prowadzenie tak bogatego,
wielowymiarowego i zróżnicowanego życia wewnętrznego oraz
osiągnięcie wszystkiego, do czego doszliśmy.

Istnieje słynne powiedzenie, że „gdyby ludzki mózg był tak
prosty, że moglibyśmy go zrozumieć, bylibyśmy tak prości, że
byśmy go nie rozumieli". Gdy rozpatruje się dostępne informacje

o mózgu i jego związkach z inteligencją, widać sporo prawdy
w tym aforyzmie. Mózg daje nam dość inteligencji, byśmy wie-
dzieli, że jesteśmy inteligentni, dość spostrzegawczości, byśmy
widzieli, że nie jest to typowe na świecie, i dość ciekawości, byśmy zastanawiali się nad tego przyczynami. Jednak wydaje się, że
wciąż nie jesteśmy wystarczająco inteligentni, by łatwo uchwycić,
skąd bierze się nasza inteligencja i jak działa. Dlatego musimy
polegać na badaniach neuronauk i psychologii, by zyskać jakiś
pogląd na temat przebiegu tych procesów. Sama wiedza naukowa
istnieje dzięki naszej inteligencji, a teraz mielibyśmy zastosować
tę wiedzę do poznania mechanizmów rządzących inteligencją?
To albo bardzo wydajne rozumowanie albo gonitwa za własnym
ogonem – nie jestem dość inteligentny, by zdecydować.

Zwodnicza, bałaganiarska, często wewnętrznie sprzeczna
i trudna do ogarnięcia myślą – to równie dobry opis inteligencji jak dowolny inny, na który możesz trafić. Jest trudna do
zmierzenia, a nawet odpowiedzialnego zdefiniowania, jednak
zamierzam w tym rozdziale omówić, jak z niej korzystamy i jakie
są jej dziwne właściwości.

Mam iloraz inteligencji 270...
czy jakąś inną dużą liczbę

(Dlaczego pomiar inteligencji jest trudniejszy,
niż myślisz)

Czy jestem inteligentny?

Zadawanie sobie tego pytania świadczy, że zdecydowanie
tak. Wskazuje, że jesteś zdolny do wykonania wielu procesów

poznawczych, które automatycznie kwalifikują cię do „najinteligentniejszego gatunku na Ziemi". Jesteś w stanie uchwycić i zapamiętać takie pojęcie jak inteligencja, mimo że nie ma ono ustalonej definicji ani materialnej postaci w świecie fizycznym. Jesteś świadom siebie jako odrębnej istoty, czegoś o ograniczonym istnieniu w świecie. Jesteś w stanie objąć myślą swoje cechy oraz umiejętności i zestawić je z jakimś idealnym, lecz obecnie nieistniejącym celem albo wydedukować, że mogą one nie dorównywać analogicznym parametrom u innych jednostek. Żadna inna istota na Ziemi nie jest zdolna do operacji na takim poziomie złożoności mentalnej. Nieźle jak na stan charakteryzowany umiarkowaną nerwicą.

Ludzie są więc, z pewnymi zastrzeżeniami, najinteligentniejszym gatunkiem na Ziemi. Co to jednak *znaczy*? Inteligencja, podobnie jak ironia czy czas letni, jest czymś, co większość ludzi z grubsza rozumie, ale czego dokładniejsze wyjaśnienie wciąż przysparza trudności.

Stanowi to oczywisty problem dla nauki. Istnieje wiele różnych definicji inteligencji, zaproponowanych przez uczonych w ciągu dziesięcioleci. Francuzi Binet i Simon, twórcy pierwszych rygorystycznych testów IQ, określali inteligencję następująco: „Dobrze oceniać, dobrze pojmować, dobrze rozumować; to są zasadnicze czynności inteligencji". David Weschler, amerykański psycholog, który opracował liczne teorie i miary inteligencji, stosowane do dziś na przykład w skali inteligencji Weschlera dla dorosłych, opisywał inteligencję jako „całokształt szeroko pojętej zdolności do celowego działania, skutecznego postępowania z otoczeniem". Philip E. Vernon, kolejna ważna postać na tym polu, mówił o inteligencji jako o „efektywnych, wszechstronnych zdolnościach poznawczych pojmowania, wychwytywania zależności i rozumowania".

Nie zaczynaj jednak podejrzewać, że to wszystko czyste spekulacje. Jest wiele aspektów inteligencji, co do których panuje powszechna zgoda: odzwierciedla ona zdolność mózgu do robienia... różnych rzeczy. Ściślej, do posługiwania się informacjami i wyzyskiwania ich. Terminy takie jak rozumowanie, myślenie abstrakcyjne, wzorce dedukcyjne oraz pojmowanie, są regularnie podawane jako przykłady wysokiej inteligencji. Jest to w jakimś sensie logiczne. Wszystkie one dotyczą zwykle oceny informacji i manipulowania nimi na poziomie abstrakcyjnym. Krótko mówiąc, ludzie są dość inteligentni, by obmyślić wszystko bez wchodzenia w bezpośredni kontakt z danymi rzeczami.

Weźmy przykład: jeśli przeciętny człowiek podchodzi do drzwi i widzi, że wisi na nich kłódka, szybko stwierdza: „Hm, zamknięte" i idzie poszukać innego wejścia. Może się to wydawać trywialne, ale jest wyraźną oznaką inteligencji. Człowiek obserwuje sytuację, dedukuje jej sens i stosownie do niego postępuje. Nie podejmuje fizycznej próby otwarcia drzwi, po której stwierdziłby, że są zamknięte. Nie musi tego robić. Logika, rozumowanie, pojmowanie, planowanie – one właśnie wspólnie narzuciły określony sposób działania. To właśnie inteligencja.

Nie wyjaśnia to jednak, jak powinniśmy ją badać lub mierzyć. Wiemy, że mamy tu do czynienia ze złożonym manipulowaniem informacjami w mózgu, ale nie jest to proces, który można bezpośrednio obserwować (nawet najbardziej zaawansowane urządzenia do badań obrazowych mózgu pokazują nam tylko różnokolorowe plamy, co na niewiele się tu zdaje), toteż jego pomiaru można dokonać tylko pośrednio przez obserwację zachowań oraz wyniki w specjalnie opracowanych testach.

W tym miejscu możesz pomyśleć, że coś istotnego mi umknęło, bo przecież istnieje metoda pomiaru inteligencji: testy IQ. Wszyscy słyszeli o IQ (*Intelligence Quotient*), czyli ilorazie inteligencji. To wyznacznik twojej inteligencji. Masę swego ciała określamy, stając na wadze; wzrost, przykładając centymetr; stan trzeźwości, dmuchając w urządzonko, które wozi ze sobą drogówka; a inteligencję – w testach IQ. To chyba jasne, no nie? Nie do końca. IQ to pomiar, który uwzględnia niepewny, niesprecyzowany charakter inteligencji, ale większość ludzi uważa, że metoda ta oferuje dużo bardziej kategoryczne odpowiedzi, niż jest w rzeczywistości. Oto ważna sprawa, o której powinieneś pamiętać: średnie IQ w danej populacji wynosi 100. *Bez wyjątków.* Jeżeli ktoś mówi: „Przeciętne IQ w (kraju X) wynosi tylko 85", myli się. To tak, jakby powiedział: „Metr ma w (kraju X) tylko 85 centymetrów" – to sprzeczność logiczna i tak samo jest z ilorazem inteligencji.

Poprawne testy IQ pokazują, jak wypadasz na tle typowego rozkładu poziomu inteligencji w twojej populacji w ramach tzw. rozkładu normalnego. Rozkład ten wymaga, by średnie IQ wynosiło 100. Wynik między 90 a 110 klasyfikuje się jako przeciętny, między 110 a 119 jako ponadprzeciętny, między 120 a 129 jako wysoki, a ponad 129 jako bardzo wysoki. I w drugą stronę: między 80 a 89 jako poniżej przeciętnej, 70 a 79 jako inteligencja niska graniczna, poniżej 70 bardzo niska.

Podczas stosowania tej metody ponad 80 procent populacji lokuje się w przedziałach przeciętnych, czyli między 80 a 120 punktów. Im bardziej wychodzimy poza te granice, tym mniej osób z danym IQ znajdziemy. Bardzo wysoką lub bardzo niską inteligencję ma poniżej 5 procent społeczeństwa. Typowy test IQ nie mierzy więc bezpośrednio czyjejś inteligencji, tylko wskazuje, jak inteligentna jest ta osoba w porównaniu z pozostałą częścią populacji. Może to prowadzić do pewnego zamieszania. Powiedzmy, że jakiś silny i wyjątkowo specyficzny wirus zmiótł z powierzchni ziemi wszystkich z IQ powyżej 100. Ludzie, którzy przeżyli, *nadal mieliby średnie IQ 100*. Ci z wynikiem 99 przed zarazą, znaleźliby się teraz w przedziale 130+ i zostaliby sklasyfikowani jako sama śmietanka elity intelektualnej.

Nasuwa się tu porównanie z walutami. Wartość funta w Wielkiej Brytanii waha się zależnie od sytuacji gospodarczej, ale zawsze w funcie jest 100 pensów, zatem funt ma zarówno wartość stałą, jak i zmienną. Podobnie jest z IQ: przeciętne zawsze wynosi 100, ale to, ile ta setka jest warta pod względem inteligencji, jest sprawą zmienną.

Ta normalizacja i standaryzacja do średniej w populacji oznacza, że pomiar metodą IQ ma swoje ograniczenia. Podobno Albert Einstein i Stephen Hawking mają IQ w okolicach 160, co jest oczywiście bardzo wysokim wynikiem, ale nie robi tak wielkiego wrażenia, jeśli wziąć pod uwagę, że przeciętna dla populacji wynosi 100. Kiedy więc spotkasz kogoś, kto twierdzi, że ma IQ na poziomie 270 czy coś takiego, prawdopodobnie się myli. Być może korzystał z jakiegoś alternatywnego testu, który nie jest uznany w świecie nauki, albo znacznie pomylił się w odczytywaniu rezultatów, co kwestionuje jego aspiracje do genialności.

Nie znaczy to jednak, że takie wyniki IQ nie występują. Według *Księgi Rekordów Guinessa* niektórzy z najinteligentniejszych

badanych ludzi mają ponoć IQ ponad 250, choć kategoria naj-
wyższego ilorazu inteligencji została zarzucona w 1990 roku
ze względu na niejasności związane z testowaniem go na tym
poziomie.

Testy IQ, którymi posługują się uczeni i badacze, są skru-
pulatnie przygotowywane, a potem stosowane jako precyzyjne narzędzia niczym mikroskop czy spektrometr. Dużo przy
tym kosztują (toteż nie są rozdawane za darmo w internecie).
Opracowuje się je w celu szacowania normalnej, przeciętnej
inteligencji w jak najszerszej grupie ludzi. W konsekwencji
zwykle im bardziej zbliżamy się do skraju skali, tym mniej są
przydatne. W klasie szkolnej można zademonstrować wiele
koncepcji fizyki z wykorzystaniem przedmiotów codziennego
użytku (np. pokazać stałą wielkość grawitacji na przykładzie
ciężarów różnej wielkości albo zasadę sprężystości na przykładzie sprężyny), ale gdy przejdzie się do fizyki zaawansowanej,
trzeba używać akceleratorów czy reaktorów atomowych albo
porażająco skomplikowanej matematyki.

Podobnie w przypadku człowieka o skrajnie wysokiej inteligencji; okazuje się ona znacznie trudniejsza do pomiaru. Naukowe testy IQ mierzą takie czynniki, jak świadomość przestrzenna
(za pomocą uzupełniania wzorców), szybkość pojmowania (za
pomocą odpowiednich pytań), biegłość językowa (przez żądanie
podania listy słów z określonych kategorii) itd. Wszystko są to
rozsądnie wybrane pola badawcze, jednak nie takie, które mogłyby dostatecznie obciążyć umysł supergeniusza, by dało się na ich
podstawie ocenić, gdzie znajdują się granice jego inteligencji. To
trochę jak użycie wagi łazienkowej do zważenia słonia; przyrząd
ten jest użyteczny w odniesieniu do ciężarów w standardowych

przedziałach, ale w tym przypadku nie otrzymalibyśmy żadnych użytecznych danych, tylko kupkę zgniecionego plastiku i sprężyn.

Kolejny problem tkwi w twierdzeniu, że testy inteligencji mierzą inteligencję, gdy z drugiej strony wiemy, co to jest inteligencja, bo pokazują nam ją testy inteligencji. Dostrzegasz, dlaczego bardziej cynicznie usposobieni naukowcy nie są zadowoleni z takiej sytuacji? Prawda jest taka, że powszechnie stosowane testy przechodzą wielokrotną weryfikację i często szacuje się ich wiarygodność, niektórzy wciąż mają jednak poczucie, że ignoruje się przy tym podstawową sprawę.

Wielu wskazuje, że w rzeczywistości wyniki testów inteligencji świadczą głównie o przebiegu wychowania, ogólnym stanie zdrowia, wprawie w rozwiązywaniu testów, poziomie wykształcenia itd. – czyli o sprawach, które wcale nie są inteligencją. Testy te mogą być więc użyteczne, ale nie w celu, w jakim je opracowano.

Nie jest jednak aż tak źle. Uczeni nie są głusi na te głosy krytyki, a należą do ludzi zaradnych. Dzisiejsze testy inteligencji są bardziej miarodajne. Dostarczają całego wachlarza ocen (świadomości przestrzennej, operacji liczbowych itd.), a nie jednego zbiorczego wyniku, co lepiej i wszechstronniej demonstruje zdolności. Badania potwierdzają również, że wyniki w testach inteligencji zdają się utrzymywać na stosunkowo stabilnym poziomie przez całe życie bez względu na następujący przyrost wiedzy, zatem wychwytują pewną wrodzoną jakość, a nie pojedynczy epizod.[1]

Zatem teraz wiesz, co wiemy albo co sądzimy, że wiemy. Jednym z powszechnie uznanych przejawów inteligencji jest świadomość i przyjęcie do wiadomości swoich braków wiedzy. Dobra robota!

Gdzie pańskie spodnie, profesorze?

(Dlaczego inteligentni ludzie robią głupoty)

Stereotypowym obrazem uczonego jest posiwiały mężczyzna (to niemal zawsze mężczyzna), po pięćdziesiątce, w białym fartuchu, mówiący szybko i zwykle o czymś z zakresu swej specjalności, ale niemający bladego pojęcia o otaczającym go świecie. Bez zająknięcia opisuje genom muszki owocówki, w roztargnieniu smarując sobie krawat masłem. Normy towarzyskie i powszednie czynności życiowe są mu całkowicie obce i wprost go przerastają. Wie wszystko, co można wiedzieć, o swoim przedmiocie zainteresowania, ale niemal nic ponadto.

Z inteligencją jest inaczej niż z siłą. Silny człowiek jest silny w każdym kontekście. Tymczasem ktoś superinteligentny w jednym obszarze może wydać się kompletnie nieporadny w innym.

Wynika to z tego, że inteligencja, w odróżnieniu od siły fizycznej, jest produktem nader skomplikowanego mózgu. Jakie procesy mózgowe leżą u podstaw inteligencji i dlaczego jest ona tak zmienna? Przede wszystkim w psychologii toczy się dyskusja, czy ludzie korzystają z jednej inteligencji czy też z wielu jej odmian. Dostępne dziś dane sugerują, że jest to prawdopodobnie kombinacja różnych czynników.

Dominuje pogląd o istnieniu jakiejś pojedynczej właściwości, na której wspiera się inteligencja, a która może wyrażać się w rozmaity sposób. Znana jest pod nazwą czynnika *g* lub czynnika Spearmana, od nazwiska Charlesa Spearmana, uczonego, który ma wielkie zasługi dla badań nad inteligencją i dla nauki w ogóle za sprawą opracowania analizy czynnikowej w latach dwudziestych ubiegłego wieku. W poprzednim podrozdziale pisaliśmy, że pomimo pewnych zastrzeżeń testy IQ są powszechnie stosowane. Właśnie analiza czynnikowa sprawia, że stają się one (i wiele innych) użyteczne.

Analiza ta jest skomplikowanym procesem matematycznym, ale na nasze potrzeby wystarczy informacja, iż jest to metoda statystycznej dekompozycji. Bierzemy obszerną grupę danych (na przykład z testów IQ) i dzielimy ją matematycznie na różne sposoby, poszukując zależności między wynikami. Zależności te nie są znane z góry, ale mogą się ujawnić w wyniku analizy czynnikowej. Jeśli egzaminy szkolne w danym roku wypadną tak sobie, dyrektor szkoły być może będzie chciał się dowiedzieć, co się na to złożyło. Do oceny informacji ze wszystkich egzaminów może zostać wykorzystana analiza czynnikowa. Być może okaże się, że zadania z matematyki zostały rozwiązane w większości poprawnie, ale słabo wypadły odpowiedzi z historii. Następnie dyrektor może poczuć się uprawniony do zrobienia awantury nauczycielom historii za marnowanie czasu i pieniędzy (choć w rzeczywistości pewnie nie jest do tego uprawniony, biorąc pod uwagę wielość możliwych wyjaśnień złych wyników).

Spearman użył podobnej procedury do oceny testów IQ i odkrył, że prawdopodobnie u podłoża uzyskiwanych wyników leży jeden czynnik. Nazwał go czynnikiem generalnym, *g*. Jeśli istnieje w nauce jakiś odpowiednik potocznego rozumienia inteligencji, jest nim właśnie czynnik *g*.

Błędem byłoby powiedzieć, że *g* = wszelka możliwa inteligencja, gdyż może się ona przejawiać na wiele sposobów. Chodzi tu raczej o ogólny trzon zdolności intelektualnych. Postrzega się go jak fundament i konstrukcję nośną domu. Można dodać ścianki działowe, balkony i meble, ale jeśli zasadnicza konstrukcja nie jest dość wytrzymała, na nic się to nie zda. Podobnie człowiek może wbić sobie do głowy różne mądre słowa czy opanować sztuczki pamięciowe, ale jeśli jego czynnik *g* jest mizerny, nie będzie w stanie wiele z nimi zwojować.

Z badań wynika, że za czynnik *g* może odpowiadać konkretna część mózgu. W rozdziale 2 szczegółowo omawialiśmy pamięć, wspominając między innymi o pamięci operacyjnej. Termin ten odnosi się do przetwarzania i zestawiania informacji, „korzystania" z nich w pamięci krótkotrwałej. Na początku XXI wieku prof. Klaus Oberauer, przeprowadziwszy ze swoimi współpracownikami serię testów, zauważył, że wyniki w testach pamięci operacyjnej silnie korelowały z testami oceniającymi *g*, co wskazuje, że pojemność pamięci operacyjnej jest istotnym czynnikiem całościowej inteligencji.[2] W rezultacie jeśli zdobywasz wysoki wynik na teście pamięci operacyjnej, prawdopodobnie dobrze wypadniesz się w wielu testach IQ. To logiczne. W zakres inteligencji wchodzi jak najwydajniejsze uzyskiwanie, przechowywanie i wykorzystywanie informacji – właśnie to mierzą testy IQ. A procesy te zasadniczo leżą w gestii pamięci operacyjnej.

Badania obrazowe oraz analiza pacjentów z urazami mózgu dostarczają przekonujących dowodów o zasadniczej roli kory przedczołowej zarówno w przetwarzaniu *g*, jak i pamięci operacyjnej. Osoby po urazie płata czołowego wykazują wiele nietypowych problemów z pamięcią, które zwykle wiążą się z deficytem pamięci operacyjnej. Ten fragment kory przedczołowej leży po prawej stronie za czołem. Jest to początek płata czołowego mózgu, który regularnie przewija się w kontekście

wyższych funkcji „kierowniczych", takich jak myślenie, uwaga
i świadomość.

Jednak pamięć operacyjna i czynnik *g* to nie wszystko. Procesy pamięci operacyjnej dotyczą głównie informacji werbalnych,
opartych na słowach i pojęciach, które moglibyśmy wypowie-
dzieć na głos, tak jak w monologu wewnętrznym. Natomiast
inteligencja stosuje się do wszystkich typów informacji (wizu-
alnych, przestrzennych, liczbowych itd.), co podpowiedziało
badaczom, by w próbach definiowania i wyjaśnienia inteligencji
wyjść poza obszar czynnika *g*.

Raymond Cattell (swego czasu student Charlesa Spearmana)
oraz jego uczeń John Horn opracowali nowsze metody analizy
czynnikowej, dzięki którym w badaniach z lat czterdziestych,
pięćdziesiątych i sześćdziesiątych XX wieku zidentyfikowali dwa
typy inteligencji: płynną i skrystalizowaną.

Inteligencja płynna to zdolność do *korzystania* z informacji,
pracy z nimi, stosowania ich itd. Inteligencji takiej wymaga
układanie kostki Rubika, a także domyślenie się, czemu twoja
partnerka nie odzywa się do ciebie, choć nie przypominasz sobie,
żebyś miał coś przeskrobać. W obu tych przypadkach otrzymujesz nowe informacje i musisz obmyślić, co z nimi począć, aby
dojść do korzystnego dla siebie celu.

Inteligencja skrystalizowana dotyczy informacji, które masz
zgromadzone w pamięci i możesz wykorzystać do radzenia sobie
w różnych sytuacjach. Jej przejawem jest znajomość nazwiska
aktora z zapomnianego filmu z lat pięćdziesiątych, o który pytają
w organizowanym w pubie konkursie wiedzy, albo wymienienie
wszystkich stolic państw na półkuli północnej. Korzysta się z niej
w nauce drugiego (trzeciego, czwartego) języka. Inteligencja

skrystalizowana to zgromadzona wiedza, inteligencja płynna zaś to zdolność do wykorzystywania jej i radzenia sobie z nowymi okolicznościami, na które trzeba zareagować. Można powiedzieć, że inteligencja płynna to kolejna odsłona czynnika *g* lub pamięci operacyjnej – zestawianie i przetwarzanie informacji. Tymczasem inteligencję skrystalizowaną coraz częściej postrzega się jako osobny system, co znajduje potwierdzenie w mechanizmach pracy mózgu. Znamienne jest to, że inteligencja płynna osłabia się z wiekiem. Osiemdziesięciolatek wypadnie gorzej na teście tej inteligencji, niż wypadał dawniej, gdy miał trzydzieści lub pięćdziesiąt lat. Badania neuroanatomiczne (oraz liczne sekcje zwłok) dowodzą, że kora przedczołowa, która wiąże się z inteligencją płynną, ulega z wiekiem większej atrofii niż inne obszary mózgu.

W odróżnieniu od niej inteligencja skrystalizowana utrzymuje się na stabilnym poziomie. Ktoś, kto nauczył się francuskiego w wieku osiemnastu lat, będzie w stanie rozmawiać w tym języku, mając osiemdziesiąt pięć, chyba że przestał z niego korzystać i zapomniał go zaraz po szkole. Inteligencja skrystalizowana opiera się na zapisach pamięci długotrwałej, które są rozproszone po całym mózgu i z reguły są wystarczająco wytrzymałe, by oprzeć się niszczącemu wpływowi czasu. Kora przedczołowa jest zaś obszarem o wysokim zapotrzebowaniu energetycznym, który musi angażować się w ciągłą aktywną pracę, by podtrzymywać inteligencję płynną. Działania te przebiegają dynamicznie i jako takie łatwiej prowadzą do zużycia (intensywna aktywność neuronalna wiąże się zwykle z wytwarzaniem dużej ilości produktów przemiany materii, takich jak wolne rodniki, wysokoenergetyczne cząsteczki szkodliwe dla komórek).

Oba te typy inteligencji są wzajemnie zależne. Posiadanie zdolności do manipulowania informacjami nie byłoby celowe, gdybyśmy nie mieli do nich dostępu, i na odwrót. Trudno jest więc odseparować je w badaniach. Na szczęście testy inteligencji można tak konstruować, by skupiały się głównie na inteligencji płynnej lub skrystalizowanej. Uważa się, że te, które wymagają analizy nieznanych wcześniej wzorców graficznych i wynajdywania w nich niespójności lub wskazywania, co je łączy, szacują inteligencję płynną; wszystkie informacje są tu nowe i trzeba je przetwarzać, więc inteligencja skrystalizowana ma minimalne pole do popisu. Natomiast testy pamięci i wiedzy, takie jak te sprawdzające zapamiętanie listy słów czy wspomniane kwizy pubowe, skupiają się na inteligencji skrystalizowanej.

Oczywiście nie jest to *aż tak* proste. Zadania, w których trzeba posortować nieznane wzorce, opierają się przecież na świadomości kształtów, kolorów, a także zasad testu (jeśli trzeba przestawić kolejność kart do gry, korzystasz ze swojej wiedzy o kartach i układzie talii). To kolejna sprawa, która utrudnia badania obrazowe mózgu; nawet w wykonywanie prostego zadania angażuje się wiele obszarów mózgu. Zasadniczo jednak w zadaniach na inteligencję płynną ujawnia się większa aktywność kory przedczołowej i ośrodków z nią powiązanych, a zadania dla inteligencji skrystalizowanej sugerują większy udział całej kory, często obszarów płata ciemieniowego (górnej części mózgu), takich jak zakręt nadbrzeżny i pole Broki. Ten pierwszy uznaje się często za istotny w przechowywaniu i przetwarzaniu informacji dotyczących emocji i niektórych danych zmysłowych, drugi zaś odgrywa kluczową rolę w systemie przetwarzania języka. Oba są wzajemnie powiązane i wskazują na czynności, które wymagają dostępu do danych z pamięci długotrwałej. Choć wciąż nie jest to jednoznaczne, coraz więcej argumentów przemawia za wyróżnianiem składnika płynnego i skrytalizowanego w całościowej inteligencji.

Brawurowo ujmuje tę teorię Miles Kingston: „Wiedza to wiedzieć, że pomidor jest owocem, mądrość to nie brać go do sałatki owocowej". Potrzeba inteligencji skrystalizowanej, by znać klasyfikację pomidora, a inteligencji płynnej, by wykorzystać tę informację podczas przyrządzania sałatki. Przechodzi ci więc może przez myśl, że inteligencja płynna bardzo przypomina zdrowy rozsądek. Tak, mogłaby być jego przykładem. Ale dla części uczonych dwa typy inteligencji to za mało. Marzy się im więcej.

Argument jest taki, że pojedyncza ogólna inteligencja nie wystarcza do wyjaśnienia szerokiego zakresu zdolności intelektualnych demonstrowanych przez ludzi. Weźmy na przykład piłkarzy. Często nie wyróżniali się specjalnie w nauce przedmiotów akademickich, jednak zdolność do prowadzenia złożonej gry, jaką jest futbol na poziomie profesjonalnym, wymaga niemałych zdolności mentalnych, takich jak precyzyjna kontrola, wyznaczanie siły i kąta, świadomość przestrzenna dużego obszaru itd. Koncentrowanie się na swojej pracy wraz z odfiltrowywaniem wrzasków obsesyjnych kibiców wymaga sporego wysiłku umysłowego. Potoczne pojęcie „inteligencji" jest ewidentnie dość zawężone.

Bodaj najbardziej uderzającym przykładem są „sawanci" – ludzie cierpiący na jakąś postać zaburzeń neurologicznych, którzy wykazują niezwykłą biegłość w wykonywaniu skomplikowanych zadań z zakresu matematyki, muzyki, wykorzystania pamięci itd. W filmie *Rain Man* Dustin Hoffman grał Raymonda

Babbita, utalentowanego matematycznie autystycznego pacjenta psychiatrycznego. Inspiracją do tej postaci była autentyczna osoba – Kim Peek, którego okrzyknięto megasawantem za zdolność zapamiętania słowo w słowo blisko dwunastu tysięcy książek. Te i inne przykłady prowadziły do powstawania koncepcji wielorakich inteligencji, bo jak ktoś miałby być pozbawiony inteligencji w jednych sferach, a obdarzony nią w innych, gdyby istniał tylko jeden jej rodzaj? Zapewne najwcześniejszą teorię tego typu sformułował w 1938 roku Louis Leon Thurstone, twierdząc, że na inteligencję ludzką składa się siedem pierwotnych zdolności umysłowych:

> Rozumienie werbalne (pojmowanie słów: „Uważaj, wiem, co to znaczy!")

> Biegłość werbalna (posługiwanie się językiem: „Podejdź tu i to powtórz, ty odmóżdżony bufonie!")

> Pamięć („Czekaj, czekaj, przypominam sobie ciebie. To ty jesteś tym mistrzem świata w MMA")

> Zdolności arytmetyczne („Prawdopodobieństwo mojego zwycięstwa w tej walce wynosi około 1 : 82523")

> Szybkość postrzegania (dostrzeganie szczegółów i łączenie ich ze sobą: „Czy on ma na sobie naszyjnik z ludzkich zębów?")

> Rozumowanie indukcyjne (wyprowadzanie koncepcji i reguł z obserwowanych sytuacji: „Wszelkie próby uspokojenia tej bestii tylko bardziej ją rozwścieczą")

> Wizualizacja przestrzenna (wyobrażanie sobie trójwymiarowego środowiska i manipulowania nim: „Jeśli przewrócę ten stół, przyhamuje go to i zdążę wyskoczyć przez okno")

Thurstone doszedł do sformułowania swojej listy pierwotnych zdolności umysłowych po opracowaniu własnej metody analizy czynnikowej i zastosowaniu jej do wyników testów IQ u tysięcy studentów uniwersyteckich.[3] Jednak weryfikacja uzyskanych przez Thurstone'a wyników z użyciem bardziej tradycyjnej analizy czynnikowej ujawniła istnienie jednej zdolności, a nie kilku, wpływającej na rezultaty wszystkich testów. Krótko mówiąc, badacz znów trafił na czynnik *g*. Te i inne zastrzeżenia (na przykład poddanie badaniom wyłącznie studentów, którzy nie stanowią przecież reprezentatywnej grupy pod względem inteligencji całej populacji) zadecydowały, że koncepcja pierwotnych zdolności umysłowych nie spotkała się z powszechną akceptacją.

Myśl o wielorakich inteligencjach powróciła w latach osiemdziesiątych za sprawą Howarda Gardnera – wybitnego badacza, który zasugerował istnienie wielu modalności (typów) inteligencji – oraz jego sugestywnie nazwanej *Theory of Multiple Intelligences*, będącej owocem badań and pacjentami, którzy pomimo uszkodzenia mózgu zachowali niektóre formy zdolności intelektualnych.[4] Zaproponowane przez niego inteligencje były w pewnym stopniu podobne do zdolności Thurstone'a, ale zawierały również inteligencję muzyczną oraz inteligencje osobowe (zdolność do interakcji z ludźmi oraz zdolność do oceny własnego stanu wewnętrznego).

Teoria inteligencji mnogich ma swoich zwolenników. Popularność zawdzięcza głównie temu, iż w jej kontekście potencjalnie każdy może być uznany za inteligentnego, co najwyżej nie na „zwyczajną" modłę. Z drugiej strony ta egalitarność stała się też przedmiotem krytyki. Jeśli każdy jest inteligentny, pojęcie to dewaluuje się w sensie naukowym. To jak wręczenie medali za sam udział w szkolnej spartakiadzie – miło, że wszyscy poczują się dobrze, ale grzebie się w ten sposób ideę sportowej rywalizacji.

Świadectwa przemawiające za teorią inteligencji mnogich wydają się dziś dyskusyjne. Dostępne dane powszechnie uważa się za kolejny argument na rzecz czynnika g lub czegoś podobnego w połączeniu z jednostkowymi różnicami i preferencjami. Oznacza to, że dwoje ludzi, z których jeden jest biegły w muzyce, a drugi w matematyce, nie przejawia różnych typów inteligencji, tylko ta sama inteligencja ogólna zostaje u nich zastosowana do innych zadań. Podobnie pływacy i tenisiści używają tych samych grup mięśni; w ludzkim ciele nie ma specjalnych mięśni tenisowych. Niemniej mistrz w pływaniu nie gra automatycznie na światowym poziomie w tenisa. Uważa się, że inteligencja działa na podobnej zasadzie.

Wielu badaczy twierdzi, że jeśli spojrzy się na to pod odpowiednim kątem, nie ma sprzeczności w tym, by mieć wysoki czynnik g i stosować go w wybrany, specyficzny sposób, co może wyglądać na różne „typy" inteligencji. Inni argumentują, że rzekome różne typy inteligencji wskazują raczej na jednostkowe inklinacje, wynikające z wychowania, skłonności, wpływów zewnętrznych itd.

Dostępne dane neurologiczne przemawiają za czynnikiem g i podziałem płynny/skrystalizowany. Sądzi się, że na poziomie mózgowym inteligencja wynika raczej ze sposobu porządkowania i koordynowania różnych typów informacji niż z istnienia jakichś osobnych systemów, przeznaczonych do poszczególnych celów. Ludzie rozmaicie ukierunkowują swoją inteligencję, czy to z powodu upodobań, wychowania, środowiska, czy jakiejś głęboko zakorzenionej skłonności wynikającej z subtelnych cech neurologicznych. Dlatego zdarza się, że skądinąd bardzo błyskotliwi ludzie robią różne głupoty; nie chodzi o to, że brakuje im inteligencji, by postąpić inaczej, ale mają głowę zanadto zaprzątniętą czymś innym, by się tym przejmować. Zaleta tej sytuacji jest taka, że prawdopodobnie można się z nich podśmiewać, bo będą zbyt roztargnieni, aby to zauważyć.

Dzwon głośny, bo wewnątrz próżny
(Dlaczego inteligentni ludzie często przegrywają w dyskusjach)

Jednym z najbardziej denerwujących doświadczeń jest spieranie się z kimś przekonanym do swoich racji, gdy wiesz na sto procent, że się myli, i potrafisz to wykazać przy użyciu logiki i faktów, ale na twoim dyskutancie nie robi to najmniejszego wrażenia. Byłem kiedyś świadkiem gwałtownej kłótni między dwoma osobami, z których jedna z przekonaniem twierdziła, że mamy obecnie 20. wiek, nie 21., bo „przecież jest rok 2015!". Taka była jej argumentacja.

Zestawmy to ze zjawiskiem psychologicznym zwanym syndromem uzurpatora. Wybitni przedstawiciele wielu dziedzin nie doceniają swoich umiejętności i dokonań mimo dysponowania *realnymi dowodami* na ich istnienie. Składa się na to wiele czynników społecznych. Szczególnie często zdarza się to na przykład wśród kobiet, które odnoszą sukces w środowiskach tradycyjnie zdominowanych przez mężczyzn (czyli w większości środowisk), podlegają więc potencjalnie wpływom stereotypów, uprzedzeń, norm kulturowych itd. Występowanie tego syndromu nie ogranicza się jednak do kobiet, a ciekawostką jest, że dotyczy zwłaszcza ludzi mających duże osiągnięcia i którzy w związku z tym ujawniają zwykle wysoki poziom inteligencji.

Zgadnij, który uczony niedługo przed śmiercią wypowiedział takie słowa: „Bardzo źle czuję się z przesadną sławą, jaką cieszą się moje życiowe dokonania. Czuję się przez to, jakbym niechcący stał się uzurpatorem". Albert Einstein. Nie taka znowu miernota.

Te dwie cechy – syndrom uzurpatora u inteligentnych ludzi oraz odporna na logikę pewność siebie mniej inteligentnych – co trochę stykają się ze sobą, prowadząc do opłakanych skutków. Współczesna debata publiczna jest przez to katastrofalnie wypaczona. Dyskusje na ważne tematy, takie jak szczepienia czy zmiany klimatyczne, są trwale zdominowane przez rozemocjonowane perory tych, którzy prezentują niepoparte wiedzą osobiste opinie, zamiast podawać chłodniejsze wyjaśnienia ekspertów z danych dziedzin. A wszystko to z powodu paru osobliwości pracy mózgu.

Ludzie opierają się na sobie nawzajem jako źródle informacji oraz uzasadnieniu własnych poglądów, przekonań, poczucia wartości (zagłębimy się w to szczegółowiej w rozdziale 7 o psychologii społecznej). Im większą pewność siebie wykazuje jakaś osoba, tym bardziej jest przekonująca i tym bardziej inni są skłonni wierzyć jej twierdzeniom. Zademonstrowano to w licznych eksperymentach, takich choćby jak te przeprowadzone w latach dziewięćdziesiątych przez Penroda i Custera, którzy zajmowali się kontekstem sądowym. Badacze obserwowali stopień, w jakim ławnicy dawali wiarę zeznaniom świadków, i przekonali się, że dużo częściej opowiadano się za wersjami wydarzeń przedstawianymi przez tych świadków, którzy wypowiadali się pewnie i zdecydowanie, niż za relacjami osób zdenerwowanych, wahających się albo niepewnych szczegółów swoich twierdzeń. Naturalnie było to bardzo niepokojące odkrycie; konstatacja, że treść zeznania ma mniejszy wpływ na werdykt ławy przysięgłych niż sposób, w jaki zostało złożone, niesie ze sobą poważne konsekwencje dla systemu sądowniczego. A nic nie wskazuje, by zjawisko to ograniczało się do sali sądowej. Czy nie podobnie dzieje się w polityce?

Dzisiejsi politycy przechodzą szkolenia medialne, tak że mogą bez zająknięcia wypowiadać się godzinami na dowolny temat, nie mówiąc jednocześnie nic treściwego. A czasem gorzej: plotąc ewidentne bzdury typu „większość naszego importu pochodzi z zagranicy" (George W. Bush). Uważałoby się, że na stanowiska kierownicze trafiają najinteligentniejsi ludzie, bo im ktoś jest inteligentniejszy, tym lepiej wywiąże się z zadania. Ale paradoksalnie im ktoś jest inteligentniejszy, tym większe prawdopodobieństwo, że będzie mniej pewny swego, a gdy się jako taki zaprezentuje, wzbudzi mniejsze zaufanie. Tak działa demokracja.

Sort inteligentny może mieć mniej pewności siebie dlatego, że intelektualistów często otacza rodzaj odruchowej wrogości. Z wykształcenia jestem specjalistą neuronauk, ale nie mówię tego nikomu bez pytania, bo raz spotkałem się z reakcją: „O, inteligencik, co?".

Czy innych też się tak traktuje? Jeśli ktoś mówi, że jest olimpijskim sprinterem, czy pytają go: „O, mały motorek, co?". Niezbyt prawdopodobne. Tak czy owak, zwykle mówię o sobie: „Zajmuję się neuronaukami, ale nie jest to aż tak ekscytujące, jak brzmi". Istnieją niezliczone społeczne i kulturowe powody antyintelektualizmu, a jedną z możliwości jest uznanie go za przejaw egocentrycznego przechyłu mózgu oraz skłonności do lęku. Ludziom zależy na własnej pozycji społecznej i dobrym samopoczuciu, a ktoś wyglądający na inteligentniejszego może być postrzegany jako zagrożenie. Oczywiście jako groźnych odbiera się też ludzi roślejszych i silniejszych, ale to rzecz zrozumiała. Istnienie muskularnego ciała łatwo jest sobie wytłumaczyć. Człowiek ten po prostu chodzi częściej do siłowni albo od lat uprawia jakąś dyscyplinę sportu. W ten sposób pojawiają się mięśnie i po sprawie. Każdy mógłby do tego dojść, robiąc to, co on, jeśli tylko miałby dość czasu albo determinacji.

Natomiast ktoś inteligentniejszy od ciebie prezentuje jakąś nieodgadnioną jakość, a skoro tak, może zachowywać się w sposób dla ciebie nieprzewidywalny i niezrozumiały. W związku z tym mózg nie jest w stanie ocenić, czy stanowi zagrożenie czy nie, a w takiej sytuacji pojawia się instynktowne dmuchanie na zimne, uruchamiając podejrzliwość i wrogość. To prawda, że i krytykant mógł uczyć się i przygotowywać do tego, by być inteligentniejszy, ale to znacznie bardziej złożone i niejasne niż trening fizyczny. Podnoszenie sztangi daje potężne ramiona – prosta sprawa; związek między studiowaniem a inteligencją jest dużo bardziej mglisty.

Zjawisko, iż ludzie mniej inteligentni wykazują więcej pewności siebie, ma nawet swoją nazwę – to efekt Dunninga-Krugera od nazwisk Davida Dunninga i Justina Krugera z Cornell University, którzy jako pierwsi je badali. Zainspirowały ich doniesienia o przestępcy, który rabował banki, rozsmarowując sobie na twarzy sok cytrynowy, ponieważ takiego soku można używać jako atramentu sympatycznego, zatem – jak zakładał – jego twarz nie będzie się widoczna na nagraniach z monitoringu.[5]

Dam chwilę na to, by to rozumowanie dobrze do ciebie dotarło. Dunning i Kruger dawali uczestnikom eksperymentów różne testy do rozwiązania, a na koniec prosili ich o oszacowanie, czy dobrze sobie na tych testach poradzili. Wyłoniła się z tego wyraźna prawidłowość: osoby, które wypadły w testach źle, niemal zawsze zakładały, że poszło im dużo, dużo lepiej, podczas gdy pozostali sądzili, że wypadli dużo gorzej niż w rzeczywistości. Dunning i Kruger orzekli na tej podstawie, że ludziom o słabszej inteligencji brak nie tylko zdolności intelektualnych, ale również *zdolności do rozpoznania, że sobie z czymś nie radzą*. Włączają się skłonności egocentryczne mózgu, tłumiąc obserwacje, które mogłyby prowadzić do negatywnej opinii o sobie. Jednocześnie zaś samo dostrzeżenie własnych ograniczeń oraz przeważających zdolności innych wymaga inteligencji. W konsekwencji ludzie namiętnie spierają się w sprawach, o których nie mają szczegółowej wiedzy, nawet jeśli adwersarz zajmował się danymi zagadnieniami przez całe życie. Nasz mózg może brać jako punkt wyjścia tylko nasze własne doświadczenia, a nasze podstawowe założenie brzmi, że wszyscy są do nas podobni. Jeśli więc jesteś półgłówkiem...

Teza głosi, że ludzie nieinteligentni nie są w stanie uchwycić, czym jest bycie znacznie inteligentniejszym. To trochę jakby poprosić niewidomego o opisanie czerwono-zielonego wzoru na tapecie.

Być może zresztą „inteligentni" analogicznie postrzegają świat, tylko uzewnętrznia się to inaczej. Jeśli osoba taka uznaje, że coś było łatwe, może zakładać, że będzie takie dla wszystkich. Przyjmuje, że jej poziom kompetencji i inteligencji jest normą (dodajmy, że inteligentni ludzie z reguły znajdują sobie takie miejsca w życiu zawodowym i towarzyskim, gdzie otaczają ich podobne osoby, więc wiele przesłanek potwierdza słuszność ich założenia).

Skoro inteligentni ludzie zwykle wciąż poznają nowe rzeczy i zdobywają kolejne informacje, jest większe prawdopodobieństwo, że będą świadomi, iż nie wiedzą wszystkiego oraz jak wiele więcej można wiedzieć w danym zakresie, co podkopuje pewność siebie podczas głoszenia kategorycznych twierdzeń.

Tak na przykład w nauce trzeba bolesnej sumienności w zbieraniu i opracowywaniu danych, zanim postawi się dowolną tezę o przebiegu jakiegoś zjawiska. Obracanie się w środowisku podobnie inteligentnych ludzi sprawia, że jeśli popełnisz błąd albo sformułujesz gołosłowne twierdzenie, jest większa szansa, iż zostanie to dostrzeżone, a ty skrytykowany. Logiczną konsekwencją jest rozbudzona świadomość tego, czego jeszcze nie wiesz lub nie jesteś całkiem pewien, co zwykle stanowi obciążenie w dyskusji czy sporze.

Sytuacje takie są wystarczająco powszechne, by były nam znane, ale oczywiście nie są powszechnie obowiązującą normą. Nie każdego inteligentnego człowieka trapią wątpliwości i nie każdy mniej inteligentny jest nadętym bufonem. Niemało intelektualistów jest tak rozkochanych w tembrze swego głosu, że płacą ludziom krocie, byle tylko ich słuchali, a jednocześnie żyją też mniej inteligentne osoby, które z wdziękiem i skromnością otwarcie przyznają się do swoich ograniczeń. W grę może wchodzić też aspekt kulturowy. Badania na temat efektu Dunninga-Krugera niemal zawsze dotyczą społeczeństw zachodnich. Tymczasem w niektórych kulturach wschodnioazjatyckich obserwuje się zupełnie inne wzorce zachowań, a jedno z zaproponowanych wyjaśnień głosi, że kultury te przyjęły (zdrowszą) postawę, według której brak świadomości czegoś stwarza okazję do samodoskonalenia, zatem priorytety i zachowania bywają bardzo różne.[6] Czy ze zjawiskiem tym wiążą się jakieś obszary mózgu? Czy jakaś konkretna jego część odpowiada za ustalenie, czy nadaję się do tego, co właśnie robię? O dziwo, jest to bardzo możliwe. W 2009 roku Howard Rosen przebadał wraz ze współpracownikami grupę około czterdziestu pacjentów cierpiących na choroby zwyrodnieniowe układu nerwowego i stwierdził, że adekwatność samooceny była u nich skorelowana z objętością tkanki w prawym obszarze brzuszno-przyśrodkowym (część dolna centralna) kory przedczołowej.[7] Badacze twierdzą, że ten fragment kory przedczołowej jest potrzebny do oceny własnych skłonności i zdolności. Jest to twierdzenie stosunkowo spójne z ogólnie przyjętą funkcjonalnością kory przedczołowej, która zasadniczo rzecz biorąc zajmuje się przetwarzaniem i zestawianiem złożonych informacji, wypracowywaniem optymalnego poglądu na nie oraz odpowiedniej reakcji.

Trzeba dodać, że samo to badanie nie stanowi ostatecznego dowodu. Grupa czterdziestu pacjentów nie jest dość liczna, by uznać, że zgromadzone dane będą mieć zastosowanie do wszystkich i zawsze. Jednak badania nad zdolnością do adekwatnej oceny swoich umiejętności intelektualnych (zwanej zdolnością metakognitywną, czyli myśleniem o myśleniu, że tak powiem) uważa się za bardzo ważne, gdyż niezdolność do trafnej samooceny jest dobrze znaną cechą otępienia (demencji). W szczególności dotyczy otępienia czołowo-skroniowego, odmiany tego zaburzenia, która atakuje głównie płat czołowy, gdzie umiejscowiona jest kora przedczołowa. Cierpiący na nie pacjenci często wykazują w wielu testach brak umiejętności adekwatnej oceny swej sprawności, co sugeruje, że ich zdolność do oceny i wartościowania swojej sprawności jest mocno ograniczona. Ta wszechstronna niezdolność do trafnej oceny swojej sprawności nie pojawia się w przypadku otępienia wynikającego z uszkodzeń innych rejonów mózgu; wskazywałoby to, że obszar płata czołowego odgrywa ważną rolę w samoocenie. Wszystko więc składa się w całość.

Niektórzy twierdzą, że właśnie z tego powodu pacjenci z otępieniem stają się niekiedy agresywni. Nie są w stanie zrobić różnych rzeczy, ale nie rozumieją lub nie dostrzegają dlaczego – to zaś na pewno jest bardzo irytujące.

Niemniej nie ma żadnej gwarancji, że nawet bez zwyrodnieniowej choroby nerwowej i z całkowicie funkcjonalną korą przedczołową człowiek będzie zdolny do poprawnej samooceny, wiadomo tylko, że w tej sytuacji samooceny można dokonać. W konsekwencji mamy dokoła pewnych siebie błaznów i wątpiących intelektualistów. A z natury ludzkiej zdaje się wynikać, iż bardziej cenimy tych pewnych siebie.

Krzyżówki wcale nie przysparzają ostrości umysłu
(Dlaczego tak trudno jest spotęgować moc mózgu)

Jest wiele sposobów na to, by uchodzić za inteligentniejszego (wtrącanie obcojęzycznych wyrażeń typu *au courant*, noszenie pod pachą dziennika „The Economist" itd.), ale czy rzeczywiście można zwiększyć swoją inteligencję? Czy daje się „podkręcić moc mózgu"?

W sensie fizycznym moc oznacza zwykle zdolność do zrobienia czegoś lub działania w określony sposób, a „moc mózgu" jest nieuchronnie kojarzona ze zdolnościami kategoryzowanymi pod hasłem inteligencji. Można by potencjalnie zwiększyć ilość energii obecnej w mózgu, podłączając głowę do obwodu elektrycznego z generatorem prądu, ale nie przyniesie ci to pożytku, chyba że zależy ci na doświadczeniu prawdziwej wewnętrznej eksplozji.

Zapewne widziałeś reklamy produktów, których autorzy obiecują, zwykle odpłatnie, spotęgowanie mocy mózgu za pomocą substancji, przyrządów lub odpowiednich technik. Jest bardzo mało prawdopodobne, by jakiekolwiek z tych rzeczy rzeczywiście skutkowały w zauważalny sposób. Gdyby było inaczej, stałyby się dalece bardziej popularne, a wszystkim nam w tak wielkim stopniu przyrastałoby błyskotliwości i mózgu, że uginalibyśmy się pod ciężarem czaszek. Jak więc autentycznie podnosić moc mózgu i wyostrzać inteligencję?

W tym celu warto byłoby wiedzieć, co różni mózg nieinteligentny od inteligentnego i jak ten pierwszy można zmienić w drugi. Na uwagę zasługuje pewien z pozoru absurdalny czynnik: inteligentne mózgi wydają się zużywać *mniej* energii.

Ta niespodziewana teza wzięła się z badań obrazowych, w których obserwowano i zapisywano aktywność mózgową, takich jak funkcjonalny (czynnościowy) rezonans magnetyczny (fMRI). Podczas przeprowadzania tego badania człowiek leży w tunelu aparatu do rezonansu, a skaner rejestruje rozkład aktywności metabolicznej (miejsca, w których tkanki i komórki

„coś robią"). Aktywność metaboliczna wymaga tlenu dostarczanego przez krew. Skaner fMRI potrafi odróżnić krew utlenowaną od odtlenowanej oraz wskazać, gdzie zachodzi przemiana jednej w drugą, a zachodzi ona intensywnie w miejscach aktywnych metabolicznie, takich jak obszary mózgu, które zajmują się wykonaniem jakiegoś zadania. W skrócie, fMRI może monitorować czynność mózgu i wskazać, które jego części są szczególnie aktywne. Jeśli badany wykonuje na przykład test pamięci, obszary mózgu potrzebne do przetwarzania pamięci będą aktywniejsze niż kiedy indziej i ujawni się to na obrazach. Obszary o wzmożonej aktywności będzie można zidentyfikować jako związane z przetwarzaniem pamięci.

Nie jest to aż tak proste, bo mózg jest cały czas aktywny na wiele sposobów, więc znalezienie „aktywniejszych" kawałków wymaga pracochłonnego filtrowania i analizy. Niemniej trzon nowoczesnych badań nad identyfikacją obszarów mózgu o specyficznych funkcjach odwołuje się do fMRI.

Na razie wszystko jest jasne. Oczekiwałoby się, że obszar odpowiedzialny za określone działanie będzie aktywniejszy podczas jego wykonywania, tak jak biceps kulturysty napina się podczas podnoszenia hantli. Tymczasem nie. Zadziwiające ustalenia poczynione na podstawie licznych badań, takich jak Larsona i innych z 1995 roku,[8] wskazują, że w zadaniach mających sprawdzać inteligencję płynną widać aktywność w korze przedczołowej... chyba że badany *bardzo dobrze* radzi sobie z zadaniem.

Żeby nie było wątpliwości: obszar mózgu rzekomo odpowiedzialny za inteligencję płynną wydawał się nieużywany przez ludzi, którzy wykazują wysoki poziom tej inteligencji. Nie widać w tym sensu – to tak, jakby podczas ważenia ludzi okazało się, że tylko u lżejszych waga notuje jakiś wynik. W toku dalszych analiz stwierdzono, że u inteligentniejszych osób też pojawiała się aktywność w korze przedczołowej, ale dopiero wówczas, gdy dostawali na tyle trudne zadania, że musieli się do nich przyłożyć. Prowadzi to do ciekawych wniosków.

Inteligencja nie jest dziełem jakiegoś jednego, wyspecjalizowanego ośrodka w mózgu, tylko wielu wzajemnie powiązanych. Wydaje się, że u ludzi inteligentnych te łączniki i powiązania są wydajniejsze i lepiej zorganizowane, przez co wymagają *mniejszej* ogólnej aktywności. Porównajmy to z samochodami: jeśli masz auto z silnikiem wyjącym jak stado lwów udających huragan oraz drugi, niewydający żadnego dźwięku, ten pierwszy nie jest automatycznie lepszy. W tym wypadku warkot i rumor wynikają z tego, że próbuje on zrobić coś, co wydajniejszy model robi z minimalnym wysiłkiem. Narasta przekonanie, że na stopień inteligencji istotnie wpływa rozległość i wydajność połączeń między zaangażowanymi obszarami (korą przedczołową, płatem ciemieniowym itd.). Im lepiej się one komunikują i wzajemnie oddziałują na siebie, tym szybsze jest przetwarzanie i mniejszy wysiłek potrzebny do podjęcia decyzji czy wykonania obliczeń.

Za potwierdzenie tej tezy mogą służyć wyniki badań, zgodnie z którymi wiarygodnym wskaźnikiem inteligencji jest integralność i gęstość substancji białej mózgu. Jest to „ten drugi", często pomijany składnik tkankowy mózgu. Powszechna uwaga skupia się na substancji szarej, ale 50 procent mózgu stanowi biała, która też jest bardzo ważna. Nie cieszy się tak dużym zainteresowaniem mediów zapewne dlatego, że mniej „robi". To w substancji szarej jest generowana cała ważna aktywność, podczas gdy na białą składają się pasma i wiązki (aksony, czyli długie wypustki typowej komórki nerwowej) przekazujące tę aktywność w inne miejsca. Gdyby porównać szarą substancję do fabryki, biała byłaby siecią dróg koniecznych do realizacji dostaw i zaopatrzenia.

Im lepsze są białotkankowe połączenia między dwoma obszarami mózgu, tym mniej potrzeba energii i wysiłku, by koordynować je same oraz ich zadania, i tym trudniej wychwycić to w badaniu obrazowym. To jak szukanie igły w stogu siana, tyle tylko, że stóg jest potężnym kłębowiskiem drutów i wszystko to razem kotłuje się w pralce automatycznej.

Dalsze badania obrazowe wskazują na związek poziomu inteligencji ogólnej z grubością ciała modzelowatego. Stanowi ono pomost między lewą i prawą półkulą mózgu. Jest to wielka magistrala substancji białej, a im jest grubsza, tym więcej istnieje połączeń między półkulami, co poprawia komunikację. Jeśli po jednej stronie mózgu istnieje jakiś ślad pamięciowy, który trzeba wykorzystać w korze przedczołowej po drugiej stronie, grubsze ciało modzelowate ułatwia to i przyspiesza. Wydajność i efektywność połączenia tych obszarów wydaje się mieć wielki wpływ na to, w jakim stopniu człowiek jest w stanie wykorzystać swój intelekt w realizacji zadań i rozwiązywaniu problemów. W konsekwencji mózgi, które istotnie różnią się budową (wielkością pewnych obszarów, ich układem w korze itd.), mogą wykazywać zbliżony poziom inteligencji, podobnie jak dwie konsole do gier różnych producentów, ale o porównywalnej mocy.

Wiemy więc, że wydajność jest ważniejsza od mocy. Jak może nam to pomóc w podniesieniu inteligencji? Oczywistą odpowiedzią jest edukacja i dokształcanie. Aktywne otwieranie się na więcej faktów, informacji i koncepcji oznacza, że każda rzecz, którą zapamiętasz, będzie zwiększać twoją inteligencję skrystalizowaną, a regularne stosowanie inteligencji płynnej w różnych scenariuszach sprawi, że w nagrodę dostaniesz ulepszoną jej wersję. To nie są gołosłowne banały. Uczenie się nowych treści i nabywanie nowych umiejętności może powodować zmiany strukturalne w mózgu. Mózg jest narządem plastycznym; fizycznie adaptuje się do stawianych przed nim wymagań. Zetknęliśmy się z tym w rozdziale 2 – w celu zakodowania nowych treści pamięci neurony wykształcają nowe synapsy i proces ten zachodzi w całym mózgu.

Tak na przykład kora ruchowa, umiejscowiona w płacie ciemieniowym, jest odpowiedzialna za planowanie i kontrolę zamierzonych ruchów. Poszczególne jej obszary sterują określonymi częściami ciała, a wielkość obszaru kory poświęconego danej części ciała zależy od stopnia kontroli, jakiego ta część wymaga. Tylko niewielki fragment kory ruchowej wiąże się z tułowiem, bo nie wykonuje się nim wielu ruchów. Jest ważny w oddychaniu oraz jako miejsce przyczepu rąk, ale pod względem mobilności pozwala się tylko trochę skręcić lub pochylić. Znaczna część kory ruchowej jest za to poświęcona twarzy i dłoniom, których ruchami trzeba wszechstronnie, subtelnie sterować. Tak to wygląda u przeciętnej osoby, jednak w toku badań odkryto, że wielu muzyków, takich jak skrzypkowie i pianiści wykonujących dzieła klasyczne, ma wprost ogromny obszar kory ruchowej odpowiadający za precyzyjną kontrolę dłoni i palców.[9] Ludzie ci przez całe życie wykonują coraz bardziej złożone i skomplikowane ruchy dłońmi (zwykle w oszałamiającym tempie), więc ich mózg przystosował się do wspierania tych zadań.

Analogicznie hipokamp odgrywa istotną rolę zarówno w pamięci epizodycznej, jak i przestrzennej (zapamiętywaniu miejsc i tras dojazdowych). To zrozumiałe, skoro hipokamp odpowiada za przetwarzanie wspomnień złożonych percepcji, co jest konieczne do poruszania się w środowisku. Badania prof. Eleanor Maguire i jej współpracowników ukazały, że londyńscy taksówkarze, dobrze obeznani z miastem (dysponujący świadomością niezwykle rozległej i skomplikowanej sieci ulic), mieli większy hipokamp tylny (część „nawigacyjną") w porównaniu z innymi londyńczykami.[10] (Pomiary te wykonywano przed nastaniem ery nawigacji satelitarnej, trudno więc powiedzieć, jak wypadłyby dzisiaj.)

Istnieją nawet pewne przesłanki (choć większość pochodzi z eksperymentów na myszach, a jak bardzo inteligentne mogą być myszy?), że przyswajanie nowych umiejętności prowadzi do jakościowej poprawy substancji białej w mózgu przez wzmocnienie właściwości mieliny – specjalnej powłoki pokrywającej nerwy, wytwarzanej przez komórki podporowe, która reguluje szybkość i wydajność przesyłania sygnałów.

Zatem teoretycznie istnieją sposoby na podkręcenie mocy mózgu. Jednak oprócz dobrych wiadomości są i złe. Wszystkie wymienione procesy wymagają czasu i wysiłku, a osiągnięte w efekcie korzyści mogą być bardzo ograniczone. Mózg jest skomplikowany i wykonuje nieprawdopodobnie wiele zadań. W rezultacie łatwo jest podnieść zdolności w jednym obszarze, nie wpływając na pozostałe. Muzycy mogą dysponować wyśmienitymi umiejętnościami czytania nut, zapamiętywania melodii, analizy harmonii itd., ale wcale nie oznacza to, że równie dobrze będą sobie radzić w matematyce czy językach obcych.

Podnoszenie poziomu inteligencji ogólnej, płynnej nie jest łatwe. Skoro wynika ona z pracy wielu obszarów mózgu i ich połączeń, ogromnie trudno jest zwiększyć ją celowanymi zadaniami czy wybiórczymi metodami. Choć mózg zachowuje przez całe życie stosunkowo sporą plastyczność, duża część jego układu i struktury jest w praktyce ustalona. Długie magistrale i szlaki substancji białej powstają na wczesnym etapie życia, jeszcze w okresie rozwojowym. Około 25. roku życia nasz mózg jest już zasadniczo ukształtowany i dalej może się już tylko subtelnie dostrajać. Przynajmniej tak się obecnie sądzi. W związku z tym przeważa pogląd, że inteligencja płynna jest u dorosłych stała, zależąc głównie od czynników genetycznych oraz rozwojowych w dzieciństwie i wczesnej młodości (w tym od postaw rodziców, środowiska społecznego i edukacji).

Jest to pesymistyczna konkluzja dla większości ludzi, zwłaszcza tych, którzy chcieliby poznać jakiś cudowny środek czy drogę na skróty do zwiększenia swoich zdolności umysłowych. Wiedza naukowa na temat mózgu nie dopuszcza takich możliwości. Niestety, w świecie nie brakuje ludzi, którzy i tak je oferują.

Niezliczone firmy sprzedają dziś gry i ćwiczenia do „treningu mózgu", które mają rzekomo podnosić inteligencję. Są to różnego rodzaju łamigłówki oraz zadania intelektualne i rzeczywiście, jeśli człowiek wykonuje je regularnie, nabiera w nich coraz większej wprawy. Ale tylko *w nich*. Nie ma obecnie akceptowalnych dowodów, że produkty te powodują przyrost inteligencji ogólnej. Po prostu coraz lepiej radzisz sobie z daną grą, lecz mózg jest wystarczająco skomplikowany, by dopuścić do tego bez doskonalenia się pod innymi względami.

Niektórzy, zwłaszcza studenci przygotowujący się do egzaminów, biorą środki farmakologiczne, takie jak Ritalin czy Adderall stosowane w terapii ADHD, by poprawić koncentrację i skupienie. Na krótką metę i w ograniczonym zakresie rzeczywiście mogą w ten sposób osiągać zamierzony cel, jednak długofalowe konsekwencje zażywania silnych leków, które zmieniają pracę mózgu, przez osobę niecierpiącą na zaburzenie leczone tymi środkami są potencjalnie niepokojące. Poza tym ich stosowanie może też odbić się rykoszetem: nienaturalne wyostrzanie skupienia lekami może okazać się męczące i wyczerpać rezerwy energetyczne, co oznacza, że szybciej się wypalisz, a potem (na przykład) prześpisz egzamin, do którego się uczyłeś.

Lekarstwa, które mają pozytywnie wpływać na funkcje mentalne, klasyfikuje się jako nootropy. Większość z nich jest stosunkowo nowa i oddziałuje tylko na określone procesy, na przykład pamięć czy uwagę, toteż ich długoterminowy wpływ na inteligencję ogólną pozostaje na razie zagadką. Najsilniejsze z nich są przeznaczone do stosowania głównie w przypadku zwyrodnieniowych schorzeń neurologicznych, takich jak choroba Alzheimera, w których dochodzi do gwałtownej degradacji mózgu.

Istnieje też wiele pokarmów (na przykład tłuszcze ryb), które podejrzewa się o podnoszenie ogólnej inteligencji, lecz i to nie jest pewne. Mogą one nieznacznie usprawniać działanie jakiejś części mózgu, ale nie wystarcza to do trwałego i wszechstronnego zwiększenia inteligencji.

Obecnie reklamuje się nawet rozwiązania technologiczne, szczególnie tzw. przezczaszkową stymulację stałoprądową (*transcranial direct-current stimulation*, tDCS). Przegląd badań Djamili Bennabi i jego współpracowników z 2014 roku wskazuje, że tDCS (w której między wybranymi obszarami mózgu przepuszcza się prąd o niewielkim natężeniu) zapewne rzeczywiście podnosi zdolności pamięciowe i językowe zarówno u osób chorych, jak i zdrowych oraz nie ma skutków ubocznych. Potrzebne są jednak dalsze badania w celu poznania wiarygodnych efektów tej metody. Z pewnością czeka nas jeszcze dużo pracy, zanim tego typu sposoby będą mogły znaleźć powszechne zastosowanie w terapii.[11]

Mimo to wiele firm sprzedaje dziś gadżety, które rzekomo stosują tDCS do poprawy sprawności na przykład w grach komputerowych. Nie chcę nikogo zniesławiać, nie mówię więc, że urządzenia te nie działają, jeżeli jednak działają, oznacza to, że dana firma sprzedaje sprzęt aktywnie zmieniający czynność mózgu (podobnie jak silne lekarstwa) metodą, która nie jest zweryfikowana naukowo i w pełni zrozumiana, osobom bez fachowego przeszkolenia czy nadzoru. To trochę jak sprzedawanie leków psychotropowych w supermarkecie obok batonów czekoladowych i zestawów baterii.

Podsumowując: tak, można podnieść swoją inteligencję, ale wymaga to dużego nakładu wysiłku i czasu i nie wystarczy w tym celu robić tego, w czym już jest się dobrym. Jeżeli masz w czymś wprawę, mózg staje się w tym tak wydajny, że w praktyce przestaje sobie zdawać sprawę, że cokolwiek się dzieje. A jeśli nie zdaje sobie z tego sprawy, nie zachodzą w nim żadne związane z tym adaptacje ani reakcje, mamy więc do czynienia z samoograniczeniem się efektów.

Główny problem wydaje się tkwić w tym, że jeśli chce się zwiększyć swoją inteligencję, trzeba być tak bardzo zdeterminowanym albo inteligentnym, aby przechytrzyć własny mózg.

Jesteś całkiem bystry jak na tak niskiego
(Dlaczego wysocy ludzie są inteligentniejsi oraz dziedziczenie inteligencji)

Wyżsi ludzie są inteligentniejsi od niższych. To prawda, która dla wielu bywa zaskakująca, a nawet obraźliwa (jeśli są niscy). Przecież to chyba niedorzeczność twierdzić, że wzrost ma związek z inteligencją? Okazuje się, że pewnie jednak ma.

Zanim natrze na mnie rozjuszony tłum złożony z osób mniej słusznego wzrostu, pragnę zastrzec, że nie jest to prawidłowość w sensie absolutnym. Koszykarze nie są automatycznie inteligentniejsi od dżokejów. Legendarny zapaśnik André the Giant nie był bardziej błyskotliwy od Einsteina. Hagrid nie zapędziłby w kozi róg Marii Skłodowskiej-Curie. Zwykle podaje się, że korelacja między wzrostem a inteligencją wynosi 0,2, co oznacza, że wzrost jest powiązany z inteligencją u co piątej osoby.

Poza tym nie chodzi o dużą różnicę. Weźmy przypadkowego wysokiego człowieka oraz przypadkowego niskiego i zmierzmy ich IQ – nie da się przewidzieć, który wypadnie lepiej. Jeśli jednak wykonamy dostatecznie dużo testów, powiedzmy na dziesięciu tysiącach wysokich i dziesięciu tysiącach niskich, całościowy obraz będzie taki, że średnie IQ tych pierwszych będzie nieco wyższe niż drugich, powiedzmy, w granicy 3–4 punktów. Jest to prawidłowość wychwytywana niezmiennie w licznych badaniach tego zjawiska.[12] Co się tu dzieje? Dlaczego większy wzrost miałby dodawać inteligencji? Oto kolejna jej właściwość, która budzi zdumienie.

Do bardziej prawdopodobnych wyjaśnień związku wzrostu z inteligencją należą przyczyny genetyczne. Wiadomo, że inteligencja jest do pewnego stopnia dziedziczna. Dla jasności, dziedziczność to zakres, w jakim jakaś właściwość czy cecha jest uzależniona od genetyki. Dziedziczność danej cechy na poziomie 1,0 oznacza, że wszelkie możliwe odmiany tej cechy wynikają z genetyki, a dziedziczność 0,0 – że żadna odmiana nie bierze się z genetyki.

Na przykład gatunek biologiczny jest wyłącznie rezultatem genów, zatem gatunkowość ma dziedziczność 1,0. Jeśli rodzice są chomikami, ich dziecko też jest chomikiem bez względu na to, co stanie się w trakcie jego dorastania i rozwoju. Nie istnieją takie czynniki środowiskowe, które mogłyby zmienić chomika w krowę. W odróżnieniu od tego sytuacja, w której płoniesz żywym ogniem, jest to skutek czysto środowiskowy, ma więc dziedziczność 0,0. Nie ma genów, które powodowałyby, że z ludzi buchają płomienie; twoje DNA nie sprawia, że nieustannie się palisz i płodzisz palące się dzieci.

Wiele właściwości mózgu jest rezultatem zarówno genów, jak i otoczenia. Sama inteligencja okazuje się w zadziwiająco wysokim stopniu dziedziczna. Z przeglądu dostępnych danych opracowanego przez Thomasa J. Boucharda[13] wynika, że u dorosłych dziedziczność ta wynosi ok. 0,85, choć – o dziwo – u dzieci tylko 0,45. Wydaje się to zastanawiające; jakże geny miałyby wywierać większy wpływ na intelekt dorosłych niż dzieci? Jednak pytanie to bierze się z nieprawidłowego rozumienia sensu dziedziczności. Dziedziczność jest miarą stopnia, w jakim różnorodność w grupach ma charakter genetyczny, a nie stopnia, w jakim geny coś *powodują*. Geny mogą odgrywać równie dużą rolę w determinowaniu inteligencji dziecka co dorosłego, ale wydaje się, że w przypadku dzieci istnieje więcej innych czynników, które też mogą na nią wpływać. Mózg dziecka dopiero rozwija się i uczy, zatem wiele zdarzeń może przyczyniać się do ujawniającej się inteligencji. Mózg dorosłego jest bardziej „okrzepły"; przeszedł cały proces rozwoju i dojrzewania, więc czynniki zewnętrzne nie mają już takiej siły oddziaływania, a różnice między osobami (które w typowych społeczeństwach z obowiązkowym systemem nauczania mają porównywalne doświadczenia edukacyjne) wynikają raczej z przyczyn wewnętrznych (genetycznych).

Wszystko to może dawać błędny pogląd na temat inteligencji i genów, implikując dużo prostszą i bardziej bezpośrednią zależność niż w rzeczywistości. Niektórym podoba się myśl (czy nadzieja), że istnieje gen inteligencji – coś, co mogłoby jej ludziom dodawać, gdyby zostało uruchomione albo wzmocnione. Jednak jest to mało prawdopodobne. Podobnie jak inteligencja jest sumą wielu różnych procesów, tak i te procesy są kontrolowane przez wiele różnych genów i każdy z nich ma swoją rolę do odegrania. Rozważanie, który gen jest odpowiedzialny za taką cechę jak inteligencja, jest podobne do zastanawiania się, który klawisz fortepianu jest odpowiedzialny za sonatę.[*]

Również wzrost jest determinowany różnorakimi czynnikami, w tym genetycznymi, i niektórzy uczeni, tłumacząc związek między wysokim wzrostem i inteligencją, uważają, że może istnieć gen lub geny, które wpływają zarówno na inteligencję,

---

[*] Oczywiście istnieją pewne geny, które uważa się za kluczowe w pośredniczeniu inteligencji. Na przykład gen apolipoproteiny E, który prowadzi do wytwarzania specyficznych cząsteczek tłuszczowych spełniających liczne funkcje fizjologiczne, uważa się za istotny w chorobie Alzheimera oraz procesach poznawczych. Jednak wpływ genów na inteligencję jest niewiarygodnie złożony (sądząc nawet po tak ograniczonym zasobie danych badawczych, jakim obecnie dysponujemy), nie będziemy się więc w te kwestie bardziej zagłębiać.

jak i na wzrost. Jest możliwe, by pojedyncze geny pełniły różnorodne funkcje; zjawisko to nazywa się plejotropią.

Według innej teorii nie ma genów, które determinowałyby i wzrost, i inteligencję, a związek tych dwóch cech wynika z doboru seksualnego, gdyż obie należą do atrakcyjnych dla kobiet. W rezultacie wysocy mężczyźni mieliby aktywniejsze seksualnie partnerki, zyskując większe możliwości rozprzestrzeniania swojego DNA w populacji przez potomstwo, które nosiłoby zarówno geny wzrostu, jak i osobne geny inteligencji.

Interesujące rozumowanie, choć nie spotyka się z szeroką akceptacją. Przede wszystkim jest dosyć seksistowskie, sugerując, że wystarczy, by mężczyzna miał kilka atrakcyjnych cech, a kobiety będą nieuchronnie lgnąć do niego jak ćmy do gigantycznej świecy. Wzrost to nie jedyna rzecz, która pociąga ludzi. Poza tym wysocy mężczyźni mają z reguły wysokie córki, a takie kobiety często onieśmielają i odstręczają mężczyzn (przynajmniej tak twierdzą moje wysokie znajome).

To samo tyczy się kobiet inteligentnych (przynajmniej tak twierdzą moje inteligentne znajome, czyli – by nie było nieporozumień – wszystkie). Nie ma też żadnych dowodów na to, że kobiety czują szczególnie magnetyczny pociąg do inteligentnych mężczyzn. Istnieją po temu różne powody, na przykład taki, że za element seksowności uważa się często pewność siebie, a jak widzieliśmy, inteligentni ludzie bywają mniej przebojowi. Nie wspominając już o tym, jak denerwująca i pesząca może być inteligencja; takie słowa jak *nerd* czy *geek* straciły dziś nieco ze swej złej sławy, jednak przez większą część swego istnienia były obelgami, a określane ich mianem osoby zwykle postrzegano jako całkowitą porażkę w kontaktach z płcią przeciwną.

To tylko kilka przykładów tego, co mogłoby ograniczać wspólne rozprzestrzenianie się osobnych genów wzrostu i inteligencji.

Kolejna teoria głosi, że wysoki wzrost wymaga dobrego zdrowia i odżywienia, co może też służyć mózgowi, a w konsekwencji rozwojowi inteligencji. Przyczyna może więc być prozaiczna: pożywniejsza dieta i zdrowsze życie w pierwszych kilkunastu latach mogą skutkować zarówno większym wzrostem, jak i inteligencją. Ale jednak nie może być aż tak prosto, gdyż mnóstwo ludzi opływających w niewyobrażalne luksusy i wiodących zdrowe życie jest niskich. Albo głupich. Albo i takich, i takich naraz.

Czy w grę może wchodzić wielkość mózgu? Wyżsi ludzie mają z reguły większy mózg, a zachodzi pewna niewielka korelacja między wielkością mózgu a inteligencją ogólną.[14] Sprawa jest dość kontrowersyjna. Duże znaczenie dla inteligencji ma wydajność procesów przetwarzania w mózgu oraz połączenia między różnymi obszarami, lecz prawdą jest również, że u inteligentniejszych ludzi pewne rejony, takie jak kora przedczołowa i hipokamp, zawierają więcej substancji szarej. Logicznie myśląc, większy mózg sprzyjałby temu przez samo zapewnienie fizycznych możliwości rozwoju. Ogólnie wrażenie jest takie, że większy mózg może być kolejnym czynnikiem sprawczym, ale nie ostateczną przyczyną. Duży mózg raczej stwarzałby szansę na to, by mieć większą inteligencję, niż czynił ją nieuniknioną. Zakup nowych drogich adidasów niekoniecznie zrobi z ciebie szybszego biegacza, choć może cię zmobilizować do stania się lepszym w biegach. To samo można by powiedzieć o genach.

Genetyka, sposób wychowania, jakość edukacji, normy kulturowe, stereotypy, ogólny stan zdrowia, zainteresowania i różne zaburzenia – wszystkie te i wiele innych czynników może sprawiać, że mózg ma większe lub mniejsze szanse na przeprowadzanie inteligentnych operacji. Nie można oddzielić inteligencji ludzkiej od ludzkiej kultury, podobnie jak nie da się oddzielić rozwoju ryby od wody, w której żyje. Gdybyśmy odseparowali ją od wody, jej dalszy rozwój byłby co najwyżej „krótkotrwały".

Kultura odgrywa gigantyczną rolę w sposobach przejawiania się inteligencji. Idealnego potwierdzenia dostarczył w 1980 roku Michael Cole.[15] Wraz ze swoim zespołem badawczym udał się do odległego zakątka Afryki, zamieszkanego przez szczep Kpelle, stosunkowo niezmieniony przez nowoczesną kulturę i świat zewnętrzny. Badacze chcieli zaobserwować, czy ludzie ci, pozbawieni kulturowych czynników cywilizacji zachodniej, wykazywali analogiczną inteligencję do naszej. Z początku wyniki były frustrujące. Kpelle ujawniali tylko elementarną inteligencję i nie byli w stanie rozwiązać nawet podstawowych zadań, z którymi nie miałoby problemu żadne dziecko w świecie rozwiniętym. Nawet gdy badacz podsuwał „niechcący" wskazówki do rozwiązania, Kpelle ich nie chwytali. Sugerowało to, że ich prymitywna kultura nie była dość bogata czy stymulująca, by wytworzyć zaawansowaną inteligencję, a może jakaś osobliwość biologiczna uniemożliwiała im intelektualne wyrafinowanie. Według anegdoty jeden ze sfrustrowanych badaczy powiedział im w końcu, by wykonali zadania tak, „jak robiłby je głupek", i wtedy Kpelle od razu podali „poprawne" odpowiedzi.

By ominąć bariery językowe i kulturowe, dawano zadania polegające na sortowaniu elementów w grupy. Badacze uznali, że porządkowanie ich w kategorie (narzędzia, zwierzęta, przedmioty z kamienia, drewna itd.), czyli coś, co wymaga myślenia abstrakcyjnego oraz przetwarzania informacji, jest bardziej inteligentne. Ale Kpelle zawsze sortowali rzeczy podług funkcjonalności (to, co można zjeść, założyć na siebie, użyć podczas kopania). Uważano to za „mniej" inteligentne, ale Kpelle ewidentnie się z tym nie zgadzali. Żyli oni z tego, co rodziła ziemia, więc porządkowanie przedmiotów w arbitralne kategorie uważali za bezsensowną stratę czasu, coś, co robiłby „głupek". Z jednej strony jest to więc ważna lekcja o tym, by nie oceniać ludzi na podstawie z góry przyjętych przez siebie założeń (a pewnie również by lepiej przygotować się do prowadzenia doświadczeń), z drugiej strony zaś przykład ten pokazuje, że samo pojęcie inteligencji jest silnie uzależnione od otoczenia i niepisanych norm społecznych.

Innym przykładem tego zjawiska jest efekt Pigmaliona. W 1965 roku Robert Rosenthal i Lenore Jacobson wykonali eksperyment, w którym nauczyciele w szkole podstawowej zostali poinformowani, że pewni uczniowie są obdarzeni wyjątkowymi talentami intelektualnymi, toteż powinni być adekwatnie do tych predyspozycji uczeni i pozostawać pod właściwym nadzorem.[16] Jak pewnie się spodziewasz, wyniki uzyskiwane przez tych uczniów na sprawdzianach i w trakcie całej nauki potwierdzały ich wyższy poziom inteligencji. Problem tylko w tym, że wcale nie byli szczególnie utalentowani; to byli najzwyczajniejsi uczniowie. Gdy jednak potraktowano ich, jakby byli wyjątkowo inteligentni i uzdolnieni, zaczęli pracować tak, że dorastali do tych oczekiwań. Podobne rezultaty otrzymano w eksperymentach ze studentami uniwersyteckimi; gdy mówiono, że inteligencja jest cechą stałą, z reguły wypadali gorzej na testach, a gdy informowano, że podlega zmianom, wypadali lepiej.

Może to kolejny powód, z którego wyżsi ludzie wydają się generalnie inteligentniejsi? Jeśli w dzieciństwie jesteś wyższy od rówieśników, ludzie mogą traktować cię, jakbyś był starszy, i rozmawiać z tobą na poważniejsze tematy, a twój rozwijający się mózg dostosowuje się do tych oczekiwań. W każdym razie ewidentnie ważne są subiektywne przekonania. Ilekroć więc pisałem w tej książce, że poziom inteligencji jest „niezmienny", w praktyce powstrzymywałem twój rozwój. Przepraszam, moja wina.

Jeszcze jakaś ciekawostka o inteligencji? Jej poziom podnosi się na całym świecie, choć nie znamy tego przyczyn. Zjawisko to zwane jest efektem Flynna. Ogólne wyniki testów inteligencji – zarówno płynnej, jak i skrystalizowanej – podnoszą się z każdym pokoleniem w wielu populacjach na całym globie, w wielu krajach i pomimo odmiennych uwarunkowań lokalnych. Może to wynikać z ogólnoświatowego wzrostu jakości edukacji, lepszej opieki medycznej i większej świadomości zdrowotnej, szerszego dostępu do informacji i skomplikowanych technologii, a może nawet z przebudzenia uśpionych potencjałów mutacyjnych, które powoli przemieniają ludzkość w rasę geniuszy.

Nie ma przesłanek przemawiających za tą ostatnią ewentualnością, ale nadaje się ona na scenariusz dobrego filmu.

Istnieje wiele możliwych wyjaśnień związku wzrostu z inteligencją. Być może wszystkie są słuszne, a może żadne. Jak zwykle prawda leży pewnie pośrodku. Zasadniczo jest to kolejna odsłona klasycznej dyskusji o przewadze kultury nad naturą czy natury nad kulturą.

Czy te niejasności powinny nas jednak dziwić, zważywszy na to, co wiemy o inteligencji? Jest trudna do zdefiniowania, pomiaru i wyizolowania, ale niewątpliwie istnieje i możemy ją badać.

Jest to specyficzna zdolność ogólna, złożona z wielu składowych. Jest wytworem aktywności licznych obszarów mózgu, ale być może podstawowe znaczenie mają ich wzajemnie powiązania. Inteligencja nie gwarantuje pewności siebie, a jej niedostatek nie implikuje braku takiej pewności, ponieważ sposób działania mózgu wywraca logiczne rozumowanie do góry nogami – chyba że ludzi traktuje się jako inteligentnych, co zdaje się dodawać im inteligencji, więc nawet mózg nie jest pewny, co ma robić z inteligencją, za którą odpowiada. Zasadniczo poziom inteligencji ogólnej jest trwale zdeterminowany przez geny i wychowanie, chyba że zdecydujesz się nad nim pracować, a wówczas daje się go zwiększyć, być może.

Badanie inteligencji można porównać do robienia swetra na drutach bez żadnego wzoru i z waty cukrowej zamiast włóczki. Zdumiewające, że w ogóle można podjąć taką próbę.

ROZDZIAŁ 5

||||||||||||||||||||||||||||||||||||||||||||||||||||

Czy zauważyłeś, że ma się pojawić ten rozdział?

Niespójne właściwości układów
obserwacyjnych mózgu

J edną z najbardziej intrygujących i (zdaje się) unikalnie ludzkich zdolności, którymi obdarzył nas potężny mózg, jest możliwość zaglądania do swego wnętrza. Mamy samoświadomość, potrafimy wyczuwać swój stan wewnętrzny i stan umysłu, a nawet mierzyć je i badać. W rezultacie wielu ceni sobie introspekcję i filozofowanie. Jednak szalenie ważne jest także to, jak mózg postrzega świat na zewnątrz czaszki, czemu służy wiele jego mechanizmów. Postrzegamy świat zmysłami, skupiamy się na istotnych jego elementach i stosownie do tego działamy.

Wielu ludzi uważa, że to, co postrzegamy, stanowi stuprocentowo wierną reprezentację świata takiego, jaki jest, tak jakby oczy, uszy i cała reszta były tylko biernymi urządzeniami rejestrującymi informacje i przekazującymi je dalej do mózgu, który kategoryzuje je, porządkuje i przesyła gdzie trzeba, jak pilot sprawdzający odczyty urządzeń pomiarowych. Tymczasem sprawy mają się zupełnie inaczej. Biologia to nie technika. Wbrew powszechnemu przeświadczeniu informacje, które docierają do mózgu za pośrednictwem zmysłów, nie są szerokim, krystalicznym, nasyconym obrazami, dźwiękami i doznaniami strumieniem; w rzeczywistości pierwotne dane dostarczane przez zmysły upodobniają się bardziej do zamulonej strużki, a mózg wykonuje gigantyczną pracę, by je oczyścić i dać nam wszechstronny i różnorodny wizerunek świata.

Wyobraź sobie rysownika policyjnego, szkicującego podobiznę jakiejś osoby na podstawie opisu świadka. A teraz wyobraź sobie, że opisu nie dostarcza jedna osoba, tylko całe setki. I to naraz. I wszyscy oni starają się stworzyć nie szkic twarzy jednej osoby, tylko trójwymiarową makietę miasta, w którym doszło do zbrodni, z uwzględnieniem wszystkich jego mieszkańców. I co minutę muszą tę makietę aktualizować. Mózg pracuje trochę w taki sposób, może tylko w mniejszym hałasie, niż ten, który towarzyszyłby naszemu rysownikowi.

To imponujące, że na podstawie ograniczonych informacji mózg potrafi stworzyć tak szczegółową reprezentację naszego środowiska, jednak nieuchronnie zakradają się do niej błędy i pomyłki. Sposób, w jaki mózg postrzega otaczający świat, oraz wybór elementów uznawanych przez niego za warte szczególnej uwagi to sprawy, które ilustrują zarówno niesamowitą potęgę ludzkiego mózgu, jak i jego liczne niedoskonałości.

Róża pod inną nazwą...[*]
(Dlaczego zapach
jest silniejszy od smaku)

Jak wszyscy wiemy, mózg ma dostęp do pięciu zmysłów. Jednak przedstawiciele neuronauk uważają, że jest ich więcej. Kilka „dodatkowych" zmysłów pojawiło się już w tej książce, w tym propriocepcja (poczucie fizycznej pozycji ciała i kończyn), równowaga (zmysł pośredniczony przez mechanizmy ucha wewnętrznego, który wyczuwa grawitację oraz nasz ruch w przestrzeni), a nawet apetyt, bo wykrywanie poziomu składników odżywczych we krwi i w ciele jest też swoistym zmysłem. Większość z nich wiąże się jednak z naszym stanem wewnętrznym, a pięć „właściwych" zmysłów odpowiada za monitorowanie i postrzeganie świata wokół nas, czyli naszego środowiska. Są to oczywiście wzrok, słuch, smak, węch i dotyk lub w wersji hipernaukowej: oftalmocepcja, audiocepcja, gustatocepcja, olfakocepcja i takcjocepcja (niemniej dla oszczędności czasu naukowcy w zasadzie nie stosują tych terminów). Działanie każdego z tych zmysłów opiera się na wysublimowanych mechanizmach neurologicznych, a mózg wykazuje się jeszcze większym wyrafinowaniem podczas opracowywania otrzymanych informacji. Zasadniczo rola wszystkich zmysłów sprowadza się do rejestrowania czegoś w otoczeniu i przekładania tego

---

[*] Odniesienie do dwuwiersza Szekspira: „Czymże jest nazwa? To, co zowiem różą, pod inną nazwą równie by pachniało" (przekł. Józefa Paszkowskiego) z aktu II *Romea i Julii* (przyp. tłum.).

na sygnały elektryczne w neuronach połączonych z mózgiem. Koordynowanie tego wszystkiego wymaga gigantycznej pracy i mózg przeznacza na nie dużo czasu.

O poszczególnych zmysłach można pisać całe tomy (i pisano), my zacznijmy od bodaj najosobliwszego z nich – węchu. Łatwo go przeoczyć. Nawet dosłownie, skoro nos znajduje się tuż pod oczami. To przykre, bo układ węchowy mózgu zdumiewa i fascynuje. Uważa się, że węch był pierwszym zmysłem, który powstał w toku ewolucji. Tworzy się na bardzo wczesnym etapie; to pierwszy zmysł rozwijający się w życiu płodowym. Wykazano, że płód wyczuwa to, co wącha mama; cząsteczki wciągnięte przez nią z powietrzem trafiają do płynu owodniowego, w którym płód może je zarejestrować. Dawniej sądzono, że człowiek jest w stanie wyczuć dziesięć tysięcy zapachów. Mogłoby się wydawać, że to całkiem sporo, ale liczba ta pochodzi ze studium z lat dwudziestych zeszłego wieku, a uzyskano ją głównie w drodze rozważań teoretycznych i na podstawie założeń niepoddawanych praktycznej weryfikacji.

Przeskoczmy do roku 2014, w którym Caroline Bushdid wraz ze swoim zespołem badawczym dokonała rewizji tego twierdzenia, poprosiwszy uczestników eksperymentu o odróżnienie mieszanek chemicznych o bardzo podobnym zapachu. Zadanie przerastałoby ludzkie możliwości, gdyby nasz układ węchu był ograniczony do wyczuwania dziesięciu tysięcy zapachów, tymczasem zostało wykonane z łatwością. Ostatecznie oszacowano, że ludzie potrafią wyczuwać około *tryliona* zapachów. Liczby tego rzędu stosuje się zwykle do odległości astronomicznych, nie czegoś tak powszedniego jak zmysł człowieka. To jak odkrycie, że ze schowka, w którym trzymasz odkurzacz, prowadzi wejście do podziemnego miasta założonego przez cywilizację ludzi-kretów.*

Jak działa zmysł węchu? Zapach jest przekazywany do mózgu za pośrednictwem nerwu węchowego. Istnieje dwanaście nerwów mózgowych, wśród których węchowy ma numer pierwszy (nerw wzrokowy to numer drugi). Neurony węchowe składające się na nerw węchowy są pod wieloma względami wyjątkowe, między innymi należą do nielicznych zdolnych do odrodzenia, co oznacza, że nerw węchowy jest Wolverine'em (z *X-menów*) układu nerwowego. Ze względu na te właściwości neurony węchowe poddawane są intensywnym badaniom, naukowcy mają bowiem nadzieję na wykorzystanie ich zdolności regeneracyjnych w uszkodzonych nerwach zlokalizowanych w innych obszarach, na przykład w kręgosłupie pacjentów sparaliżowanych.**

Neurony węchowe regenerują się, gdyż należą do nielicznych neuronów zmysłowych wystawionych na bezpośrednie działanie środowiska zewnętrznego, co z reguły powoduje degradację delikatnych komórek nerwowych. Znajdują się one w błonie śluzowej górnych partii nosa, gdzie osadzone w nich odpowiednie receptory wyczuwają różne cząsteczki. Po wejściu w kontakt z określoną substancją neurony te wysyłają sygnał do opuszki węchowej, czyli obszaru mózgu odpowiedzialnego za zestawianie i porządkowanie informacji o zapachach. Istnieje mnóstwo

---

* Niektórzy naukowcy kwestionują to odkrycie, twierdząc, że ta astronomiczna liczba doznań węchowych jest raczej skutkiem zastosowania wątpliwych operacji matematycznych przez badaczy niż zdolności naszego nosa.[1]

** Pionierską – i udaną – operację tego typu z pobraniem komórek glejowych z opuszki węchowej i wszczepieniem ich do przerwanego rdzenia kręgowego u sparaliżowanej osoby wykonano w październiku 2014 roku w Klinice Neurochirurgii Uniwersytetu Medycznego we Wrocławiu (przyp. tłum.).

różnych receptorów węchowych. Uhonorowane Nagrodą Nobla badanie Richarda Axela i Lindy Buck z 1991 roku wykazało, że 3 procent genomu ludzkiego koduje typy receptorów węchowych.[2] Przemawia to też na rzecz poglądu, że ludzki węch jest bardziej skomplikowany, niż dawniej sądziliśmy.

Gdy neurony węchowe wyczują określoną substancję (cząsteczkę sera, keton ze słodyczy, coś wydobywającego się z ust rozmówcy o wątpliwej higienie jamy ustnej), wysyłają sygnały elektryczne do opuszki węchowej, która przekazuje tę informację do takich obszarów, jak jądro węchowe i kora gruszkowata, co sprawia, że doznajesz zapachu.

Zapach często wiąże się ze wspomnieniem. Układ węchowy jest umiejscowiony bardzo blisko hipokampu i innych pierwotnych składników systemu pamięci – tak blisko, że na podstawie wyników pierwszych badań anatomicznych uznawano, iż rozpoznawanie zapachów jest celem systemu pamięci. Jednak są to dwa osobne układy, które po prostu ze sobą sąsiadują jak zdeklarowany weganin mieszkający drzwi w drzwi z rzeźnikiem. Opuszka węchowa stanowi część układu limbicznego, podobnie jak obszary przetwarzania pamięci, oraz ma aktywne połączenia z hipokampem i ciałem migdałowatym. W konsekwencji pewne zapachy są szczególnie silnie skojarzone z żywymi i emocjonalnymi wspomnieniami – jak wtedy, gdy zapach pieczeni może przywieść na myśl niedzielne wizyty u dziadków.

Zapewne nieraz sam doświadczyłeś tego, że jakaś woń budzi silne wspomnienia z dzieciństwa i (albo) niesie określone emocje. Jeśli w dzieciństwie spędziłeś dużo szczęśliwych chwil w domu dziadka, który pykał fajkę, możesz mieć pewien sentyment do fajkowego dymu. Z przynależności węchu do układu limbicznego wynika, że ma on krótszą drogę do aktywowania emocji niż inne zmysły, co tłumaczy, dlaczego może wzbudzać silniejsze reakcje niż większość innych doznań zmysłowych. Widok bochenka świeżego chleba jest doznaniem dość obojętnym, ale poczucie jego zapachu bywa wyjątkowo przyjemne i podnoszące na duchu, gdyż pobudza nas oraz towarzyszą mu miłe wspomnienia związane z aromatem pieczonego ciasta, który jest zawsze wstępem do zjedzenia czegoś dobrego. Oczywiście zapach może wywołać też odwrotny skutek: oglądanie zepsutego mięsa nie należy do przyjemności, ale dopiero powąchanie go wywołuje wymioty.

Potęga zapachu i jego zdolność do ożywiania wspomnień nie uchodzą uwadze. Niektórzy, a jest ich spora grupa, starają się nawet zbić na tym zjawisku kapitał. Agenci nieruchomości, supermarkety, wytwórcy świec i wielu innych próbują wykorzystać zapachy do wprawienia ludzi w określony nastrój, tak by byli bardziej skłonni otwierać swoje portfele. Skuteczność tego podejścia jest znana, ale zapewne ograniczona przez to, że ludzie bardzo różnią się między sobą. Na kogoś, kto zatruł się lodami waniliowymi, ich zapach nie będzie działał błogo ani relaksująco.

Innym błędnym mitem na temat węchu jest twierdzenie, że nie da się go „oszukać". Kłam temu utrzymującemu się latami przekonaniu zadało wiele badań. Na porządku dziennym jest doznawanie złudzeń węchowych, takich jak ocena, czy dana próbka pachnie miło, zależnie od jej oznakowania (na przykład „choinka bożonarodzeniowa" albo „odświeżacz powietrza do ubikacji" – i dodam, że nie jest to przykład wzięty dla żartu, tylko element prawdziwego eksperymentu Racheli Herz i Julii von Clef z 2001 roku).

Przekonanie, że nie ma złudzeń węchowych, wzięło się zapewne stąd, iż mózg otrzymuje od węchu dość skąpy zestaw informacji. W testach wykazano, że po nabraniu wprawy ludzie są w stanie „lokalizować" rzeczy węchem, ale ogranicza się to do bardzo podstawowej percepcji. Czujesz jakiś zapach, zdajesz więc sobie sprawę, że w pobliżu musi być coś, co go wydaje, ale poza tym wiesz niewiele – to tylko kwestia „coś jest" albo „czegoś nie ma". Jeżeli więc sygnały zapachowe poprzestawiają się w mózgu i w rezultacie będziesz miał wrażenie wąchania czegoś innego niż rzeczywisty zapach, to nawet nie będziesz o tym wiedział, bo i skąd? Może i węch jest potężny, ale ma ograniczone możliwości wykorzystania przez współczesnego człowieka.

Istnieją również halucynacje* węchowe, czyli wyczuwanie zapachów, których nie ma, co resztą może być niepokojąco powszechne. Wielu ludzi relacjonuje fantomowy zapach spalenizny – tostu, gumy, włosów czy ogólny zapach „przypalenia". Jest to na tyle częste, że w internecie spotyka się specjalne, poświęcone temu strony. Często wiąże się to z zaburzeniami neurologicznymi, takimi jak padaczka, guz lub udar, które mogą wzbudzać nieoczekiwaną aktywność w opuszce węchowej albo innych obszarach układu przetwarzania zapachów, interpretowaną jako woń spalenizny. To kolejne ważne rozróżnienie: złudzenia powstają, gdy układ zmysłowy coś błędnie odbierze, czyli daje się oszukać.

---

* Ważne jest, by rozumieć różnicę między złudzeniami (iluzjami) a halucynacjami (omamami). Do tych pierwszych dochodzi, gdy zmysły wykrywają coś, ale błędnie to interpretują, tak że człowiek postrzega coś innego niż to, co naprawdę istnieje. Jeżeli natomiast wyczuwasz jakiś zapach *niemający źródła*, jest to halucynacja – postrzeganie czegoś, czego w ogóle nie ma – co sugeruje błędne funkcjonowanie mechanizmów w głębi obszarów przetwarzania zmysłowego w mózgu. Złudzenia to usterki w pracy mózgu. Halucynacje to coś poważniejszego.

Halucynacje są zwykle prawdziwym zaburzeniem, w którym w pracy mózgu rzeczywiście dochodzi do jakiejś usterki.

Nie zawsze węch działa w pojedynkę. Często klasyfikuje się go jako „zmysł chemiczny", gdyż wykrywa on (i jest uruchamiany przez) określone cząsteczki chemiczne. Zmysłem chemicznym jest również smak. Ze smaku i zapachu często korzystamy łącznie; większość z tego, co jemy, ma specyficzny zapach. Występuje tu też podobny mechanizm, gdyż receptory w języku i innych obszarach jamy ustnej reagują na określone cząsteczki, zwykle substancji rozpuszczalnych w wodzie (no dobrze, w ślinie). Receptory te są zebrane w kubki smakowe, pokrywające język. Powszechnie przyjmuje się, że mamy pięć typów tych kubków – dla smaków słonego, słodkiego, gorzkiego, kwaśnego i umami. Ostatni reaguje na glutaminian sodu, czyli z grubsza smak „mięsny". W rzeczywistości są i inne „rodzaje" smaku, takie jak cierpki (na przykład czarnych porzeczek), ostry (imbir) i metaliczny (pochodzący z… metalu).

O ile węch jest niedoceniany, o tyle smak faktycznie jest trochę niewydarzony. Jest najsłabszym z naszych pięciu głównych zmysłów; wyniki licznych badań ukazują, że na percepcje smakowe w dużym stopniu wpływają inne czynniki. Zetknąłeś się być może z ceremonią smakowania win, kiedy koneser bierze łyczek napoju i oświadcza, że jest to 54-letnie Shiraz z winnicy w południowo-zachodniej Francji z posmakiem dębu, gałki muszkatołowej, pomarańczy i wieprzowiny (tu tylko zgaduję) oraz że grona były deptane przez dwudziestoośmiolatka imieniem Jacques z brodawką na lewej pięcie.

Wszystko pięknie, tyle że wiele badań wskazuje, iż takie wyczulenie podniebienia ma więcej wspólnego z umysłem niż z językiem. Oceny profesjonalnych kiperów są zwykle bardzo niespójne. Jeden może orzec, że dane wino jest najwspanialsze pod słońcem, a inny opierając się na identycznym doznaniu, że to zwykły sikacz.[3]

Zaraz, zaraz, przecież chyba każdy rozpozna dobre wino, prawda? Otóż zmysł smaku jest tak mało wiarygodny, że nie, nie rozpozna. Kiperzy degustujący próbki różnych win nie byli w stanie określić, które pochodziły z szacownego rocznika, a które z taniej produkcji masowej. Jeszcze gorzej wypadły inne testy: kiperzy oceniający czerwone wina nie byli w stanie poznać, że piją białe z rozpuszczonym barwnikiem spożywczym. Ewidentnie nasz zmysł smaku nie sprawdza się pod względem precyzji.

Dla jasności, uczeni nie żywią jakiejś osobliwej urazy do kiperów; rzecz w tym, że nie ma zbyt wielu profesjonalistów, którzy w tak wielkim zakresie posługują się wyrobionym poczuciem smaku. I nie chodzi też o to, że koneserzy mieliby kłamać. Niemal z całą pewnością doznają smaków, o jakich mówią, lecz są one w głównej mierze wytworem oczekiwań, doświadczenia oraz kreatywności wymaganej od mózgu, a nie funkcji samych kubków smakowych. Niemniej kiperzy mogą oburzać się na ciągłe podkopywanie zaufania do ich profesji przez neuronaukę.

Faktem pozostaje, że smak czegoś jest w wielu przypadkach doświadczeniem multisensorycznym. Ludzie z paskudnym przeziębieniem czy innymi schorzeniami objawiającymi się zatkanym nosem często skarżą się, że nie czują smaku jedzenia. Interakcja zmysłów decydujących o wrażeniu smaku jest tak wielka, że mieszają się nawzajem i dezorientują mózg, a zagubiony w tym mętliku smak podlega ciągłym wpływom ze strony innych zmysłów, przede wszystkim – zgadłeś! – węchu.

Znaczna część smaku zjadanej potrawy pochodzi z jej zapachu. Przeprowadzano eksperymenty, których uczestnicy z zatkanym nosem i opaską na oczach (by wyeliminować również udział wzroku), opierając się wyłącznie na smaku, nie byli w stanie rozróżnić jabłek, ziemniaków i cebuli.[4]

W pracy Maliki Auvray i Charlesa Spence'a z 2007 roku[5] czytamy, że jeśli coś wydziela silną woń, kiedy to jemy, mózg ma skłonność interpretować tę woń jak smak, a nie zapach, mimo że sygnały wysyła nos. Większość doznań jest doświadczanych w ustach, więc mózg to uogólnia i zakłada, że wszystko stamtąd pochodzi, a potem interpretuje sygnały zgodnie z tym założeniem. Jednak mózg i tak musi się nieźle napracować z generowaniem doznań smaku, więc byłoby małostkowe, by mieć mu za złe formułowanie tych nietrafnych założeń.

No, poczuj ten dźwięk
(O powiązaniach słuchu z dotykiem)

Słuch i dotyk są powiązane na fundamentalnym poziomie. Większość ludzi nie zdaje sobie z tego sprawy, ale pomyśl tylko: czy zauważyłeś, jaką rozkosz sprawia czyszczenie sobie uszu wacikiem? Tak? Hm, nie ma to nic do rzeczy, wskazuję po prostu na zasadę. Prawda jest taka, że choć mózg postrzega dotyk i słuch zupełnie inaczej, jednak mechanizmy wykorzystywane do odbierania tych doznań w ogromnym stopniu się pokrywają.

Przyjrzeliśmy się już węchowi i smakowi oraz ich wzajemnym powiązaniom. Zmysły te często odgrywają podobne role w rozpoznawaniu pożywienia oraz mogą na siebie nawzajem wpływać (przy czym węch dominuje tu nad smakiem), jednak główne podobieństwo polega na tym, że oba mają charakter chemiczny. Receptory zarówno smaku, jak i węchu uruchamiają się w obecności konkretnych substancji, takich jak sok owocowy czy żelkowe miśki.

Ale dotyk i słuch – cóż one mogą mieć wspólnego? Kiedy to ostatnio miałeś wrażenie, że coś zabrzmiało lepko? Albo wyczułeś palcami, że jakaś powierzchnia jest wysoka jak szczebiot? Nigdy, prawda?

Otóż nieprawda. Wielbiciele głośnej muzyki często odbierają ją w warstwie dotykowej. Pomyśl o nagłośnieniu w klubach, samochodach, salach koncertowych itd., które ma tak podkręcone basy, że wprawia cię całego w drżenie. Gdy dźwięk jest dostatecznie głośny lub ma odpowiednią wysokość, zdaje się materializować.

Słuch i dotyk są sklasyfikowane jako zmysły mechaniczne, co znaczy, że są aktywowane przez ciśnienie lub siłę fizyczną. W pierwszej chwili może się to wydawać dziwne, bo przecież słuch dotyczy dźwięków, jednak dźwięki są przecież wibracjami powietrza, które docierając do bębenka w uchu, wywołują jego wibracje. Dalej są przekazywane do ślimaka – spiralnego tworu wypełnionego płynem – i w ten sposób dźwięk wnika nam do głowy. Ślimak jest przemyślnie zbudowany, bo zasadniczo jest to długa, skręcona i wypełniona płynem rurka. Właśnie wzdłuż niej przemieszcza się dźwięk. Ze względu na kształt ślimaka i właściwości fal o tym, jak daleko dotrze wibracja, decyduje częstotliwość dźwięku (mierzona w hercach, Hz). Rurkę tę wyściela narząd Cortiego. To w zasadzie warstwa, a nie osobny twór, sam zaś narząd jest pokryty komórkami włoskowatymi, które jednak tak naprawdę nie są włoskami, tylko receptorami, bo naukowcy uważają, że niekiedy świat nie jest dość zagmatwany sam z siebie.

Komórki włoskowate wychwytują wibracje w ślimaku i w reakcji na nie odpalają sygnały. Jednak skoro wibracje danej częstotliwości przebywają tylko określony dystans, aktywują się tylko komórki w pewnych częściach ślimaka. Oznacza to, że istnieje częstotliwościowa „mapa" ślimaka, na której obszary na początku są stymulowane przez fale o wysokiej częstotliwości (czyli wysokie dźwięki, jak krzyki podekscytowanego malucha, który nawdychał się helu), podczas gdy samą „końcówkę" aktywują fale o najniższej częstotliwości (bardzo głębokie, jak wieloryb śpiewający piosenki Barry'ego White'a). Obszary pomiędzy tymi krańcami reagują na resztę spektrum fal słyszalnych dla człowieka (między 20 a 20000 Hz).

Ślimak jest zaopatrywany przez ósmy nerw czaszkowy, tzw. przedsionkowo-ślimakowy. Przesyła on informacje w postaci impulsów od komórek włoskowatych w ślimaku do kory słuchowej w mózgu, która odpowiada za przetwarzanie percepcji słuchowych, a jest zlokalizowana w górnej części płata skroniowego. Konkretny rejon w ślimaku, z którego pochodzą sygnały, pozwala mózgowi stwierdzić częstotliwość dźwięku, co zapewnia nam odpowiednie jego postrzeganie.

Problem w tym, że tego typu system, obejmujący bardzo delikatny i precyzyjny mechanizm zmysłowy podlegający nieustannym wstrząsom, jest z konieczności dość kruchy. Sam bębenek składa się z trzech drobnych kosteczek ułożonych w szczególny sposób i często ulega uszkodzeniom lub usterkom z powodu obecności płynu, woskowiny, urazu itd. W procesie starzenia się tkanki w uchu usztywniają się, ograniczając wibracje, a brak wibracji oznacza brak percepcji słuchowych. Można by powiedzieć, że stopniowy zanik słuchu związany z wiekiem wynika tyleż z biologii, co z fizyki.

Słuch narażony jest też na wiele błędów i potknięć, takich jak tinnitus (dzwonienie w uszach) i podobne stany, które sprawiają, że postrzegamy dźwięki, których nie ma w otoczeniu. Określa się je mianem zjawisk wewnątrzusznych; to dźwięki niemające zewnętrznego źródła, powodowane przez zaburzenia układu słuchu (na przykład dostanie się woskowiny do ważnego obszaru lub nadmierne stwardnienie głównych błon). Odróżnia się je od halucynacji słuchowych, które są skutkiem aktywności „wyższych" obszarów mózgu, związanych z przetwarzaniem sygnałów, a nie z miejscem ich pochodzenia. Halucynacje pojawiają się zwykle w postaci „słyszenia głosów" (omawiam to dalej przy okazji psychoz); innymi przejawami są zespół ucha muzycznego (ang. *musical ear syndrome*), w którym słyszy się muzykę niewyjaśnionego pochodzenia, lub schorzenie, w którym słyszy się nagłe stuki i wystrzały, zwane zespołem eksplodującej głowy (ang. *exploding head syndrome*). To ostatnie należy do kategorii schorzeń, których nazwa brzmi niewspółmiernie niepokojąco do dolegliwości.

Mimo tych zastrzeżeń trzeba przyznać, że ludzki mózg całkiem nieźle radzi sobie z przekładaniem wibracji powietrza na bogate i złożone doznania słuchowe, których doświadczamy na co dzień.

Ustaliliśmy więc, że słuch jest zmysłem mechanicznym, który reaguje na wibracje i ciśnienie wywoływane przez dźwięki. Drugim zmysłem mechanicznym jest dotyk. Jeśli ciśnienie oddziałuje na skórę, potrafimy je odczuć. Dzieje się to za pośrednictwem wyspecjalizowanych mechanoreceptorów, rozlokowanych w całej skórze. Sygnały od tych receptorów są wysyłane nerwami do rdzenia kręgowego (chyba że chodzi o bodźce działające na głowę, którymi zajmują się nerwy czaszkowe), skąd zostają przesłane do mózgu, docierając do kory somatosensorycznej w płacie ciemieniowym, która odczytuje, skąd pochodzą, i pozwala nam na stosowne ich postrzeganie. Wygląda to jasno i czytelnie, więc naturalnie takie nie jest.

Przede wszystkim to, co zwiemy dotykiem, ma kilka elementów, które składają się na ostateczne doznanie. Oprócz ciśnienia jest też wibracja i temperatura, rozciągnięcie skóry, a w pewnych okolicznościach również ból. Wszystkie te wrażenia wiążą się z działaniem wyspecjalizowanych receptorów w skórze, mięśniach, narządach i kościach. Określa się to łącznie mianem układu somatosensorycznego (stąd kora somatosensoryczna), a nerwy, które służą do pełnienia jego funkcji, przenikają całe ciało. Ból, inaczej nocycepcja, ma w ciele własne receptory i włókna nerwowe.

Niemal jedynym narządem pozbawionym receptorów bólowych jest sam mózg, a to dlatego, że odpowiada za odbiór i przetwarzanie sygnałów. Można by twierdzić, że odczuwanie własnego bólu przez mózg wprowadzałoby zamieszanie – to jakby dzwonić do siebie ze swojego telefonu i oczekiwać, że ktoś odbierze.

Co ciekawe, wrażliwość na dotyk nie jest jednorodna. Poszczególne części ciała inaczej reagują na taki sam kontakt. Podobnie jak omawiana w poprzednim rozdziale kora ruchowa, również kora somatosensoryczna układa się w mapę ciała odpowiadającą obszarom, z których odbiera sygnały: obszar stopy w korze odbiera bodźce ze stopy, obszar ręki z ręki itd. Jednakże nie występuje tu proporcjonalna wielkość fragmentów kory do odpowiednich części ciała. Oznacza to, że odbierane sygnały zmysłowe nie muszą przekładać się wprost na wielkość obszaru, z którego pochodzą doznania. Klatka piersiowa i plecy zajmują dość mało miejsca w korze somatosensorycznej, a dłonie i usta bardzo dużo. Niektóre części ciała są dużo wrażliwsze na dotyk niż inne. Podeszwy stóp nie są szczególnie uwrażliwione, co zrozumiałe, bo nie byłoby praktyczne odczuwać przeszywający ból przy każdym stąpnięciu na kamyk czy gałązkę. Za to dłonie i usta zajmują w korze somatosensorycznej nieproporcjonalnie duży obszar, gdyż korzystamy z nich do zręcznego wykonywania pewnych czynności i odbierania doznań. W konsekwencji są wyjątkowo wrażliwe. Podobnie jak genitalia, ale w to się nie zagłębiajmy.

Aby ocenić tę wrażliwość, naukowcy kłują badanych specjalnym przyrządem zakończonym dwoma szpikulcami; sprawdzają, jak blisko siebie mogą być ustawione szpikulce, by wciąż wywoływać wrażenie dwóch osobnych punktów.[6] Szczególnie wrażliwe są opuszki palców, co wykorzystuje się w brajlu. Widać tu jednak pewne ograniczenia; na brajl składa się ciąg różnych kombinacji wypukłych punktów, gdyż palce nie są dość wrażliwe, by rozpoznać litery zwykłego alfabetu wielkości drukowanego tekstu.[7]

Podobnie jak słuch również dotyk można oszukać. Zdolność do identyfikowania przedmiotów dotykiem wynika po części z tego, że mózg ma świadomość kolejności palców. Jeśli więc dotkniesz czegoś niewielkiego (na przykład małej kuleczki) palcem wskazującym i środkowym, poczujesz jeden przedmiot. Jeżeli jednak skrzyżujesz palce i zamkniesz oczy, poczujesz, jakby były to dwa oddzielne przedmioty. Nie zachodzi tu bezpośrednia komunikacja między przetwarzającą dotyk korą somatosensoryczną a poruszającą palcami korą ruchową, która by przestrzegła przed taką interpretacją, oczy zaś są zamknięte, nie mogą więc dostarczyć informacji, która zanegowałaby nieadekwatny wniosek mózgu. Jest to tzw. iluzja Arystotelesa.

Dotyk i słuch wykazują zatem więcej podobieństw, niż widać na pierwszy rzut oka, a ostatnie badania dostarczają świadectw, że ich powiązanie może mieć dużo bardziej fundamentalny charakter, niż wcześniej sądzono. Od dawna wiedzieliśmy, że pewne geny są silnie powiązane ze słuchem oraz zwiększonym ryzykiem głuchoty, ale dopiero w 2012 roku Henning Frenzel wraz ze swoim zespołem badawczym[8] odkrył, że geny wpływają też na wrażliwość dotykową i, co ciekawe, ludzie obdarzeni bardzo czułym słuchem mają też subtelniejszy zmysł dotyku. Analogicznie u osób z genami predysponującymi do słabszego słuchu występowało dużo większe prawdopodobieństwo wystąpienia obniżonej wrażliwości dotykowej. Odkryto również zmutowany gen, prowadzący do jednoczesnego upośledzenia słuchu i dotyku.

Choć temat ten wciąż wymaga wnikliwych analiz, zauważona prawidłowość wyraźnie wskazuje, że ludzki mózg stosuje podobne mechanizmy do przetwarzania słuchu i dotyku, dlatego głębokie zaburzenia dotyczące jednego mogą wpływać też na drugie. Nie jest to może najbardziej logiczne rozwiązanie, ale racjonalnie spójne z interakcją smak–węch, której przyglądaliśmy się poprzednio. Mózg ma skłonność do częstszego scalania zmysłów, niż wydawałoby się to wskazane ze względów praktycznych. Z drugiej zaś strony sugeruje to, że można „wyczuwać rytm" dużo dosłowniej, niż zwykle się zakłada.

Jezus powrócił... w postaci tostu?
(Czego nie wiedziałeś o układzie wzrokowym)

Co mają ze sobą wspólnego tost, tacosy, pizza, lody, słoje dżemu, banany, precle, chrupki i nachosy? W nich wszystkich dostrzeżono oblicze Jezusa (poważnie, możesz sprawdzić w internecie). Zresztą nie musi to być żywność; Jezus pojawia się czasem na fornirowanych meblach. I nie tylko Jezus. Niekiedy Matka Boża. Albo Elvis Presley.

W rzeczywistości chodzi tu o to, że w świecie występuje niewyobrażalne multum przedmiotów o rozmaitych układach kolorów czy jaśniejszych albo ciemniejszych plam i przez czysty przypadek układy te przypominają czasem znajomy obraz lub twarz. Jeśli zaś ta twarz należy do czczonej postaci o cechach metafizycznych (Elvis Presley dla wielu zalicza się do tej kategorii), obraz zyskuje na znaczeniu i wzbudza zainteresowanie.

Zdumiewającą (z naukowego punktu widzenia) sprawą jest to, że nawet osoby świadome, iż mają do czynienia z tostem, a nie powtórnym materialnym przyjściem Mesjasza, mimo wszystko *widzą* oblicze. Wszyscy potrafią rozpoznać opisywany przez innych obraz, nawet jeśli kwestionują nadprzyrodzoną naturę jego pochodzenia.

Ludzki mózg przedkłada wzrok ponad inne zmysły, tymczasem układ wzrokowy szczyci się godnym podziwu katalogiem osobliwości. Podobnie jak w przypadku pozostałych zmysłów pogląd, że oczy wyłapują wszystko z otaczającego nas świata i przekazują te informacje w nienaruszonej formie do mózgu, jak dwie nieco glutowate kamery, dalece rozmija się z rzeczywistością.[*]

Wielu specjalistów z dziedziny neuronauki uznaje siatkówkę za część *mózgu*, ponieważ rozwija się ona z tej samej tkanki i jest z nim bezpośrednio złączona. Promienie światła wnikają przez źrenice i soczewki z przodu oka, lądując ostatecznie na siatkówce z tyłu. Siatkówka jest skomplikowaną warstwą fotoreceptorów, czyli neuronów wyspecjalizowanych w wykrywaniu światła; wyspecjalizowanych niekiedy w takim stopniu, że aktywuje je już kilka fotonów (tj. „pojedynczych dawek" światła). To imponująca czułość – tak jakby w banku uruchamiał się system alarmowy, bo komuś przeszła przez głowę myśl, by go obrabować. Fotoreceptory, które charakteryzują się taką wrażliwością, wykorzystywane głównie do postrzegania kontrastu jasny–ciemny, noszą nazwę pręcików. Działają one w warunkach niedoświetlenia, na przykład w nocy. Jasny dzień zwykle powoduje nadmierne nasycenie obrazu, przez co tracą przydatność; to jakby wlewać wiadro wody do kieliszka na jajko. Pozostałe (przyjazne słońcu) fotoreceptory zwane są czopkami. Wychwytują one fotony o określonych długościach fali, dzięki czemu postrzegamy barwy.

---

[*] Nie żeby oczy nie były zdumiewającymi narządami, bo są. Ich złożoność jest tak wielka, że kreacjoniści i inni przeciwnicy teorii ewolucji podają je jako ewidentny dowód na to, że koncepcja doboru naturalnego jest błędna; oko jest tak finezyjne, że nie mogło po prostu „się zdarzyć", musi być dziełem wybitnego twórcy. Kiedy jednak bliżej się mu przyjrzymy, dochodzimy do wniosku, że twórca musiał pracować nad nim w piątek po południu albo z samego rana na kacu, bo dużo się tam nie składa.

Czopki dają nam dużo szczegółowszy ogląd środowiska, ale ich aktywacja wymaga znacznie więcej światła i właśnie dlatego przy słabym oświetleniu nie widzimy kolorów.

Fotoreceptory nie są równomiernie rozsiane po siatkówce. W pewnych rejonach występują gęstsze ich skupiska, a w innych rzadsze. Część centralna naszej siatkówki rozróżnia detale, podczas gdy obszary peryferyjne dają tylko zamazane kontury. Wynika to ze skupisk i połączeń receptorów w tych miejscach. Każdy fotoreceptor łączy się z innymi komórkami (zwykle z komórką dwubiegunową oraz zwojową), które przenoszą informację od niego do mózgu. Każdy fotoreceptor stanowi część pola recepcyjnego (złożonego ze wszystkich receptorów połączonych z tą samą komórką przekaźnikową), pokrywającego określoną część siatkówki. Można je porównać z masztami telefonii komórkowej, zbierającymi i przetwarzającymi sygnały z wszystkich telefonów w swoim zasięgu. Komórki dwubiegunowe i zwojowe to maszt, a receptory to telefony; tak wygląda pole recepcyjne. Jeśli padnie na nie światło, aktywuje ono określoną komórkę dwubiegunową lub zwojową za pośrednictwem receptora, a mózg to zauważa.

Na obwodzie siatkówki pola recepcyjne bywają bardzo duże, niczym czasza wielkiego parasola. Cierpi na tym precyzja postrzegania – trudno jest ocenić, w którym punkcie czaszy upadła kropla; wiadomo tylko, że się pojawiła. Na szczęście bliżej centrum siatkówki pola recepcyjne są małe i gęsto upakowane, zapewniając na tyle ostry i precyzyjny obraz, byśmy widzieli szczegóły, takie jak tekst zapisany drobnym druczkiem w umowach.

Co ciekawe, tylko jeden fragment siatkówki jest w stanie wychwytywać te detale. Jest to tzw. dołek, leżący w samym środku siatkówki i obejmujący niecały 1 procent jej powierzchni. Gdyby siatkówka była wielkim telewizorem plazmowym, dołek byłby ikonką pośrodku ekranu. Pozostała część oka oddaje jedynie rozmazane kontury, niewyraźne kształty i kolory.

Uważasz może, że to nieprawdopodobne, skoro – pomijając sporadyczne przypadki zaćmy – ludzie widzą świat ostro i wyraźnie. Takie coś byłoby jak patrzenie przez odwrotną stronę teleskopu zrobionego ze słoika wazeliny. Jednak właśnie to „widzimy" w podstawowym sensie. Dopiero mózg dokonuje mozolnego dzieła oczyszczenia tego obrazu, zanim świadomie go postrzeżemy. Najbardziej sphotoshopowane zdjęcie jest tylko szybkim szkicem sporządzonym żółtą kredką w porównaniu do retuszu dokonywanego na sygnałach wzrokowych przez mózg. W jaki sposób to robi?

Oczy są bardzo ruchliwe i w dużym stopniu wynika to z kierowania się dołka siatkówki na różne obiekty wokół nas, którym mamy się przyjrzeć. Dawniej badacze do śledzenia ruchów gałki ocznej używali specjalnych *metalowych* soczewek kontaktowych. Niechaj to dobrze do ciebie dotrze i uzmysłowi ci, na jakie poświęcenia w imię nauki gotowi są ludzie.˙

Ogólnie, gdy na coś patrzymy, dołek w możliwie jak najkrótszym czasie skanuje jak największą część tego przedmiotu. Wyobraź sobie reflektor punktowy wycelowany w murawę piłkarską, obsługiwany przez pracownika na skraju śmiertelnego

---

˙ Dzięki nowoczesnym kamerom i technice komputerowej można dużo łatwiej (i bezboleśnie) śledzić ruchy oczu. Niektóre firmy marketingowe wykorzystują skanery oczu zamontowane na wózkach sklepowych do obserwacji, na co ludzie patrzą w supermarketach. W przeszłości stosowano do tego celu zakładane na głowę czujniki laserowe. Nauka jest dziś tak zaawansowana, że nawet lasery są przeżytkiem. Dobrze wiedzieć.

przedawkowania kofeiny – to mniej więcej coś takiego. Informacje wzrokowe uzyskane w ten sposób i połączone z mniej szczegółowymi, ale wciąż użytecznymi obrazami z pozostałej części siatkówki wystarczają mózgowi jako surowy materiał, który po daleko idącej obróbce i kilku „inteligentnych zgadywankach" na temat wyglądu różnych rzeczy przekształca się w to, co widzimy.

Wydaje się, że bardzo niewydajne jest powierzenie tak małemu obszarowi siatkówki tak skomplikowanego zadania. Wziąwszy jednak pod uwagę, jak wielkiej mocy mózgu potrzeba do przetworzenia tej ilości informacji wzrokowych, już samo podwojenie obszaru dołka, by obejmował ponad 1 procent siatkówki, wymagałoby zwiększenia substancji mózgu w takim stopniu, że moglibyśmy skończyć z głowami wielkości piłki koszykowej.

Czym jest to przetwarzanie? Jak mózg renderuje szczegółowe percepcje z tego surowego materiału? Fotoreceptory przetwarzają sygnały świetlne na nerwowe, które biegną do mózgu nerwem wzrokowym (osobnym dla każdego oka).* Nerw ten przewodzi sygnały do kilku obszarów mózgu. Początkowo informacje wzrokowe trafiają do wzgórza (jak mówiliśmy wcześniej, „dworca głównego" w mózgu), a stamtąd rozchodzą się w najróżniejsze strony. Część ląduje w pniu mózgu – albo w miejscu zwanym przedpokrywą, która rozszerza lub zwęża źrenice w reakcji na

---

* Dla jasności: niektórzy twierdzą, że w trakcie zabiegu okulistycznego ich oko zostało wyjęte i zwisało z końcówki nerwu wzrokowego jak na filmach rysunkowych Texa Avery'ego. To niemożliwe. Nerw wzrokowy ma pewną elastyczność, ale nie tak dużą, by utrzymać wiszące na nim oko. Podczas operacji okulistycznej podwija się zwykle powieki, unieruchamia gałkę zaciskami i wstrzykuje środki odrętwiające, więc z perspektywy pacjenta całość jest dość upiorna. Jednak oko jest tak mocno osadzone w oczodole, a nerw wzrokowy tak delikatny, że wyciągnięcie gałki ocznej rozerwałoby go, czego w żadnym wypadku nie życzy sobie okulista wykonujący zabieg.

intensywność światła, albo we wzgórku górnym, który kontroluje szybkie, tzw. skokowe, ruchy gałek ocznych.

Jeśli przyjrzysz się temu, jak oczy poruszają się, gdy rozglądasz się z prawa w lewo lub odwrotnie, zauważysz, że nie przesuwają się jednym płynnym ruchem, tylko wykonują serię małych skoków (rób eksperyment powolutku, żeby się o tym przekonać). Są to sakady (inaczej ruchy skokowe), które pozwalają, by mózg postrzegał ciągły obraz, łącząc ze sobą kaskadę „stopklatek", pojawiających się na siatkówce pomiędzy skokami gałek. Zasadniczo nie „widzimy" tego, co dzieje się pomiędzy skokami, ale są one tak szybkie, że się tego nie zauważa, podobnie jak nie dostrzegamy osobnych klatek w animacji. (Sakady należą do najszybszych ruchów, do jakich jest zdolne ludzkie ciało – wraz z mrużeniem oczu i zamykaniem laptopa, gdy mama niespodziewanie wchodzi do twojego pokoju.)

Rwane ruchy skokowe występują, ilekroć przenosimy wzrok z jednego przedmiotu na inny. Kiedy zaś wodzimy wzrokiem za poruszającym się obiektem, ruch jest gładki jak nawoskowana kula do kręgli. Ma to uzasadnienie ewolucyjne. Gdy obserwuje się ruchomy obiekt w przyrodzie, jest to zwykle potencjalna zdobycz albo zagrożenie, trzeba więc nieprzerwanie toczyć za tym wzrokiem. Odnosi się to tylko do obiektów w ruchu. Gdy taki obiekt opuści nasze pole widzenia, oczy wracają do pierwotnego ustawienia ruchem sakadowym – jest to tzw. odruch optokinetyczny. Wynika z tego, że mózg może płynnie poruszać oczami, tylko nie zawsze to robi.

A dlaczego gdy poruszamy oczami, nie wydaje się nam, że to świat rusza się wokół nas? W końcu w obu przypadkach obrazy na siatkówce są takie same. Na szczęście mózg dysponuje genialnym rozwiązaniem tego dylematu. Mózg otrzymuje regularnie sygnały i dane z mięśni oka oraz z układów równowagi i ruchu zlokalizowanych w uchu i wykorzystuje je do odróżniania ruchu oczu od ruchu otaczającego nas świata. Pozwala to też zachować ostrość widzenia wybranego obiektu, gdy sami się poruszamy. Mechanizm ten nie jest jednak wolny od wad, bo układy wykrywania ruchu posyłają niekiedy oczom sygnały, mimo że się nie poruszamy, co skutkuje niekontrolowanymi ruchami gałek, zwanymi oczopląsem. Lekarze są uwrażliwieni na to zjawisko podczas badania układu wzrokowego, jako że trzęsawka oczu jest wysoce niepożądana. Sugeruje awarię fundamentalnych mechanizmów kontroli oczu. Oczopląs jest dla lekarza tym, czym stukotanie w silniku auta dla mechanika – może to być jakiś drobiazg, a może być coś poważniejszego, ale tak czy tak nie powinno go tam być.

Wszystko to mózg robi, by stwierdzić, w którą stronę skierować oczy. Jeszcze nie zaczęliśmy nawet pisać o przetwarzaniu sygnałów wzrokowych. Informacje wzrokowe są przekazywane głównie do kory wzrokowej w płacie potylicznym, znajdującym się z tyłu mózgu. Czy miałeś kiedyś okazję zobaczyć gwiazdy po uderzeniu się w głowę? Jedno z wyjaśnień tego zjawiska mówi, że po uderzeniu mózg szamocze się jak natrętna mucha uwięziona w szklance i tył mózgu odbija się od czaszki. Powoduje to ucisk i uraz obszarów wzrokowych, przez co widzimy nagle kolorowe błyski i trudne do opisania plamki przypominające gwiazdy.

Sama kora wzrokowa dzieli się na kilka warstw, w których część badaczy wyróżnia kolejne podwarstwy. Pierwszorzędowa kora wzrokowa – pierwsze miejsce, do którego docierają informacje z oczu – jest zbudowana z eleganckich „kolumn", jak pokrojony na kromki bochenek. Kolumny te są wyczulone na orientację przestrzenną, co oznacza, że reagują tylko na widok linii o określonych kierunkach. W praktyce dzięki temu właśnie rozpoznajemy krawędzie. Trudno przecenić rolę tej zdolności. Krawędzie to granice przedmiotów. Rozpoznając je, jesteśmy w stanie odróżnić poszczególne przedmioty i skupiać się na nich, zamiast na jednolitej powierzchni, która obejmuje większą część ich formy. Poza tym możemy śledzić ruch przedmiotu, gdy kolejne kolumny uruchamiają się w reakcji na zmiany. Rozpoznając pojedyncze przedmioty i ich ruch, możemy zrobić unik przed lecącą piłką, zamiast zastanawiać się tylko, dlaczego ta biała plamka coraz bardziej rośnie. Odkrycie tej wrażliwości orientacyjnej było wydarzeniem tak wielkim, że gdy David Hubel i Torsten Wiesel dokonali go w 1981 roku, zainkasowali Nagrodę Nobla.[9]

Drugorzędowa kora wzrokowa odpowiada za poznawanie barw, a szczególnie imponująca jest jej zdolność wychwytywania stałości kolorów. Czerwony przedmiot w rzęsistym świetle wygląda na siatkówce zupełnie inaczej niż w dyskretnym blasku świecy, tymczasem kora drugorzędowa, biorąc pod uwagę natężenie światła, potrafi określić, jaki kolor „należy" do danego przedmiotu. Z jednej strony to świetnie, z drugiej nie działa stuprocentowo niezawodnie. Jeśli spierałeś się z kimś na temat koloru jakiejś rzeczy (np. czy samochód jest granatowy czy czarny), wiesz z pierwszej ręki, co się dzieje, gdy drugorzędowa kora wzrokowa jest zdezorientowana.

I tak dalej, i tak dalej – obszary przetwarzania informacji wzrokowych szeroko się rozpościerają w mózgu, a im dalej znajdują się od kory pierwszorzędowej, tym bardziej są wyspecjalizowane w swoich czynnościach. Proces ten obejmuje nawet inne płaty, takie jak ciemieniowy, zawierający obszary przetwarzania świadomości przestrzennej, czy skroniowy, przetwarzający rozpoznawanie konkretnych przedmiotów i – wracając do punktu wyjścia naszych rozważań – twarzy. Mamy specyficzne części mózgu przeznaczone do rozpoznawania twarzy, toteż wszędzie je dostrzegamy. Nawet jeśli ich tam nie ma, bo to tylko tost.

Przedstawiłem zaledwie kilka niezwykłych cech układu wzrokowego. Jedną z bodaj najbardziej fundamentalnych jest zdolność widzenia w trzech wymiarach, czyli 3D, jak mówią teraz młodzi. To wielkie wyzwanie, bo mózg musi utworzyć bogate trójwymiarowe odwzorowanie otoczenia na podstawie fragmentarycznych obrazów 2D. Sama siatkówka jest zasadniczo „płaską" powierzchnią, nie jest więc w stanie uchwycić trójwymiarowego obrazu lepiej niż szkolna tablica. Na szczęście mózg ma do dyspozycji kilka trików, pozwalających sobie z tym poradzić.

Po pierwsze, pomaga nam posiadanie dwojga oczu. Mimo że oczy znajdują się blisko siebie, są wystarczająco oddalone, by posyłać odrobinę inne obrazy do mózgu, mózg zaś potrafi na podstawie tych różnic ustalić głębię i odległości w ostatecznie postrzeganym przez nas obrazie.

Jednak mózg w swoim działaniu nie opiera się na samej paralaksie wynikającej z rozdzielności oczu (to formalne określenie tego, co powiedziałem wcześniej), bo wymaga ona zgodnej pracy obu oczu, tymczasem gdy zamkniesz czy zakryjesz jedno oko, świat nie przekształca się w dwuwymiarowy. Głębię i oddalenie można też bowiem wyprowadzić z pewnych aspektów obrazu dostarczanego przez jedną siatkówkę. Są to takie zjawiska jak na przykład okluzja (przesłanianie jednych przedmiotów przez inne), faktura (drobne szczegóły powierzchni widoczne z bliska, ale nie z daleka) oraz konwergencja (z bliska wydaje się, że obiekty dzieli większy dystans niż z daleka; wyobraź sobie długą szosę, schodzącą się na horyzoncie w pojedynczy punkt). Choć korzystanie z dwojga oczu jest najlepszym i najefektywniejszym sposobem oceny głębi, mózg radzi sobie też, posługując się jednym okiem i może w takich warunkach wykonywać zadania wymagające znacznej precyzji ruchów. Znałem kiedyś świetnego dentystę, który widział tylko jednym okiem, a w tym zawodzie nie można się zbyt długo utrzymać bez poprawnej percepcji głębi.

Te metody rozpoznawania głębi są eksploatowane w filmach 3D. Patrząc na zwykły ekran kinowy, widzimy konieczną głębię – dzieje się tak dzięki obecności wszystkich opisanych wyżej sygnałów. Ale do pewnego stopnia utrzymuje się świadomość, że patrzymy na płaski ekran, bo taka jest przecież prawda. Jednak w filmach 3D nakładają się na siebie dwa subtelnie różniące się strumienie obrazów. Okulary 3D filtrują je tak, że jedna soczewka przepuszcza jeden, a druga drugi strumień. W rezultacie każde oko otrzymuje odrobinę inny obraz. Mózg rozpoznaje to jako głębię i nagle obrazy wyskakują do nas z ekranu, a my musimy dwa razy więcej zapłacić za bilet.

Stopień złożoności i liczba elementów składowych systemu przetwarzania sygnałów wzrokowych są tak wielkie, że na liczne sposoby pada on ofiarą pomyłek. Zjawisko dostrzegania twarzy w toście pojawia się, ponieważ częścią układu wzrokowego jest obszar skroniowy, odpowiadający za rozpoznawanie i przetwarzanie twarzy. Właśnie dzięki niemu wszystko, co tylko trochę przypomina twarz, zostaje podciągnięte do tej kategorii. Może się do tego dołączyć jeszcze system pamięci i stwierdzić, czy

jest to twarz znajoma czy nie. W związku z innym powszechnie
występującym złudzeniem dwie rzeczy dokładnie tego samego
koloru wydają się różne, gdy znajdą się na różnych tłach. To
wynika z pomyłki w drugorzędowej korze wzrokowej.

Pozostałe iluzje wzrokowe są subtelniejsze. Zapewne najlepiej
znany jest klasyczny obrazek „dwie twarze z profilu czy kontur
wazonu?". Obraz ten ma dwie możliwe interpretacje i obie są
„poprawne", choć wzajemnie się wykluczają. Mózg nie radzi sobie
dobrze z wieloznacznością, dlatego wymusza porządek w tym,
co odbiera, przez wybór jednej z interpretacji. Jednak może też
zmienić zdanie, skoro dopuszczalne są obie interpretacje.

Wszystko to zaledwie sygnalizuje temat. Nie daje się oddać
na kilku stronach prawdziwej złożoności i finezji systemu przetwarzania informacji wzrokowych, jednak czułem, że warto
spróbować, bo wzrok jest fascynującym procesem neurologicznym, który uczestniczy w większości aspektów naszego życia,
a ludzie z reguły się nad nim nie zastanawiają, póki dobrze im
służy. Uznajmy ten podrozdział za czubek góry lodowej; jest
znacznie, znacznie więcej do powiedzenia o układzie wzrokowym mózgu. A można dostrzec te głębie tylko dzięki temu, że
nasz system wzrokowy jest tak złożony.

Dlaczego czerwienią ci się uszy

(Jakie zalety i wady ma uwaga oraz dlaczego
nie można się powstrzymać przed podsłuchiwaniem)

Zmysły dostarczają nam ogromu informacji, ale mózg, mimo
usilnych starań, nie może się zająć nimi wszystkimi. Zresztą

dlaczegóżby miał to robić? Jak wiele z nich ma rzeczywiste znaczenie? Mózg jest narządem niezwykle energochłonnym, więc używanie go do uważnego monitorowania plamy schnącej farby byłoby marnotrawstwem. Mózg *musi* wybierać to, co będzie zauważane. Dzięki temu może kierować percepcję i świadomość na sprawy potencjalnie interesujące. Na tym polega uwaga, a sposób, w jaki z niej korzystamy, odgrywa wielką rolę w tym, co dostrzegamy wokół siebie. Czy – co często ważniejsze – czego nie dostrzegamy.

Z uwagą wiążą się dwie ważne kwestie. Pierwszą jest jej pojemność. Jak dużo mózg może realnie ogarnąć, nie ulegając przeciążeniu? Drugą jest to, co decyduje o wyborze przedmiotu, na który kieruje się uwaga. Skoro mózg jest nieustannie bombardowany informacjami zmysłowymi, czym cechują się te bodźce czy napływające sygnały, które uzyskują wyższy priorytet od innych?

Zacznijmy od pojemności. Większość ludzi zauważa, że jest ona ograniczona. Doświadczyłeś zapewne sytuacji, w której kilka osób próbowało mówić do ciebie jednocześnie, „dobijając się o uwagę”. To frustrujące przeżycie, które najczęściej kończy się utratą cierpliwości i krzykiem: „Po kolei!”.

Wyniki dawniejszych doświadczeń, takich jak eksperymenty Colina Cherry'ego w 1953 roku,[10] sugerowały, że pojemność uwagi jest alarmująco niska. Wniosek ten miało potwierdzać zastosowanie techniki „słuchania dychotycznego”. Przez słuchawki puszczano ludziom do każdego ucha inną ścieżkę dźwiękową (zwykle ciągi słów). Przy czym najpierw informowano badanych, że mają powtarzać słowa słyszane jednym uchem, potem zaś pytano ich, co zapamiętali z drugiej ścieżki. Większość osób potrafiła rozpoznać, czy drugi głos był męski czy damski, ale nic więcej, nawet nie to, w jakim mówiono języku. Wniosek był następujący: uwaga ma tak ograniczoną pojemność, że nie może wykroczyć poza pojedynczą ścieżkę dźwiękową.

Te i podobne eksperymenty doprowadziły do upowszechniania się koncepcji uwagi opartych na modelu wąskiego gardła, według których wszystkie informacje dostarczane mózgowi podlegają filtrowaniu w wąskim kanale uwagi. Można to porównać do teleskopu: dostarcza bardzo szczegółowego obrazu niewielkiego wycinka nieba czy ziemi, ale niczego więcej, co wychodziłoby poza jego obręb.

Późniejsze badania zmieniły ten pogląd. W 1975 roku von Wright i jego współpracownicy przeprowadzili test słuchania dychotycznego, przyzwyczaiwszy najpierw uczestników eksperymentu, że pojawienie się pewnych słów wiąże się z lekkim kopnięciem prądem. Kiedy wykonywali właściwy test, słowa prowokujące wstrząs pojawiały się w ścieżce skierowanej do ucha niebędącego przedmiotem uwagi. Mimo to uczestnicy wykazywali mierzalną reakcję lękową, gdy słowa te padały, co dowodziło, że mózg zwracał uwagę również na drugą ścieżkę, jednak nie sięgała ona poziomu przetwarzania świadomego, więc ludzie nie zdawali sobie z tego sprawy. Modele wąskiego gardła rozsypały się w świetle danych, wskazujących, że ludzie są w stanie rozpoznawać i przetwarzać bodźce „spoza" rzekomego obrębu uwagi.

Można to zademonstrować również poza ścianami laboratorium. W tytule tego podrozdziału odnoszę się do powiedzenia o „czerwieniących się uszach". Zwykle mówimy tak, gdy ktoś wyłapał, że inni rozmawiają na jego temat. Zdarza się to nieraz, szczególnie na takich imprezach, jak wesele, przyjęcie pożegnalne czy zawody sportowe, na których wielu ludzi gromadzi się w osobnych grupkach i wszyscy mówią naraz. W pewnym momencie w trakcie autentycznie zajmującej rozmowy o wspólnych zainteresowaniach (piłka nożna, wypieki, uprawa selerów, cokolwiek) ktoś w zasięgu twojego słuchu wymienia twoje imię. Nie należy do twojej obecnej grupki rozmówców; może nie wiedziałeś nawet, że tu jest. Ale wypowiedział twoje imię, a po nim być może: „to prawdziwa oferma", i nagle zaczynasz kierować uwagę na tamtą rozmowę zamiast na swoją, zastanawiając się, jak w ogóle mogłeś wpaść na pomysł, żeby ktoś taki był twoim drużbą.

Gdyby uwaga była tak ograniczona, jak sugeruje model wąskiego gardła, taka sytuacja nigdy by nie zaistniała. Ale ewidentnie się zdarza. Zjawisko to nazywa się „efektem koktajl-party", bo profesjonalni psychologowie to ludzie na poziomie.

Wychwycenie ograniczeń modelu wąskiego gardła doprowadziło do pojawienia się modelu pojemnościowego, przypisywanego zwykle Danielowi Kahnemanowi i jego pracy z 1973 roku[11] i rozwijanego przez wielu późniejszych badaczy. O ile w modelu wąskiego gardła mieliśmy jeden „strumień" uwagi, który w miarę potrzeb przeskakuje z przedmiotu na przedmiot jak punktowy reflektor, o tyle w modelu pojemnościowym uwaga jest traktowana jako pewien skończony zasób, który można dzielić na wiele strumieni (ognisk uwagi), dopóki się nie wyczerpie.

Oba modele wyjaśniają, dlaczego wielozadaniowość jest tak trudna. W pierwszym mamy pojedynczy strumień uwagi, który przeskakuje między zadaniami, przez co trudno jest zachować orientację w przebiegu zdarzeń. Model pojemnościowy pozwala zwracać uwagę na kilka spraw naraz, ale tylko w takim stopniu, na jaki pozwalają zasoby służące do skutecznego ich przetwarzania; gdy więc przekroczysz pojemność swojej uwagi, stracisz zdolność dalszego śledzenia rozwoju sytuacji. Wielkość zasobów jest zaś wystarczająco ograniczona, by często sprawiać wrażenie, że mamy do dyspozycji tylko „pojedynczy" strumień uwagi.

Ale *skąd* te ograniczenia pojemności? Jedno z wytłumaczeń za punkt wyjścia bierze ścisły związek między uwagą a pamięcią operacyjną, wykorzystywaną do przechowywania świadomie przetwarzanych informacji. Uwaga dostarcza informacji do obróbki, ale gdy pamięć operacyjna jest już „zajęta", dodawanie kolejnych informacji staje się trudne, jeśli nie wręcz niemożliwe. A wiemy przecież, że pamięć robocza (krótkotrwała) ma ograniczoną pojemność.

W przeciętnym życiu to zwykle wystarcza, ale kluczowe znaczenie ma kontekst. Wiele badań dotyczy wykorzystania uwagi w trakcie prowadzenia samochodu, gdyż jej niedostatek może mieć wtedy poważne konsekwencje. W Wielkiej Brytanii nie wolno korzystać manualnie z telefonu podczas kierowania samochodem; trzeba mieć zestaw głośnomówiący i obie ręce trzymać na kierownicy. Jednak w badaniu przeprowadzonym na University of Utah z 2013 roku wykazano, że w praktyce korzystanie z zestawu jest równie złe co trzymanie telefonu w ręku, bo obie czynności wymagają podobnego zaangażowania uwagi.[12]

To, że masz na kierownicy obie ręce, a nie jedną, może stanowić o pewnej przewadze, ale w badaniu tym dokonywano pomiaru ogólnej szybkości reakcji, orientacji w otoczeniu, dostrzegania ważnych sygnałów – wszystkie te czynniki oraz wiele innych spadają do podobnie niepokojąco niskiego poziomu bez względu na to, czy używa się zestawu głośnomówiącego czy nie, bo wymagają podobnego udziału uwagi. Możesz nie odrywać oczu od drogi, ale co z tego, skoro ignorujesz to, co ci one pokazują.

Co gorsza, dane sugerują, że nie chodzi tylko o telefon. Zmiana stacji radiowej czy prowadzenie rozmowy z pasażerem mogą tak samo rozpraszać. Wraz z pojawianiem się kolejnych nowinek technologicznych w autach i telefonach (obecnie zasadniczo nie jest nielegalne sprawdzanie poczty internetowej na telefonie w trakcie prowadzenia) możliwości rozproszenia będzie coraz więcej.

W świetle tych informacji zastanawiasz się pewnie, jak w ogóle można prowadzić samochód dłużej niż dziesięć minut, nie doprowadzając do tragicznej katastrofy. Otóż jest to możliwe, ponieważ ograniczenie pojemności dotyczy omawianej przez nas uwagi świadomej. Jak pisaliśmy w rozdziale 2, gdy coś robi się dostatecznie często, mózg przyzwyczaja się do tego, zwalniając pamięć operacyjną. Nierzadko mówimy, że wykonujemy daną czynność „bez zastanowienia", i ten opis jest tu jak najbardziej na miejscu. Prowadzenie samochodu może być stresującym i w pełni pochłaniającym zajęciem dla początkujących, ale w końcu staje się czynnością tak zwyczajną, że kontrolę nad nim przejmują systemy nieświadome, zatem świadoma uwaga może zostać skierowana gdzieś indziej. Niemniej nie da się prowadzić samochodu całkowicie bezmyślnie; zważanie na innych użytkowników drogi oraz różne niebezpieczeństwa wymaga świadomej uwagi, gdyż za każdym razem sytuacja jest pod tym względem inna.

W sensie neurologicznym uwagę wspiera wiele obszarów mózgu, w tym wielokrotnie przywoływana kora przedczołowa, co zrozumiałe, skoro tam właśnie aktywuje się pamięć ope-

racyjna. Istotny jest również przedni zakręt obręczy, rozległy
i skomplikowany rejon w głębi płata skroniowego, który rozciąga
się też do płata ciemieniowego; przetwarzaniu ulega tam wiele
informacji zmysłowych, które zostają połączone z funkcjami
wyższymi, takimi jak świadomość.

Jednak układy kontroli uwagi są bardzo rozproszone, co ma
swoje konsekwencje. W rozdziale 1 widzieliśmy, jak bardziej
zaawansowane, świadome części mózgu oraz prymitywniejsze
elementy „gadzie" potrafią wchodzić sobie w paradę. Podobnie
jest z układami kontroli uwagi; są bardziej uporządkowane, ale
nadal zachodzi splot czy konflikt przetwarzania świadomego
i podświadomego.

Tak na przykład uwagę kierunkują zarówno sygnały egzogen-
ne, jak i endogenne – czy, mówiąc zwyczajniej, istnieją systemy
kontroli oddolnej i odgórnej. Czy – jeszcze prościej – uwaga
reaguje na to, co dzieje się poza obrębem głowy lub w głowie.
Obie te sytuacje widać w efekcie koktajl-party, gdy kierujemy
uwagę na określone dźwięki, co zwie się „słuchaniem selektyw-
nym". Dźwięk twojego imienia powoduje przestawienie uwagi.
Nie wiedziałeś, że ono niebawem nastąpi; nie zdawałeś sobie
z tego świadomie sprawy, póki uwaga się nie przestawiła. Od
chwili jednak, gdy zdałeś sobie z tego sprawę, kierujesz uwagę na
dany przedmiot, pomijając inne. Dźwięk pochodzący z zewnątrz
przyciągnął twoją uwagę (proces kontroli oddolnej), a świadoma chęć usłyszenia więcej podtrzymuje ją (wewnętrzny proces
kontroli odgórnej, zapoczątkowany przez świadomy mózg).[*]

---

[*] Nie jest jasne, w jaki konkretnie sposób „skupiamy" uwagę słuchową. Nie
kierujemy przecież uszu ku ciekawiącym nas dźwiękom. Jedna z możliwości
wynika z badania Edwarda Changa i Nimy Mesaraniego z Uniwersytetu Kali-

Jednak większość badań na temat uwagi skupia się na układzie wzrokowym. Możemy fizycznie kierować oczy na przedmiot uwagi (i je kierujemy), a mózg opiera się głównie na danych wzrokowych, jest to więc naturalny przedmiot dociekań naukowych. Dociekania te dostarczyły rozległej wiedzy o mechanizmach uwagi.

Czołowe pola okoruchowe (w płacie czołowym) otrzymują sygnały z siatkówek i na tej podstawie tworzą „mapę" pola widzenia, wspierane w tym przez dodatkowe mapowanie przestrzenne i informacje z płata ciemieniowego. Jeżeli w polu widzenia wydarza się coś ciekawego, system ten może bardzo szybko spowodować zwrócenie oczu w daną stronę. Nazywamy to jawną lub celową orientacją wzrokowo-przestrzenną, gdyż mózg ma tu konkretny cel, mianowicie: „Chcę się temu przyjrzeć!". Powiedzmy, że zauważasz napis: „Oferta specjalna – bekon gratis", a wówczas od razu kierujesz na niego uwagę, by przekonać się, na czym polega oferta. Uwagą zawiaduje tu mózg świadomy, zatem jest to kontrola odgórna.

Jednocześnie funkcjonuje też inny system, zwany orientacją ukrytą, która działa bardziej oddolnie. Dzięki niej, gdy wykrywa się coś, co ma znaczenie dla życia biologicznego (na przykład

---

fornijskiego w San Francisco.[13] Obserwowali oni reakcje kory słuchowej trzech pacjentów z padaczką, którzy mieli wszczepione elektrody do mózgu (w celu wykrywania i lokalizowania aktywności chorobowej, nie dla kaprysu czy eksperymentu). Gdy proszono chorych o skupienie się na jednej ścieżce dźwiękowej z dwóch lub więcej słyszanych, aktywność w korze słuchowej wywoływała tylko ścieżka obdarzona uwagą. Mózg w jakiś sposób tłumi rywalizujące sygnały, tak by pełna uwaga przypadała na głos, którego chcemy wysłuchać. Oznacza to, że mózg rzeczywiście może się „wyłączyć" – jak wtedy, gdy ktoś nie przestaje nudzić o swojej pasji podglądania zwyczajów jeży.

pomruk tygrysa albo trzeszczenie gałęzi, na której stoisz), uwaga zostaje na to automatycznie skierowana, jeszcze zanim świadome obszary mózgu zorientują się, co się dzieje. Jest to więc system kontroli oddolnej. Wykorzystuje te same dane wzrokowe czy słuchowe co ten pierwszy, ale opiera się na innym zestawie procesów nerwowych przebiegających w innym miejscu.

Zgodnie z najszerzej akceptowanym obecnie modelem uwagi po wykryciu czegoś potencjalnie ważnego kora ciemieniowa tylna (wspominana już w kontekście przetwarzania sygnałów wzrokowych) wstrzymuje zaangażowanie systemu uwagi w to, co go akurat pochłania – jak rodzic wyłączający telewizor, gdy dziecko dostaje misję wyniesienia śmieci. Następnie wzgórek górny w śródmózgowiu przenosi uwagę na pożądany cel, jak rodzic prowadzący dziecko do kuchni, gdzie znajdują się kosze na śmieci. Wówczas jądro poduszki, część wzgórza, reaktywuje system uwagi, jak rodzic wkładający dziecku do rąk worki ze śmieciami i popychający latorośl w stronę drzwi, by sprawa została wreszcie załatwiona!

System ten może przeważyć nad świadomym, odgórnym systemem kontroli uwagi, co zrozumiałe, gdyż jest elementem instynktu samozachowawczego. Nieznany kształt w polu widzenia może się okazać nacierającym przeciwnikiem czy choćby nudziarzem z pracy, który nie przestaje opowiadać o swoich problemach z grzybicą stóp.

By wzbudzić zainteresowanie, szczegóły wzrokowe nie muszą pojawić się w dołku, czyli ważnej centralnej części siatkówki. Zwykle zwrócenie na coś uwagi wzrokowej pociąga za sobą skierowanie na to oczu, ale *nie musi*. Na pewno słyszałeś o widzeniu peryferyjnym, dzięki któremu dostrzegamy rzeczy, na które nie patrzymy wprost. Nie opiszę tego zjawiska bardzo szczegółowo, ale jeśli pracujesz na komputerze przy biurku i kątem oka zauważasz niespodziewany ruch, który budzi skojarzenia z dużym pająkiem, możesz nie mieć ochoty spojrzeć w to miejsce wprost, na wypadek gdyby to naprawdę był pająk. Stukając dalej w klawiaturę, jesteś wyczulony na wszelki ruch w tym rejonie, wyczekując jego pojawienia się (a jednocześnie licząc, że się nie pojawi). Pokazuje to, że ognisko uwagi nie jest bezpośrednio związane z kierunkiem ustawienia oczu. Podobnie jak w przypadku kory słuchowej, tak i tu mózg może zdecydować, na którym fragmencie pola widzenia chce się skupić, a oczy nie muszą się poruszyć, by tego dokonał.

Może się więc zdawać, że procesy oddolnej kontroli uwagi dominują, ale sprawa jest bardziej złożona. Ukierunkowanie na bodziec bierze górę nad systemem uwagi, gdy wykryty zostaje jakiś ważny bodziec, lecz często to świadomy mózg decyduje, co jest „ważne" w danym kontekście. Głośny wybuch na niebie z pewnością zalicza się do takiej kategorii, chyba że mamy właśnie noc sylwestrową, kiedy uwagę przyciągałby raczej *brak* takich eksplozji, gdyż mózg oczekuje sztucznych ogni.

Michael Posner, jedna z czołowych postaci wśród badaczy uwagi, opracował testy związane z dostrzeganiem na ekranie punktu docelowego. Wynajdywanie go jest poprzedzone wskazówkami, które mogą, ale nie muszą zdradzać jego lokalizacji. Ludzie zaczynają mieć kłopoty już przy dwóch wskazówkach, które należy przeanalizować. Uwagę można podzielić między dwie różne modalności (jednoczesne wykonywanie testu wzrokowego i słuchowego), ale jeśli w grę wchodzi cokolwiek ponad prostą odpowiedź tak/nie, ludzie z reguły sobie nie radzą. Niektórzy mogą wykonywać dwa zadania jednocześnie, jeżeli w jednym są bardzo sprawni, na przykład profesjonalna maszynistka wykonująca działanie matematyczne w trakcie pisania na klawiaturze lub – biorąc wcześniejszy przykład – doświadczony kierowca prowadzący zawiłą rozmowę w trakcie prowadzenia samochodu.

Uwaga może mieć ogromną moc. W słynnym eksperymencie przeprowadzonym na szwedzkim Uniwersytecie w Uppsali ludzie reagowali poceniem dłoni na widok węży i pająków pokazywanych na ekranie przez mniej niż 1/300 sekundy.[14] Zwykle potrzeba około pół sekundy, by mózg przetworzył bodziec wzrokowy na tyle, abyśmy mogli go świadomie rozpoznać, zatem uczestnicy doznawali reakcji na obrazy w mniej niż jedną dziesiątą czasu potrzebnego, by je rzeczywiście „zobaczyć". Ustaliliśmy już, że system uwagi nieświadomej reaguje na ważne dla życia sygnały, a mózg jest przygotowany do dostrzegania wszystkiego, co może stanowić zagrożenie, i ma skłonność do strachu przed takimi naturalnymi niebezpieczeństwami jak nasi ośmionożni lub beznożni przyjaciele. W eksperymencie tym znakomicie zademonstrowano, że uwaga dostrzega coś i natychmiast alarmuje części mózgu pośredniczące w reakcji, jeszcze zanim świadomy umysł zdąży powiedzieć choćby: „Hę? Co takiego?".

W innym kontekście uwadze potrafią jednak umknąć istotne i wcale nie subtelne rzeczy. W przykładzie z samochodem zbytnie zaaferowanie czymś innym niż kierowanie powoduje, że nie rejestrujemy bardzo ważnych obrazów, takich jak piesi. Doskonałej ilustracji tego rodzaju zachowań dostarczyli w 1998 roku Dan Simons i Daniel Levin.[15] W ich badaniu eksperymentator podchodził z mapą do przypadkowo wybranych przechodniów i pytał ich o drogę. Gdy przechodzień patrzył na mapę, między niego a eksperymentatora wchodził człowiek niosący drzwi. W krótkiej chwili, gdy drzwi zasłaniały widok, eksperymentator zmieniał się z kimś o zupełnie innym wyglądzie i brzmieniu głosu. Przynajmniej w 50 procentach przypadków osoba czytająca mapę nie zauważała żadnej zmiany, mimo że od tej pory rozmawiała już z innym człowiekiem niż przed sekundą. Dowodzi to istnienia procesu zwanego ślepotą na zmiany, przez którą mózg nie wychwytuje istotnej zmiany otoczenia, jeśli jego obraz został na chwilę zakłócony. Doświadczenie to znane jest pod nazwą *door study*, bo widocznie uznano, że najciekawszą sprawą są w nim drzwi. Uczeni to jednak dziwacy.

Ograniczenia ludzkiej uwagi mają też daleko idące konsekwencje dla nauki i technologii. Na przykład wydawało się, że znakomitym rozwiązaniem dla pilotów będzie wyświetlacz przezierny, za pomocą którego parametry z urządzeń pomiarowych wykorzystywanych w samolotach czy statkach kosmicznych są rzutowane na szybę lub wizjer, a nie prezentowane na urządzeniach w kokpicie. Pilot nie musi spoglądać w dół na przyrządy, odrywając przy tym wzrok od tego, co dzieje się za szybą. Powinno to podnosić bezpieczeństwo, prawda?

Nie całkiem. Okazało się, że jeśli wyświetlacz przezierny jest tylko odrobinę przeładowany informacjami, uwaga pilota się wyczerpuje.[16] Może on patrzeć na wskroś wyświetlacza, ale nie patrzy. W rezultacie niektórzy piloci lądowali na szczycie innego samolotu (na szczęście tylko podczas symulacji). NASA przeznaczyła ogrom czasu na opracowanie optymalnych sposobów korzystania z takich wyświetlaczy, wydając na to setki milionów dolarów.

Przedstawiłem tylko kilka aspektów znacznych ograniczeń ludzkiej uwagi. Być może chcesz z nimi dyskutować, ale jeśli tak, to najwyraźniej nie czytałeś mojego wywodu z należytą uwagą. Na szczęście wiemy już, że tak naprawdę nie można cię za to winić.

ROZDZIAŁ 6

||||||||||||||||||||||||||||||||||||||||||||||||||||||

Osobowość: koncepcja warta przetestowania

Złożone i dezorientujące cechy osobowości

Osobowość – ma ją każdy (może z wyjątkiem ludzi wkraczających do polityki) – ale czym ona jest? Z grubsza jest to zespół jednostkowych skłonności, przekonań, sposobów myślenia i zachowania. Ewidentnie jest to jakaś funkcja „wyższa", konglomerat finezyjnych, zaawansowanych procesów umysłowych, do których tylko ludzie – jak się zdaje – są zdolni, zawdzięczając to swoim gargantuicznym mózgom. Co jednak ciekawe, nie wszyscy są zdania, że osobowość bierze się z mózgu.

W przeszłości ludzie hołdowali idei dualizmu; przekonaniu o rozdzielności umysłu i ciała. Tymczasem mózg, bez względu na to, jak go oceniamy, jest przecież częścią organizmu, to materialny narząd. Dualiści dowodziliby, że te mniej uchwytne, filozoficzne cząstki nas samych (wierzenia, postawy, zamiłowania i antypatie) zgromadzone są w umyśle, „duchu" czy czymkolwiek innym, czym określilibyśmy niematerialne składniki człowieka.

I nagle, 13 września 1848 roku, wskutek nieplanowanej eksplozji żelazny pręt metrowej długości przeszedł przez mózg robotnika kolejowego Phineasa Gage'a. Wniknął do jego czaszki tuż pod lewym okiem, przeszył lewy płat czołowy i wyszedł szczytem głowy, po czym wylądował dwadzieścia pięć metrów dalej. Siła wyrzutu była tak wielka, że ludzka czaszka stawiała opór porównywalny z firanką.

Można ci wybaczyć, jeśli założyłeś, że skutek wypadku był śmiertelny. Nawet dziś „przejście żelaznego pręta przez głowę" brzmi jak stuprocentowo śmiertelny uraz. A to działo się w połowie XIX wieku, gdy skaleczenie w palec u nogi często kończyło się koszmarną śmiercią z powodu gangreny. Tymczasem Gage wykaraskał się i żył jeszcze dwanaście lat.

Uchronił się od śmierci częściowo dlatego, że pręt był bardzo gładki i zaostrzony na czubku oraz przeszył głowę z taką prędkością, że powstało zaskakująco precyzyjne cięcie, a rana była „czysta". Zdewastował niemal cały płat czołowy w lewej półkuli mózgu, ale ludzki mózg odznacza się imponującą redundancją (nadwyżkowością), toteż druga półkula sprężyła się i zapewniła normalne funkcjonowanie. Gage został zaś postacią ikoniczną dla psychologii i neuronauk, gdyż twierdzi się, że doznany uraz doprowadził u niego do gwałtownej i drastycznej zmiany osobowości. Z dobrze ułożonego i pracowitego przemienił się w nieodpowiedzialnego, porywczego, wulgarnego, a nawet psychotycznego. „Dualizm" znalazł się w opałach, ponieważ odkrycie to jasno wskazywało na odpowiedzialność mechanizmów mózgowych za typ ludzkiej osobowości.

Niemniej relacje na temat zmian, jakie zaszły u Phineasa, są bardzo rozbieżne, a pod koniec życia znalazł on stałe zatrudnienie w charakterze woźnicy dyliżansów. Była to praca odpowiedzialna i wymagająca interakcji społecznych, więc nawet jeśli doznał jakichś zaburzeń osobowości, widocznie sobie z nimi poradził. Jednak skrajne opinie pozostały, a to głównie dlatego, że ówcześni psychologowie (w tamtych latach była to profesja zdominowana przez nadętych, zamożnych białych mężczyzn, podczas gdy obecnie... hm, może dajmy spokój) rzucili się na przypadek Gage'a jako okazję do wypromowania własnych teorii o pracy mózgu – jeśli zaś wymagało to przypisania robotnikowi kolejowemu czegoś, co mu się nie stało, no to co z tego? To był XIX wiek, Phineas nie mógł odkryć tego na Facebooku. Większość najdrastyczniejszych relacji o zmianie jego osobowości pojawiła się zresztą już po śmierci Phineasa, kiedy naprawdę nie było jak ich weryfikować.

Jednak nawet gdyby wykazano się dostateczną rzetelnością, by dojść do rzeczywistych zmian osobowościowych czy intelektualnych u Gage'a, w jaki sposób miano by to zrobić? Testy IQ powstały dopiero pół wieku później, poza tym to tylko jedna z cech, które mogły się zmienić. W konsekwencji przypadek Gage'a doprowadził do dwóch trwałych konkluzji: osobowość jest wytworem mózgu i trzeba się ogromnie natrudzić, by zmierzyć ją w rzetelny, obiektywny sposób.

E. Jerry Phares i William Chaplin w swej książce *Intruduction to Personality*[1] (Wstęp do osobowości) sformułowali definicję osobowości, na którą mogłaby przystać większość psychologów: „Osobowość jest tym wzorcem charakterystycznych myśli, uczuć i zachowań, który odróżnia jedną osobę od drugiej oraz utrzymuje się w czasie i w różnych sytuacjach".

W dalszej części rozdziału przyjrzymy się jej kilku fascynującym aspektom: podejściom stosowanym w pomiarze osobowości; tym, co złości ludzi; co powoduje, że czują się zmuszeni robić pewne rzeczy; a także uniwersalnemu arbitrowi silnej osobowości – poczuciu humoru.

To nic osobistego
(Wątpliwa wartość użytkowa testów osobowości)

Moja siostra Katie urodziła się, gdy miałem trzy lata i mój wątły mózg był wciąż stosunkowo świeży. Mieliśmy tych samych rodziców, wychowywaliśmy się w tych samych czasach i w tym samym miejscu. Były to lata osiemdziesiąte w niewielkiej walijskiej miejscowości w odciętej od świata dolince. Zasadniczo wzrastaliśmy w podobnym otoczeniu i mieliśmy bardzo podobne DNA.

Można by więc oczekiwać, że będziemy mieć podobne osobowości; nic bardziej błędnego. Moja siostra była – mówiąc oględnie – czortem wcielonym, podczas gdy ja zachowywałem się zwykle tak spokojnie, że trzeba było mnie szturchnąć, by przekonać się, czy jestem przytomny. Oboje jesteśmy teraz dorośli i nadal bardzo się różnimy. Ja zajmuję się neuronaukami, ona specjalizuje się w wypieku cupcake'ów. Zabrzmiało to może protekcjonalnie z mojej strony, ale wcale takie nie było. Spytaj dowolnego człowieka, co by wybrał: wykład o mechanizmach pracy mózgu czy świeżutką babeczkę. Wiesz już, które z nas zaskarbiło sobie większą popularność.

Przytoczyłem tę anegdotę, by pokazać, że dwoje ludzi mających bardzo podobne pochodzenie, środowisko wychowawcze i geny może ogromnie różnić się pod względem osobowości. Jaka jest więc szansa na przewidzenie i ocenę osobowości dwojga obcych ludzi w dużej populacji? Weźmy odciski palców. Są to po prostu wzorce rowków na skórze opuszków. Jednak każdy człowiek ma charakterystyczne dla siebie odciski palców. Jeśli powierzchowny wygląd malutkich placków skóry pozwala na wystarczającą różnorodność, by każdy miał unikalny zestaw dla siebie, jakże większa różnorodność jest możliwa w przypadku czegoś, będącego efektem niezliczonych subtelnych powiązań i złożonych właściwości ludzkiego mózgu, najbardziej skomplikowanej rzeczy we wszechświecie? Już sama próba określenia czyjejś osobowości tak prostym instrumentem jak pisemny test winna być skazana na porażkę; to zadanie podobne do rzeźbienia popiersi prezydentów w Górze Rushmore plastikowym widelczykiem.

Niemniej współcześnie obowiązujące teorie głoszą istnienie przewidywalnych i rozpoznawalnych składników osobowości, zwanych cechami, które można identyfikować metodą analityczną. Tak jak miliardy odcisków palców sprowadzają się do trzech typów wzorców (pętli, zwoi i łuków), a gigantyczna różnorodność DNA ludzkiego wynika z sekwencji zaledwie czterech nukleotydów (G, A, T, C), tak osobowość – zdaniem wielu uczonych –można postrzegać jako specyficzną kombinację i ekspresję pewnych cech wspólnych dla wszystkich ludzi. Jak w 1959 roku pisał J.P. Gillard,[2] „osobowość jednostki jest zatem unikalnym wzorcem jej cech".

Jakie są te cechy? W jaki sposób łączą się, by powstała osobowość? Najbardziej eksponowane obecnie podejście zakłada istnienie tzw. Wielkiej Piątki szczególnych cech, składających się na osobowość, podobnie jak całe bogactwo kolorów można utworzyć z połączenia czerwonego, niebieskiego i żółtego. Cechy te pozostają w dużym stopniu niezmienne w różnych sytuacjach i skutkują przewidywalnymi postawami oraz zachowaniami jednostki. Rzekomo każdy z nas lokuje się gdzieś pomiędzy skrajnościami Wielkiej Piątki cech:

> Otwartość odzwierciedla stopień gotowości do nowych doświadczeń. Zaproszeni do obejrzenia najnowszej instalacji z półci zepsutej wieprzowiny ludzie lokujący się na jednym krańcu skali otwartości odpowiadają: „Ależ oczywiście! Nigdy nie widziałem dzieł sztuki tworzonych z cuchnącego mięsa, więc będzie cudownie!", a ci z drugiego krańca: „Nie, ta wystawa jest w odległej dzielnicy, tylko się namęczę".

> Sumienność odzwierciedla skłonność do planowania, organizacji, samodyscypliny. Bardzo sumienna osoba mogłaby zgodzić się na zwiedzenie wystawy zepsutego mięsa po zorientowaniu się, jakimi autobusami najlepiej się tam dostać w przypadku różnych wersji korków w mieście, oraz po odnowieniu szczepienia przeciwtężcowego. Typ niesumienny stwierdziły, że pojawi się na wystawie za dziesięć minut, nie prosiłby o pozwolenie na wcześniejsze wyjście z pracy i uznałby, że najlepiej trafić na miejsce, kierując się powonieniem.

> Ekstrawertycy są towarzyscy, wylewni i żądni uwagi, podczas gdy introwertycy są cisi, skryci i bardziej samotniczy. Zaproszony na wystawę skrajny ekstrawertyk stawi się, i to wraz z własną wykonaną naprędce popisową rzeźbą, po czym będzie pozował przy każdym eksponacie do zdjęć na swój

Instagram. Skrajny introwertyk nie będzie rozmawiał z nikim wystarczająco długo, by otrzymać zaproszenie.

> Koncyliacyjność wskazuje na to, w jakim stopniu sposobem postępowania i myślenia danej osoby kieruje dążenie do harmonii społecznej. Bardzo koncyliacyjna osoba z pewnością zgodzi się wziąć udział w wystawie kompozycji z zepsutego mięsa, ale tylko po warunkiem, że zapraszającemu będzie to na rękę (nie chce się naprzykrzać). Z kolei człowiek, któremu całkowicie brak koncyliacyjności, prawdopodobnie w ogóle nie otrzymałby zaproszenia.

Gdy osoba neurotyczna zostaje zaproszona na wystawę prac z wieprzowiny, odmawia wzięcia udziału w imprezie, po czym szczegółowo się z tego tłumaczy. Patrz: Woody Allen.

Te właśnie cechy, pomijając oczywiście wątek mało prawdopodobnej wystawy, składają się na Wielką Piątkę. Liczne przesłanki świadczą o ich konsekwentnym występowaniu w życiu danego człowieka. Osoba, która ma wysoki poziom koncyliacyjności, wykazuje tę tendencję w rozmaitych sytuacjach. Istnieją również podstawy do łączenia pewnych cech osobowości ze specyficzną aktywnością mózgu i jego obszarami. Hans J. Eysenck, jeden z tuzów badań nad osobowością, twierdził, że introwertycy mają na stałe wyższy poziom pobudzenia korowego niż ekstrawertycy.[3] Niektórzy wyciągają z tego wniosek, że introwertycy nie wymagają znacznej stymulacji. W odróżnieniu od nich ekstrawertycy chcą doznawać częstszych podniet, a ich osobowość buduje się wokół tej potrzeby.

Wyniki niedawnych badań obrazowych, między innymi Yasuyuki Taki,[4] sugerują, że u osób wykazujących neurotyzm pewne obszary mózgu są mniejsze niż przeciętnie, na przykład grzbietowo-przyśrodkowa kora przedczołowa i kora przyśrodkowa lewego płata skroniowego (łącznie z tylnym hipokampem), a większy jest środkowy zakręt obręczy. Uważa się, że obszary te biorą udział w podejmowaniu decyzji, uczeniu się i pamięci, co sugeruje, że osoba neurotyczna ma mniejszą zdolność do kontroli czy tłumienia paranoidalnych przewidywań oraz nauczenia się, iż są one niewiarygodne. Natomiast ekstrawersja ujawniała wzmożoną aktywność kory oczodołowo-czołowej, która wiąże się z podejmowaniem decyzji, może więc z powodu tej zwiększonej aktywności ekstrawertycy są zmuszeni do intensywniejszego działania i częstszego decydowania o różnych sprawach, co w rezultacie prowadzi do większego wchodzenia w interakcje.

Niektóre dane sugerują również, że u podstaw osobowości leżą czynniki genetyczne. W badaniu Janga, Livesleya i Vernona z 1996 roku, w którym uczestniczyło niemal trzysta par bliźniaków (jedno- i dwujajowych), okazało się, że dziedziczność Wielkiej Piątki cech osobowości wynosiła 40–60 procent.[5]

Z tego wszystkiego wynika, że istnieje kilka, a konkretnie pięć cech osobowości, których znaczenie jest poparte wynikami licznych badań i które wydają się powiązane z pewnymi obszarami mózgu i genami. Na czym polega więc problem z definiowaniem osobowości?

Po pierwsze, wielu zwraca uwagę, że tych pięć cech nie pozwala na opis dostatecznie wszechstronny, by oddać prawdziwą złożoność osobowości. Jest to dobre przybliżenie, ale co z humorem? Albo skłonnością do religii czy przesądów? Albo z temperamentem? Krytycy uznają, że Wielka Piątka charakteryzuje raczej osobowość „zewnętrzną". Wszystkie te cechy może zaobserwować osoba trzecia, tymczasem znaczna część osobowości ma charakter wewnętrzny (humor, wierzenia, uprzedzenia itd.), funkcjonuje głównie w głowie i niekoniecznie ujawnia się w zachowaniu.

Zapoznaliśmy się z dowodami na to, że typy osobowości znajdują odbicie w konfiguracji mózgu, co wskazywałoby na ich biologiczne korzenie. Ale mózg jest plastyczny i zmienia się w reakcji na doświadczenia, zatem zaobserwowane konfiguracje mogą być konsekwencją typu osobowości, a nie jego przyczyną. Znaczna neurotyczność albo ekstrawersja powodują, że człowiek ma określone przeżycia, i być może to je odzwierciedlają proporcje strukturalne mózgu. A to wszystko pod warunkiem, że dane z badań obrazowych są w stu procentach potwierdzone – tymczasem nie są.

Jest też kwestia tego, jak narodziła się teoria Wielkiej Piątki. Opiera się ona na analizie czynnikowej (omawianej w rozdziale 4) danych zebranych w ciągu dziesięcioleci badań nad osobowością. Wiele różnych analiz przeprowadzonych przez różnych uczonych ujawniło konsekwentne występowanie tych pięciu cech – lecz co to oznacza? Analiza czynnikowa obejmuje wyłącznie dostępne dane. Zastosowanie jej tutaj jest jak postawienie w mieście kilku dużych wiader, by zebrać deszczówkę. Jeśli jedno z nich raz po raz napełnia się szybciej niż pozostałe, można stwierdzić, że dana lokalizacja otrzymuje więcej deszczu niż inne. Dobrze to wiedzieć, ale nadal nie rozumiemy, *dlaczego* ani jak powstaje deszcz, ani nie znamy innych ważnych aspektów zjawiska. To pożyteczne informacje, ale stanowią zaledwie punkt wyjścia do rozważań, a nie konkluzję.

Skupiłem się tutaj na Wielkiej Piątce, bo jest to najbardziej rozpowszechniona teoria, ale bynajmniej nie jedyna. W latach pięćdziesiątych Friedman i Rosenhan zaproponowali model osobowości typu A i typu B.[6] Typ A jest rywalizujący, nastawiony na osiągnięcia, niecierpliwy i agresywny, a typ B taki nie jest. Typy te zostały powiązane z charakterem pracy, gdyż A ze względu na swoje atrybuty często kończy, pełniąc obowiązki kierownicze czy na innych eksponowanych stanowiskach. W toku badań okazało się, że u osób takich występuje dwa razy większe ryzyko zawału serca lub innych schorzeń kardiologicznych. Zatem posiadanie określonego typu osobowości może człowieka dosłownie zabić – niezbyt zachęcająca perspektywa. Dalsze badania wykazały jednak, że skłonność do niewydolności krążenia wynikała z innych czynników, takich jak palenie, zła dieta, trudy wydzierania się na podwładnych co osiem minut itd. Model typów osobowości A/B okazał się zbyt ogólnikowy. Potrzebne było subtelniejsze podejście; na tym tle zrodziło się dogłębniejsze zainteresowanie poszczególnymi cechami.

Znaczna część danych, na których podstawie sformułowano teorie cech, opierała się na analizie lingwistycznej. Uczeni, w tym Sir Francis Galton na początku XIX wieku oraz Raymond Cattell (twórca koncepcji inteligencji płynnej i skrystalizowanej) w latach pięćdziesiątych, robili przegląd języka angielskiego, wyszukując słowa, które ujawniały cechy osobowości. Wyrazy takie jak „nerwowy", „zaniepokojony" i „paranoidalny" można użyć w opisie neurotyzmu, a „towarzyski", „przyjacielski" i „wspierający" w opisie koncyliacyjności. Teoretycznie może istnieć tylko tyle terminów tego typu, ile jest cech osobowości, do których mogą się odnosić – to tzw. hipoteza leksykalna.[7] Zestawiano z sobą i mielono wszelkie słowa deskryptywne, z czego wyłoniły się konkretne typy osobowości i mnóstwo przesłanek do formułowania dalszych teorii.

To podejście także obarczone jest wadami. Przede wszystkim opiera się na języku –odmiennym dla różnych kultur i podległym nieustannemu prądowi zmian. Więksi sceptycy twierdzą, że w ogóle teorie oparte na cechach są zbyt restryktywne, by mogły rzetelnie oddawać osobowość: nikt nie zachowuje się tak samo we wszystkich kontekstach, istotna jest sytuacja zewnętrzna. Ekstrawertyk może być wylewny i rozgorączkowany, ale na pogrzebie lub ważnym zebraniu w pracy nie będzie się zachowywał ekstrawertycznie (chyba że ma poważne problemy ze sobą), tylko każdą okazję potraktuje inaczej. Teoria ta znana jest jako sytuacjonizm.

Pomimo toczących się naukowych sporów powszechnie spotykamy się z testami osobowości. Wykonanie szybkiego kwizu, na podstawie którego człowiek dowiaduje się, że spełnia kryteria określnego typu, daje pewną frajdę. Czujemy, że mamy osobowość jakiegoś rodzaju, a wykonanie testu, który to potwierdza, umacnia nasze przekonania. Być może jest to darmowy test na jakiejś słabo opracowanej stronce internetowej, która co sześć sekund ponawia zaproszenie do kasyna on-line, ale test to test. Do klasyki należy test Rorschacha, w którym spojrzawszy na nieokreśloną zbieraninę kleksów, mówisz, co w niej dostrzegłeś, na przykład „motyle wyłaniające się z kokonu" albo „wybuchającą głowę psychoterapeuty, który zadawał zbyt wiele pytań". Choć może się ujawnić w tym coś z osobowości jednostki, nie można tego nijak zweryfikować. Tysiąc bardzo podobnych osób, patrząc na ten sam obraz, może udzielić tysiąca różnych odpowiedzi. Jest to bardzo adekwatny sposób zademonstrowania, jak złożone i różnorodne są osobowości, jednak w celach naukowych jest bezużyteczny. Nie wszystko ma jednak charakter rozrywkowy. Najbardziej niepokojące i rozpowszechnione jest użycie testów osobowości w świecie biznesu. Słyszałeś być może o kwestionariuszu MBTI (*Myers-Briggs Type Inventory*), jednym z najpopularniejszych narzędzi do pomiaru osobowości, wartym miliony dolarów. Problem w tym, że nie ma on wsparcia ani aprobaty żadnych kręgów naukowych. Wydaje się rygorystyczny i wygląda bardzo poważnie (korzysta ze skali cech, z których najbardziej znana to ekstrawertyzm–introwertyzm), opiera się jednak na niesprawdzonych założeniach sprzed dziesięcioleci, które zostały zebrane do kupy przez entuzjastycznych amatorów, czerpiących z jednego źródła.[8] Niemniej w pewnym momencie wpadł w ręce biznesmenów, którzy chcieli zarządzać pracownikami w maksymalnie efektywny sposób, i tak zyskał globalną sławę. Ma dziś setki tysięcy zwolenników, którzy daliby się za niego pokroić. Podobnie jak za horoskopy.

Jedno z wyjaśnień jest takie, że MBTI jest stosunkowo prosty i łatwy do zrozumienia oraz pozwala na grupowanie pracowników w użyteczne kategorie, które pomagają w przewidzeniu ich zachowania i stosownym zarządzaniu nimi. Zatrudniłeś introwertyczkę? Umieść ją na stanowisku, na którym będzie mogła pracować sama, i nie przeszkadzaj jej. Jednocześnie weź ekstrawertyków do zajmowania się marketingiem i zamówieniami – będzie im się to podobać.

Przynajmniej tak jest w teorii. W praktyce nie ma szans się sprawdzić, bo ludzie nie są tak prosto skonstruowani. Wiele korporacji stosuje MBTI jako integralny element procesu kwalifikacyjnego; system ten opiera się na założeniu stuprocentowej uczciwości kandydata w trakcie udzielania odpowiedzi oraz na dorównującej temu naiwności. Jeśli starasz się o pracę i widzisz w kwestionariuszu pytanie: „Czy lubisz pracować z innymi?", raczej nie napiszesz: „Nie, ludzie to robaki, które najchętniej bym rozdeptał", nawet jeśli tak właśnie myślisz. Większość kandydatów ma dość inteligencji, by wybrnąć obronną ręką z takich testów, przez co ich wyniki są pozbawione znaczenia.

MBTI jest notorycznie używany w charakterze złotego środka przez typy pozbawione instynktu naukowego, które z braku wiedzy dały się uwieść modzie. Nieomylność MBTI mogłaby pojawić się tylko wówczas, gdyby wszyscy, którzy go wypełnili, aktywnie dostosowywali się potem do uzyskanych diagnoz osobowości. Ale nie będą tego robić. To, że menedżerom byłoby wygodniej, gdyby ludzie wpasowywali się w wąskie i czytelne kategorie, nie oznacza, iż tak się dzieje.

Ogólnie mówiąc, testy osobowości byłyby dużo użyteczniejsze, gdyby na drodze nie stawała im nasza osobowość.

Czasem trzeba eksplodować

(Jak działa gniew i dlaczego może być dobry)

Bruce Banner znany jest ze swego powiedzenia: „Nie doprowadzaj mnie do złości. Nie spodobam ci się rozzłoszczony". Kiedy Bruce Banner się złości, zmienia się w Niesamowitego Hulka, słynnego na cały świat bohatera komiksowego, którego uwielbiają miliony. Powiedzenie jest więc ewidentnie fałszywe.

Poza tym kto w ogóle podoba się nam, gdy się złości? Oczywiście niektórzy wyrażają „słuszny gniew", oburzając się na niesprawiedliwość, i mają w tym wsparcie wielu podobnie oburzonych. Jednak generalnie gniew postrzegany jest negatywnie, w dużym stopniu dlatego, że prowadzi do nieracjonalnych zachowań, gwałtowności, a nawet przemocy. Skoro zaś jest szkodliwy, dlaczego ludzki mózg tak ochoczo wytwarza go w reakcji na stosunkowo nawet niewinne zdarzenia?

Czym dokładnie jest złość? Jest to stan pobudzenia emocjonalnego i fizjologicznego, doświadczany zwykle w przypadku naruszenia jakichś dopuszczalnych granic. Ktoś zderza się z tobą na chodniku? Pogwałcona została twoja granica fizyczna. Ktoś pożycza od ciebie pieniądze i nie chce ich oddać? Została naruszona twoja sfera własności. Ktoś wyraża opinie, które są według ciebie wysoce obraźliwe? Pogwałcona została sfera etyczna. Jeśli widać, że ktoś celowo naruszył jakąś granicę, jest to prowokacja, a ona wywołuje większe pobudzenie, zatem straszliwszy gniew. Jest różnica między potrąceniem kieliszka i wylaniem czyjegoś drinka a chluśnięciem mu nim w twarz. Nie tylko pogwałcone zostają twoje granice, ale ktoś robi to premedytacją dla osiągnięcia czegoś twoim kosztem. Mózg stykał się z trollami na długo przed wynalezieniem internetu.

Teoria rekalibracji gniewu, wysunięta przez psychologów ewolucyjnych,[9] głosi, że gniew wyewoluował, byśmy mogli radzić sobie z sytuacjami podobnymi do opisanych wyżej, czyli jako swoisty mechanizm samoobrony. Gniew pozwala szybko, podświadomie zareagować na szkodliwą dla ciebie sytuację, tak że masz większą szansę na przywrócenie równowagi i zapewnienie sobie przeżycia. Wyobraź sobie praprzodka z rzędu naczelnych, który wykorzystując moce świeżo wykształconej kory mózgowej, biedzi się nad zrobieniem kamiennego toporka. Trzeba czasu i wysiłku, by wykonać takie „nowoczesne" cacuszka, ale okazują się one bardzo przydatne. Tymczasem gdy dzieło jest już na ukończeniu, ktoś przychodzi i zabiera mu toporek. Osobnik, który zareaguje na to zasępieniem się nad istotą własności i prawami moralnymi, może się wydać mądrzejszy, ale ten, który uniesie się gniewem i da złodziejowi po zębach, odzyska narzędzie oraz respekt, podnosząc swój status i widoki na spółkowanie.

Taka jest przynajmniej teoria. Psychologia ewolucyjna ma w zwyczaju tego rodzaju nadmierne upraszczanie wszystkiego, co złości samo w sobie.

W ujęciu czysto neurologicznym gniew jest często reakcją na zagrożenie, a układ wykrywania zagrożeń jest silnie akcentowany w złości. Na układ ten składają się ciało migdałowate, hipokamp i istota szara okołowodociągowa, czyli obszary śródmózgowia odpowiedzialne za fundamentalne przetwarzanie informacji zmysłowych. Jak już widzieliśmy, nasz mózg nadal korzysta z prymitywnego układu wykrywania zagrożeń w trakcie poruszania się we współczesnym świecie i traktuje podśmiewywanie się przez kolegów z pracy w reakcji na jakieś niepochlebne uwagi pod naszym adresem jako „zagrożenie". Sytuacja ta nie wyrządza nam żadnej szkody w sensie fizycznym, ale na szali leży nasza reputacja i pozycja społeczna. W rezultacie pojawia się gniew.

Badania obrazowe, takie jak Charlesa Carvera i Eddiego Harmon-Jonesa, ukazały, że u osób rozzłoszczonych występuje podniesiony poziom aktywności kory oczodołowo-czołowej, czyli obszaru mózgu wiązanego z kontrolą emocji oraz zachowaniami celowymi.[10] Z grubsza oznacza to, że gdy mózg chce, aby coś zaistniało, indukuje zachowanie, które to spowoduje, za pośrednictwem emocji. W przypadku złości zachodzi jakieś zdarzenie, mózg go doświadcza, uznaje, że mu się nie podoba, i wytwarza emocję (gniew), aby skutecznie i w zadowalający sposób się z tym rozprawić.

I tu zaczyna się robić ciekawie. Gniew postrzega się jako destrukcyjny i nieracjonalny, niepożądany i szkodliwy, ale okazuje się, że czasem jest pożyteczny, a wręcz pomaga. Lęk i zagrożenia (najróżniejszego typu) powodują stres, stwarzający problemy w dużej mierze ze względu na wydzielenie się kortyzolu, który wywołuje przykre fizjologiczne konsekwencje decydujące o szkodliwości stresu. Jednak wyniki wielu badań, w tym Miguela Kazéna i jego współpracowników z Universität Osnabrück,[11] świadczą, że doznawanie gniewu *obniża* poziom kortyzolu, co zmniejsza potencjalne szkody wyrządzane przez stres.

Według jednego z wyjaśnień tego zjawiska w badaniach* okazało się, że gniew powoduje podniesienie aktywności w lewej półkuli mózgu, w przedniej korze zakrętu pośrodku mózgu oraz w korze czołowej. Obszary te wiąże się z wytwarzaniem motywacji i zachowań reaktywnych. Są obecne w obu półkulach, ale wykonują w nich różne zadania: w prawej są to ujemne reakcje

---

* Warto przy okazji dodać, że w relacjach z badań nad gniewem pisze się o „wystawianiu uczestników na bodźce mające na celu podniesienie u nich poziomu gniewu", co w praktyce oznacza, że eksperymentatorzy po prostu im wymyślają. Jest zrozumiałe, że autorzy nie chcą otwarcie tego opisywać; doświadczenia psychologiczne opierają się na dobrowolnym udziale badanych, ci zaś mogą być mniej chętni do uczestnictwa, jeśli będą wiedzieć, że zostaną unieruchomieni w tunelu skanera, podczas gdy psycholog będzie w barwnych metaforach opisywał proweniencję ich matki.

unikowe czy wycofania w razie nieprzyjemnej sytuacji, a w lewej dodatnie, aktywne zachowania zbliżeniowe.

Krótko mówiąc, gdy ten układ motywacyjny staje w obliczu zagrożenia czy problemu, prawa połowa mówi: „Trzymaj się od tego z dala, to niebezpieczne, nie pogarszaj sytuacji!", pod wpływem czego cofasz się czy chowasz, a lewa w tym czasie parska: „Nie ze mną takie numery, trzeba się z tym rozprawić!", po czym metaforycznie zakasuje rękawy i bierze się do dzieła. Metaforyczni diabełek i aniołek za twoimi plecami są w rzeczywistości lokatorami twojej głowy.

U ludzi z większą pewnością siebie i bardziej ekstrawertyczną osobowością prawdopodobnie przeważa lewa strona, a u typów neurotycznych czy introwertycznych prawa. Jednak podejście prawostronne nie prowadzi do żadnego działania w odniesieniu do postrzeganych zagrożeń, zatem utrzymują się one, wywołując lęk i stres. Dostępne dane sugerują, że gniew zwiększa aktywność w układzie lewej półkuli,[12] potencjalnie mobilizując do działania jak ktoś, kto popycha cię, gdy wahasz się przed skokiem do basenu. Obniżenie poziomu kortyzolu w tym momencie zmniejsza reakcję lękową, która może paraliżować ludzi, a realne rozprawienie się ze źródłem stresu dodatkowo ogranicza obecność kortyzolu.* Wykazano również, że gniew skłania ludzi do bardziej optymistycznego myślenia, tak że zamiast obawiać się

---

* Te same badania zademonstrowały, że gniew zakłóca sprawne wykonywanie złożonych zadań poznawczych, pokazując, że utrudnia on „jasne myślenie". Nie zawsze jest to pomocne, ale niewątpliwie należy do tego samego porządku rzeczy. Po oszacowaniu na zimno wszystkich składowych zagrożenia mógłbyś dojść do wniosku, że przeciwstawienie się mu stwarza zbyt wielkie ryzyko. Gniew powstrzymuje to racjonalne myślenie, zaburzając subtelną analizę wiodącą do uniknięcia sporu, i zmusza do szarżowania z zaciśniętymi pięściami.

najgorszego z możliwych rezultatów, myślą raczej, że ze wszystkim można sobie poradzić (nawet jeśli to nieprawda), zatem zagrożenia zostają zminimalizowane.

Badania wykazały również, że widoczny gniew jest pożyteczny w negocjacjach, nawet jeśli pojawia się po obu stronach, gdyż występuje wtedy silniejsza motywacja do osiągnięcia postępu, większy optymizm co do możliwego rezultatu oraz implikowana szczerość wypowiedzi.[13]

Wszystko to podważa tezę, że należy trzymać gniew zakorkowany w sobie; wypadałoby go raczej uwolnić, aby zmniejszyć stres i pozałatwiać to czy owo. Z gniewem jednak nie jest tak prosto. W końcu wywodzi się z mózgu.

Wykształciliśmy wiele sposobów na tłumienie reakcji gniewu. Klasyczne metody polegające na liczeniu do dziesięciu czy braniu kilku głębokich oddechów przed udzieleniem odpowiedzi są sensowne, gdy uznajesz, że reakcja w gniewie byłaby zbyt szybka i intensywna.

Kora oczodołowo-czołowa, wysoce aktywna podczas doświadczania gniewu, wiąże się z panowaniem nad emocjami i zachowaniem. Ściślej mówiąc, moduluje ona i filtruje wpływ emocji na zachowanie, przyciszając lub blokując bardziej intensywne i (lub) prymitywne impulsy. Wkracza do akcji, gdy pojawia się zagrożenie, że pod wpływem silnej emocji napytamy sobie biedy. Kora oczodołowo-czołowa działa na zasadzie zaworu bezpieczeństwa, jak górny odpływ w wannie chroniący przed przelaniem wody z zepsutego kranu. Nie rozwiązuje to zasadniczego problemu, ale zapobiega dalszym szkodom.

Natychmiastowe trzewne doznania gniewu nie zawsze stanowią o jego sile. Z powodu czegoś, co cię złości, możesz gotować się wewnętrznie przez całe godziny, dnie, a nawet tygodnie. W pierwotne działanie układu wykrywania zagrożeń, które prowadzi do wzbudzenia gniewu, zamieszany jest hipokamp i ciało migdałowate – obszary, które, jak wiemy, wiążą się z tworzeniem żywych i naładowanych emocjonalnie wspomnień, dlatego zdarzenie powodujące gniew utrzymuje się w pamięci i w rezultacie wielokrotnie przychodzi nam na myśl. Osoby rozpamiętujące coś, co je rozgniewało, wykazują podniesioną aktywność w przyśrodkowej korze przedczołowej – kolejnym rejonie powiązanym z podejmowaniem decyzji, planowaniem i innymi złożonymi czynnościami umysłowymi.

W konsekwencji często obserwujemy utrzymywanie się, a nawet nasilanie gniewu. Dotyczy to szczególnie drobnych zadrażnień, na które nie reagowaliśmy. Z powodu gniewu mózg może bardzo chcieć załatwić daną sprawę, ale co zrobić, gdy chodzi o automat z kawą, który nie wydał ci reszty? Albo kogoś, kto bezmyślnie wcisnął się przed ciebie na autostradzie? Albo szefa, który za pięć piąta mówi ci, że musisz dziś zostać po godzinach? Wszystkie te sytuacje wzbudzają gniew, ale niewiele można z nimi zrobić, jeśli nie chcesz dopuścić się aktu wandalizmu, rozbić swojego samochodu albo stracić pracy. Na dodatek wszystko to może się stać jednego dnia. Twój mózg ma wtedy do przetrawienia kilka denerwujących spraw naraz, lecz nie ma żadnych pewnych rozwiązań. Lewostronna część systemu reakcji behawioralnych pobudza cię do działania, ale co dokładnie miałbyś zrobić?

Kiedy wieczorem kelner pomyłkowo przynosi ci czarną kawę zamiast latte, miarka się przebiera, a nieszczęsny chłopak staje się celem wściekłej kanonady. Jest to tzw. przemieszczenie.

W mózgu skumulowało się mnóstwo gniewu, a jako że nie było dla niego ujścia, mózg przeniósł go na pierwszy nadający się obiekt po to tylko, by uwolnić się od ciśnienia poznawczego. Cóż, dola osoby, która niechcący otworzyła wrota furii, nie stała się od tego ani trochę lżejsza.

Gdy człowiek jest wściekły, ale nie chce dać tego poznać, pomysłowy mózg znajduje sposoby na okazanie agresji bez uciekania się do nagiej przemocy. Można być wtedy pasywnie agresywnym, czyli uprzykrzać komuś życie zachowaniami, co do których druga osoba właściwie nie może mieć obiekcji. Rzadsze rozmawianie z nią albo odzywanie się bezbarwnym tonem zamiast normalnym, przyjacielskim, zapraszanie na spotkania wszystkich wspólnych znajomych poza tą jedną – żadne z tych zachowań nie jest otwarcie wrogie, ale wszystkie one prowadzą do wytworzenia u ich odbiorcy poczucia niepewności. Człowiek czuje się głupio i niekomfortowo, ale nie jest w stanie stwierdzić na pewno, czy się na niego złościsz. Ludzki mózg nie lubi wieloznaczności; rozstraja go ona. W ten sposób druga osoba zostaje ukarana bez zastosowania przemocy czy przekroczenia norm towarzyskich.

Pasywna agresja okazuje się skuteczna dlatego, że ludzie bardzo dobrze rozpoznają, kiedy druga osoba się gniewa. Język ciała, wyraz twarzy, ton głosu, szarżowanie z zardzewiałą maczetą i bojowymi okrzykami – typowy mózg potrafi wychwycić takie subtelne sygnały i wywnioskować z nich gniew. Może to być pomocne, bo ludzie nie lubią, gdy inni się złoszczą; stanowią wtedy potencjalne zagrożenie, bo mogą zachowywać się w niebezpieczny, destrukcyjny sposób. Jednocześnie ujawnia to, że coś poważnie wzburzyło daną osobę.

Pamiętajmy też, że doświadczanie gniewu nie jest tym samym co reakcja gniewu. Doznania gniewu są zapewne jednakowe dla wszystkich, ale sposób reagowania na nie jest bardzo zróżnicowany, stanowiąc kolejny wskaźnik typu osobowości. Gniew to emocjonalna odpowiedź w sytuacji, gdy ktoś nam grozi. Jeśli zareagujesz na to zachowaniem wyrządzającym krzywdę tej osobie, jest to *agresja*. Dla jasności: myślenie o wyrządzeniu takiej krzywdy to *wrogość*, składnik poznawczy agresji. Przyłapujesz sąsiada na wypisywaniu wulgaryzmu na swoim samochodzie i doświadczasz gniewu. Myślisz: „Zapłaci mi za to!" – to wrogość. Wrzucasz mu cegłówkę przez okno do salonu – to agresja.*

Zatem powinniśmy sobie pozwalać na gniew czy nie? Nie sugeruję, żebyś wdawał się w pyskówki z kolegami w pracy albo wpychał ich do niszczarki za każdym razem, gdy cię zirytują. Miej jednak świadomość, że gniew nie zawsze jest zły. Najważniejsze jest znalezienie złotego środka. Rozgniewani ludzie zwykle szybciej doczekują się zaspokojenia swoich potrzeb niż ci, którzy zwracają się z uprzejmą prośbą. Oznacza to, że są w świecie ludzie zdający sobie sprawę, iż złość im służy, zatem korzystają z niej coraz częściej. Mózg zaczyna kojarzyć gniew z nagrodami, więc go podsyca, i oto mamy przed sobą kogoś, kto złości się o każdy drobiazg, byle tylko postawić na swoim, aż w końcu nieuchronnie zostaje ubóstwianym szefem kuchni. Czy to dobre czy złe – ocena należy do ciebie.

---

* Agresja może zachodzić też bez gniewu. Sporty kontaktowe, takie jak rugby albo futbol amerykański, często wiążą się z agresją, ale nie wymagają złości. Motywacją jest pragnienie wygranej kosztem drużyny przeciwnej.

Miej wiarę w siebie, a dokonasz wszystkiego... w granicach rozsądku

(Jak różni ludzie znajdują i stosują motywację)

„Im trudniejsza droga na szczyt, tym słodsze jego zdobycie".
„Wysiłek to fundament, na którym wznosi się twój gmach". Dziś
trudno jest wejść do siłowni, jadłodajni czy bufetu zakładowego,
nie natykając się na mdławe plakaty motywacyjne z tego rodzaju
sentencjami. Poprzedni podrozdział o gniewie opisywał, jak
emocja ta może motywować człowieka do konkretnej odpowiedzi na zagrożenie za pośrednictwem specjalnych mechanizmów
w mózgu, teraz zaś skupimy się na motywacji bardziej długofa-
lowej, dającej stały napęd, a nie tylko reakcję.

Czym jest motywacja? Uświadamiamy to sobie, gdy jej brak
– mnóstwo przedsięwzięć zawalono z powodu ociągania się
odpowiedzialnych za nie osób. Zwlekanie to motywacja do robienia nie tego, co trzeba (powinienem był wiedzieć, że w celu
ukończenia książki trzeba wyłączyć wifi w domu). Ogólnie motywację można opisać jako „energię" potrzebną do tego, aby
podtrzymać zainteresowanie daną sprawą, celem czy rezultatem i (lub) aby ukierunkować na nie wysiłki. Wczesna teoria
motywacji pochodzi od samego Zygmunta Freuda. Jego zasada
hedonistyczna, zwana niekiedy zasadą przyjemności, głosi, iż
istoty żywe z natury poszukują tego, co sprawia im przyjemność, a unikają bólu i dyskomfortu.[14] Trudno temu zaprzeczyć.
Słuszność tej zasady potwierdzają również badania na temat
uczenia się zwierząt. Gdy wprowadzi się szczura do klatki i za-
montuje tam przycisk, zwierzę w końcu naciśnie go z czystej
ciekawości. Jeśli spowoduje to pojawienie się smakowitego po-

żywienia, szczur szybko nauczy się, by często naciskać przycisk, bo skojarzył to z apetyczną nagrodą. Nie będzie przesadą powiedzieć, że zwierzę nagle zyskuje wielką motywację do naciskania dźwigni.

Ten uniwersalny proces zwie się warunkowaniem instrumentalnym, a polega na tym, że określona nagroda wzmaga lub tłumi powiązane z nią zachowanie. To samo dzieje się u ludzi. Jeśli dziecko dostanie nową zabawkę, gdy doprowadzi do porządku swój pokój, jest dużo większe prawdopodobieństwo, że zechce zrobić to ponownie. Działa to także w odniesieniu do dorosłych, trzeba tylko odpowiednio dobrać nagrodę. W rezultacie odstręczające zadanie sprzątania zaczyna się kojarzyć z miłym skutkiem, pojawia się więc motywacja.

Wszystko to wydawałoby się potwierdzać freudowską zasadę przyjemności, ale od kiedy to ludzie i ich uprzykrzone mózgi działają tak prosto? Mnóstwo przykładów z dnia codziennego potwierdza, że na motywację składa się dużo więcej niż zwykłe dążenie do przyjemności czy unikanie nieprzyjemności. Ludzie nieustannie robią rzeczy, które nie niosą im natychmiastowej lub ewidentnej przyjemności.

Weźmy uczęszczanie do siłowni. Choć rzeczywiście intensywna aktywność fizyczna może wywoływać euforię i miłe odczucia,* nie dzieje się to za każdym razem. Poza tym trzeba

---

* Powód tej „euforii biegacza" nie jest w pełni jasny. Niektórzy twierdzą, że wynika ze zużycia mięśniowych zapasów tlenu, uruchamiającego oddychanie anaerobowe (beztlenową aktywność komórkową, w której powstają reszty kwasowe powodujące bóle typu skurczy czy „zrywania" mięśni), na co mózg reaguje wytwarzaniem endorfin – neuroprzekaźników przeciwbólowych i wywołujących przyjemność. Inni są zdania, że chodzi o podniesienie temperatury ciała albo o długotrwałą rytmiczną czynność, dającą poczucie dobrostanu, które mózg chce

się w tym celu naharować jak wół, więc przyjemność fizyczna, którą można by czerpać z ćwiczeń, z pewnością nie jest oczywista (mówię to jako ktoś, kto nie zdołał jeszcze doświadczyć nawet przedsmaku satysfakcji z wizyty w siłowni). A jednak ludzie się im oddają. Bez względu na to, co ich motywuje, najwyraźniej wykracza to poza bezpośrednią przyjemność fizyczną.

Są i inne przykłady. Ludzie, którzy regularnie wspierają finansowo organizacje dobroczynne, przekazując swoje pieniądze na rzecz całkiem obcych osób. Ludzie, którzy nieustannie podlizują się obleśnemu szefowi w płonnej nadziei na awans. Ludzie czytający książki, które nie sprawiają im radości, robiący to tylko po to, by się czegoś nauczyć. Żadna z tych sytuacji nie wiąże się z natychmiastową przyjemnością, a niekiedy w grę wchodzą wręcz nieprzyjemności, więc według Freuda powinny być unikane. Tymczasem nie są.

Wskazuje to, że koncepcja Freuda jest zbyt uproszczona,* a potrzebne jest podejście bardziej kompleksowe. Można by zastąpić „natychmiastową przyjemność" przez „potrzeby". W 1943 roku Abraham Maslow opracował swoją hierarchię potrzeb,

---

podtrzymać. Szczególnie maratończycy często mówią o euforii biegacza, który pod względem przynoszonej satysfakcji ustępuje tylko rzuceniu uwagi: „Wiesz, trenuję do maratonu", a okazji do tego nie ma zbyt wielu.

* Podejście Freuda wciąż oddziałuje na świat nauki i pomimo upływu stulecia istnieje wielu zwolenników jego teorii. Trochę to dziwne. Oczywiście Freud wprowadził koncepcję psychoanalizy i należy się mu za to chwała, ale nie oznacza to tym samym, że jego pierwotne teorie są poprawne. Tylko rozdrobnienie i niejednoznaczność leżące w naturze psychologii i psychiatrii zapewniają mu współcześnie tak wpływową rolę; po prostu trudno jest bezspornie dowieść niesłuszności czegokolwiek. Tak, Freud jest ojcem całej tej dziedziny, ale to tak jak z braćmi Wright: wynaleźli samoloty i na zawsze zachowana będzie pamięć o nich, jednak do odbywania lotów międzykontynentalnych nie korzystamy dziś z maszyn, które konstruowali. Czasy się zmieniają i tyle.

twierdząc, że istnieją pewne rzeczy, których każdy człowiek potrzebuje do dobrego funkcjonowania, zyskując motywację, by je sobie zapewniać.[15]

Hierarchię Maslowa przedstawia się często w formie piramidy. Na najniższym poziomie znajdują się potrzeby biologiczne, takie jak jedzenie, picie, powietrze (człowiek pozbawiony powietrza jest niewątpliwie wysoce zmotywowany, żeby je zdobyć). Następnie mamy bezpieczeństwo, to, co zabezpiecza cię przed doznaniem fizycznego uszczerbku. Dalej idzie przynależność: ludzie są istotami społecznymi, potrzebują aprobaty, wsparcia i ciepła (a przynajmniej interakcji) od innych. Nie bez powodu zamknięcie w pojedynczej celi uważa się za surową karę. Następnie jest poczucie wartości – potrzeba, aby być nie tylko dostrzeganym czy lubianym, ale również szanowanym przez innych i przez siebie samego. Ludzie mają zasady moralne, które sobie cenią oraz ich przestrzegają, i żywią nadzieję, że inni będą ich za to szanować. Zachowania i działania, które do tego zmierzają, stają się więc źródłem motywacji. W końcu na samym szczycie mamy samorealizację – pragnienie (zatem i motywację), by urzeczywistnić swój potencjał. Czujesz, że mógłbyś być najlepszym malarzem na świecie? Więc będziesz zmotywowany, by zostać najlepszym malarzem na świecie. (Choć ze względu na subiektywność sztuki zasadniczo może już jesteś najlepszym malarzem na świecie. Jeśli tak, to moje gratulacje.)

Koncepcja jest taka, że człowiek ma motywację do zaspokojenia najpierw potrzeb z pierwszego poziomu, potem z drugiego, z trzeciego itd. – zmierzając do tego, by spełnić wszystkie potrzeby i dążenia i stać się możliwie najlepszą osobą. To miła myśl, ale mózg nie działa w sposób tak ułożony i uporządkowany. Wielu ludzi nie stosuje się do hierarchii Maslowa. Niektórzy znajdują motywację, by oddać ostatnie pieniądze obcemu w potrzebie albo aktywnie narażają swoje bezpieczeństwo w celu uratowania zagrożonego zwierzęcia (chyba że to osa), mimo że to zwierzę nie ma żadnej możliwości uszanowania czy wynagrodzenia ich heroizmu (zwłaszcza jeśli jest to osa, która zapewne tylko użądli wybawcę, wydając przy tym złowrogi osi chichot).

Dochodzi do tego seks, który stanowi potężny motywator. By znaleźć na to dowód, rozejrzyj się wokół siebie. Maslow stwierdza, że seks znajduje się na samym dole hierarchii potrzeb, gdyż jest to prymitywna i potężna siła biologiczna. Niemniej ludzie potrafią żyć, obchodząc się całkowicie bez seksu. Może im się to nie podobać, ale jest to możliwe. Poza tym dlaczego w ogóle chcą seksu? Chodzi o prymitywny pociąg do przyjemności i (lub) reprodukcji czy o pragnienie bliskości i intymności z kimś drugim? A może o to, że inni postrzegają sprawność seksualną jako swoiste dokonanie i powód do dumy? Seks znajduje się na wszystkich szczeblach hierarchii.

Współczesne badania mechanizmów mózgowych dostarczają innego podejścia w rozumieniu motywacji. Wielu uczonych wyróżnia motywację zewnątrzpochodną i wewnątrzpochodną. Mobilizują nas czynniki zewnętrzne czy wewnętrzne? Te pierwsze biorą się od innych ludzi. Ktoś płaci ci za pomoc w przeprowadzce – to motywacja zewnątrzpochodna. Nie sprawi ci to frajdy, zajęcie jest mozolne i wymaga dźwigania dużych ciężarów, ale otrzymujesz zachętę finansową, więc się go podejmujesz. Sprawa może też przebiegać subtelniej. Powiedzmy, że wszyscy zaczynają chodzić w żółtych kapeluszach kowbojskich, bo tak nakazuje najnowsza „moda". Ty też chcesz być trendy, więc kupujesz sobie takie nakrycie głowy. Możesz wcale nie czuć sentymentu do kowbojskich kapeluszy, możesz uważać, że wyglądają idiotycznie, ale ogół zawyrokował inaczej, więc sprawiasz sobie kapelusz. To motywacja zewnętrzna.

W przypadku motywacji wewnątrzpochodnej jesteśmy zmobilizowani do zrobienia czegoś z powodu decyzji lub pragnień wypływających od nas samych. Sami zdecydowaliśmy – na podstawie swoich doświadczeń i obserwacji – że niesienie pomocy chorym jest szlachetne i satysfakcjonujące, mamy więc motywację do studiowania medycyny i zostania lekarzem. To motywacja wewnątrzpochodna. Jeśli kierujemy się tym, że lekarze dobrze zarabiają, jest to raczej motywacja zewnątrzpochodna.

Motywacje wewnątrz- i zewnątrzpochodne występują w delikatnej równowadze. Nie tylko wzajemnej, ale i w ramach własnej kategorii. W 1988 roku Edward Deci i Richard Ryan sformułowali teorię autodeterminacji, która opisuje motywację ludzi, w sytuacji braku czynników zewnętrznych, zatem stuprocentowo wewnątrzpochodną.[16] Głosi ona, że ludzie są zmotywowani do osiągania autonomii (sprawowania kontroli nad sytuacją), kompetencji (do bycia dobrym w różnych sprawach) i interakcji (do zyskiwania uznania za to, co robią). Wszystko to wyjaśnia, dlaczego tak wnerwiające jest mikrozarządzanie; gdy ktoś wisi ci nad głową i szczegółowo instruuje, jak mają być wykonane najprostsze czynności, odbiera ci całą kontrolę nad sytuacją, podkopuje poczucie kompetencji i często jest nieznośny w kontaktach, biorąc pod uwagę, jak socjopatycznie prezentują się tacy szefowie (kiedy jesteś na ich łasce).

W 1973 roku Mark Lepper, David Greene i Richard Nisbett pokazali efekt nadzasadności (ang. *overjustification effect*).[17]

Grupy dzieci dostały do zabawy kolorowe zestawy przyborów plastycznych. Niektórym powiedziano, że będą nagrodzone za ich używanie, innym pozostawiono wolną rękę w wyborze zajęcia. Tydzień później dzieci, które nie zostały nagrodzone, wykazały dużo większą motywację do ponownego skorzystania z przyborów plastycznych. Te, które uznały, że działanie twórcze samo z siebie daje radość i satysfakcję, były bardziej zmotywowane niż dzieci nagrodzone czymś przez innych.

Wydaje się, że jeżeli wiążemy jakiś pozytywny efekt z własnymi działaniami, ma to większe znaczenie, niż kiedy pozytywny efekt pochodzi od kogoś innego. Trudno zgadnąć, czy następnym razem też coś dostaniemy za wykonanie zadania... W rezultacie motywacja spada.

Wypływa stąd oczywista konkluzja, że nagradzanie ludzi może w rzeczywistości *zmniejszyć* ich motywację do wykonywania zadań, podczas gdy dawanie im większego zakresu kontroli i sprawstwa podnosi motywację. Koncepcję tę entuzjastycznie podchwycił świat biznesu, w dużym stopniu dlatego, że daje naukową wiarygodność tezie, iż lepiej jest dawać pracownikom więcej autonomii i odpowiedzialności niż pieniędzy za ich pracę. Choć niektórzy badacze stwierdzają, że to słuszny pogląd, wiele danych przemawia przeciw niemu. Jeśli płacenie za pracę zmniejsza motywację do niej, to zarabiający miliony prezesi największych firm nie robią całkiem nic. Tymczasem nikt tak nie twierdzi. Nawet jeśli miliarderzy nie mają motywacji do robienia czegokolwiek, mogą sobie pozwolić na opłacenie zmotywowanych prawników.

Czynnikiem może być też nastawienie mózgu na ego. W 1987 roku Edward Tory Higgins opracował teorię rozbieżności ja.[18]

Głosi ona, że mózg ma wiele „jaźni". Mamy ja idealne, czyli odnoszące się do tego, kim chcemy być, co z kolei wynika z naszych celów, skłonności i priorytetów. Nawet jeśli jesteś spasionym programistą z małego miasteczka w Szkocji, twoje ja idealne może być ogorzałym koszykarzem mieszkającym na Karaibach. To twój naczelny cel, osoba, którą chciałbyś być.

Jest też ja powinnościowe, czyli to, jak uważasz, że *powinno się* postępować, aby dojść do ja idealnego. Twoje ja powinnościowe to ktoś, kto wystrzega się tłustych dań i trwonienia pieniędzy, trenuje koszykówkę i ma oko na ceny nieruchomości na Barbadosie. Obie te jaźnie dostarczają motywacji. Ja idealne daje motywację typu dodatniego, zachęcając nas do robienia tego, co sprawia, że zbliżamy się do ideału. Ja powinnościowe dostarcza motywacji ujemnej, unikowej, by chronić nas przed robieniem tego, co oddalałoby nas od ideału. Chcesz zamówić sobie pizzę na obiad? Nie jest to coś, co *powinieneś* zrobić, wracaj do sałatek.

Swoją rolę odgrywa też osobowość. W odniesieniu do motywacji podstawowe znaczenie może mieć umiejscowienie kontroli. Chodzi o stopień, w jakim człowiek ma poczucie panowania nad biegiem wydarzeń. Może to być osoba egotyczna, przekonana, że wokół niej kręci się cała planeta, bo czemużby nie? Albo może być dalece bardziej bierna, z poczuciem, że jest zawsze zdana na łaskę okoliczności. Pewną rolę ogrywają tu być może uwarunkowania kulturowe. Ludzie wychowani w zachodnim społeczeństwie kapitalistycznym, nieustannie słyszący, że mogą mieć wszystko, czego zapragną, mają zapewne większe poczucie panowania nad swoim życiem, niż ci, którzy żyją w reżimie totalitarnym.

Postrzeganie siebie jako biernej ofiary wydarzeń bywa bardzo niszczące; może wprowadzić mózg w stan wyuczonej bezradności. Skoro ludzie nie mają poczucia, iż mogą zmienić swoją sytuację, brakuje im motywacji, aby w ogóle spróbować. W rezultacie nie podejmują żadnych wysiłków, a sytuacja tylko pogarsza się z powodu ich bierności. To dodatkowo odbiera im optymizm i zapał, błędne koło toczy się więc dalej, a oni grzęzną w nieefektywnej magmie, sparaliżowani pesymizmem i zerową motywacją. Każdy, kto ma za sobą trudne rozstanie, może się pewnie odnaleźć w tym opisie.

Nie jest jasne, gdzie dokładnie w mózgu rodzi się motywacja. Wskazuje się na szlak nagrody w śródmózgowiu – wraz z ciałem migdałowatym ze względu na składnik emocjonalny w tym, co nas motywuje. Ważne są też połączenia z korą czołową i innymi obszarami wykonawczymi, ponieważ znaczna część motywacji opiera się na planowaniu i przewidywaniu nagrody. Niektórzy twierdzą nawet, że istnieją dwa osobne układy motywacyjne: zaawansowany poznawczo, który daje nam życiowe cele i ambicje, oraz bardziej elementarny, reaktywny, który woła: „Okropność, uciekaj!" albo „Patrz, ciastko! Zjedz je!".

Jednak mózg zna i inne motywacyjne sztuczki. W latach dwudziestych zeszłego wieku rosyjska psycholog Bluma Zejgarnik zauważyła podczas pobytu w restauracji, że kelnerzy mieli w pamięci tylko te zamówienia, które były w trakcie realizacji.[19] Gdy zamówienie zostało zrealizowane, zdawało się, że całkiem wypada im z głowy. Zostało to później przetestowane w warunkach laboratoryjnych. Uczestnicy doświadczenia mieli wykonać proste zadania, ale niektórym przerywano tę pracę, nie pozwalając na jej ukończenie. Podczas późniejszej oceny okazało się, że osoby, którym przerwano, pamiętały zadanie dużo lepiej, a nawet chciały je ukończyć, mimo że eksperyment już się nie toczył i nie było za to żadnej nagrody.

Dało to asumpt do sformułowania tzw. efektu Zejgarnik, zgodnie z którym mózg nie lubi rzeczy niedokończonych czy niekompletnych. Tłumaczy to, dlaczego na końcu odcinków w serialach tak często pojawiają się zaskakujące sceny; nierozwiązana fabuła zmusza widzów do obejrzenia dalszej części, by pozbyć się poczucia niepewności.

Wydaje się więc, że niemal najlepszym sposobem motywowania ludzi do czegoś jest zostawić to niedokończone i ograniczyć im możliwości rozwiązania. Istnieje jeszcze efektywniejsza metoda motywowania, ale wyjawię ją w mojej kolejnej książce.

To ma być śmieszne?
(Dziwne i nieprzewidywalne meandry humoru)

„Tłumaczenie dowcipu jest jak zrobienie sekcji żabie. Lepiej się ją poznaje, ale przy okazji umiera" – E.L. White. Niestety, nauka w dużym stopniu posługuje się rygorystyczną analizą oraz rzeczowym opisem i być może dlatego często postrzega się ją jako antytezę humoru. Mimo to podejmowano naukowe próby zbadania roli mózgu w poczuciu humoru. W książce tej przytoczyłem wiele psychologicznych metod badawczych: testy IQ, testy odtwarzania słów, finezyjne sposoby badania apetytu i smaku itd. Jedną ze wspólnych cech doświadczeń z wykorzystaniem tych i innych metod jest poleganie na pewnych typach manipulacji czy „zmiennych", jak zwie się je fachowo.

Eksperymenty psychologiczne zawierają dwa typy zmiennych: niezależne i zależne. Zmienne niezależne to to, co pozostaje pod kontrolą eksperymentatora (testy IQ na inteligencję czy listy słów do analizy pamięci, opracowane i/lub dostarczone przez badacza). Zmienne zależne są tym, co eksperymentator mierzy na podstawie reakcji uczestników (wynik w teście IQ, liczba zapamiętanych słów, fragmenty mózgu, które rozświetlają się w badaniu obrazowym itd.).

Zmienne niezależne powinny wiarygodnie wzbudzać pożądane reakcje, na przykład skłonić do wykonania testu. I tu rodzi się problem. Aby skutecznie przebadać, jak humor funkcjonuje w mózgu, uczestnicy eksperymentów muszą go doświadczać. Idealnie byłoby więc znaleźć coś takiego, co *okaże się śmieszne absolutnie dla wszystkich*. Osoba, która na to wpadnie, zapewne nie pobędzie długo naukowcem, gdyż szybko zacznie dostawać krocie od stacji telewizyjnych, zdeterminowanych, by wyzyskać jej umiejętność. Zawodowi komicy i satyrycy pracują latami, by dojść do takich kwalifikacji, ale nie było jeszcze komika, który rozśmieszałby *wszystkich*.

Co gorsza, ważnym elementem komizmu i humoru jest zaskoczenie. Ludzie śmieją się, gdy po raz pierwszy słyszą dowcip, który się im podoba, ale znacznie mniej za drugim, trzecim, czwartym i piątym razem, bo wtedy już go znają. Zatem każda próba powtórzenia eksperymentu[*] wymaga kolejnego, stuprocentowo skutecznego pomysłu na rozbawienie uczestników.

---

[*] Może to się wydawać przejawem marnotrawstwa lub lenistwa, ale powtarzanie jest bardzo ważnym procesem w nauce, gdyż powtórne wykonanie eksperymentu i uzyskanie takich samych wyników pomaga w upewnieniu się, że są one wiarygodne, a nie wynikły ze zbiegu okoliczności albo manipulacji. Jest to szczególnie wielki problem w psychologii z uwagi na nieprzewidywalność i nierzetelność ludzkiego mózgu. Utrudnia on nawet próby studiowania go, co stanowi jego kolejną irytującą cechę.

Trzeba też wziąć pod uwagę scenerię. Większość laboratoriów stanowi sterylne i kontrolowane środowisko, zaprojektowane tak, by minimalizować różne źródła ryzyka i zabezpieczać przed wszelkimi zakłóceniami eksperymentu. To słuszne z punktu widzenia metodologii nauki, ale trochę mniej, gdy chcemy uzyskać ogólną wesołość. Jeszcze trudniejsze są badania obrazowe mózgu. Wykonanie rezonansu magnetycznego wymaga zamknięcia człowieka w wąskiej i chłodnej rurze, podczas gdy potężny magnes wydaje najdziwniejsze dźwięki dochodzące ze wszystkich stron do uszu. Nie jest to najlepszy sposób na wprowadzenie kogoś w odpowiedni nastrój do słuchania dowcipów z serii „Puk, puk, tu…".

Niemniej uczeni nie pozwolili, by te, skądinąd znaczne, przeszkody powstrzymały ich przed badaniem mechanizmów humoru, jednak musieli uciec się do zastosowania pewnych nietypowych metod. Tak na przykład prof. Sam Shuster zgłębiał działanie humoru oraz jego odmiany w różnych grupach ludzi,[20] jeżdżąc na jednokołowym rowerze po ruchliwych ulicach Newcastle w Anglii i notując wywołane swoim pojawieniem się reakcje. Choć samo podejście jest niewątpliwie innowacyjne, nie zmienia to faktu, że rowery jednokołowe nie znajdują się raczej w pierwszej dziesiątce rzeczy, które każdego rozbawią.

Jest też badanie prof. Nancy Bell z Washington State University,[21] w którym kiepski żart był celowo wtrącany do codziennych rozmów, tak by ocenić rodzaj reakcji ludzi na poronione dowcipy. Korzystano z następującego żartu: „Co powiedział wielki komin małemu? Nic. Kominy nie mówią".

Reakcje wahały się od zmieszania do jawnej krytyki. Ogólnie jednak nikomu nie spodobał się ten żart, jest więc dyskusyjne, czy można w ogóle uznać to za badanie dotyczące humoru.

W eksperymentach tych obserwowano humor pośrednio, przez reakcje i zachowania ludzi w stosunku do „dowcipnisiów". Ale *dlaczego* coś nas bawi? Co takiego dzieje się w mózgu, co zmusza nas do wybuchnięcia niepohamowanym śmiechem w odpowiedzi na pewne zdarzenia? Zastanawiali się nad tym uczeni i filozofowie. Nietzsche twierdził, że śmiech jest reakcją na poczucie egzystencjalnej samotności i wyczuwanej przez nas śmiertelności, choć sądząc po całości spuścizny Nietzschego, nie był on specjalnie obeznany z praktyką śmiechu. Zygmunt Freud podejrzewał, że śmiech jest powodowany przez uwolnienie „energii psychicznej" czy napięcia. Tezę tę z czasem rozwinięto i nazwano spustową teorią humoru (ang. *relief theory of humour*).[22] Głosi ona, że śmiech pojawia się po bezpiecznym usunięciu dostrzeżonego przez mózg zagrożenia czy ryzyka (dotyczącego nas samych albo innych), a służy uwolnieniu narosłego napięcia i wzmocnieniu pozytywnego finału. „Zagrożenie" może mieć charakter fizyczny lub pochodzić z czegoś niewyjaśnialnego czy nieprzewidywalnego (jak w pokrętnej logice dowcipu) albo brać się z tłumienia reakcji czy pragnień ze względu na ograniczenia społeczne (żarty obraźliwe lub dotykające tabu często wywołują gromki śmiech, być może właśnie z tego powodu). Teoria ta sprawdza się szczególnie dobrze w kontekście slapstiku; człowiek, który po pośliźnięciu się na skórce banana wywala się jak długi, a potem z trudem wstaje, chybocząc się na boki, jest śmieszny, ale jeśli wywali się, roztrzaska sobie czaszkę i skona, przestaje być zabawny, bo zagrożenie okazuje się realne.

Ten właśnie aspekt akcentuje teoria D. Haywortha[23] z lat dwudziestych XX wieku, zgodnie z którą fizyczny akt śmiechu wyewoluował jako sposób komunikowania innym ludziom, że niebezpieczeństwo minęło i wszystko jest już w porządku. Trudno tylko powiedzieć, gdzie jest tu miejsce dla osób, które twierdzą, że „śmieją się niebezpieczeństwom w twarz".

Filozofowie tak zamierzchli jak Platon sugerowali, że śmiech jest wyrazem wyższości. Kiedy ktoś przewraca się albo mówi czy robi coś niemądrego, sprawia to nam przyjemność, bo obniża jego status w porównaniu z naszym. Śmiejemy się, uradowani poczuciem własnej wyższości oraz podkreślając cudze potknięcia. Dobrze wyjaśnia to satysfakcję *Schadenfreude*, gdy jednak widzimy światowej sławy komików rozśmieszających wielotysięczną publiczność podczas występów na stadionach, trudno wyobrazić sobie, że wszyscy widzowie myślą: „Co za głupek. Jestem dużo lepszy od niego!". Zatem znów nie jest to cały obraz.

Większość teorii humoru podkreśla rolę niespójności i sprzeczności z oczekiwaniami. Mózg stara się cały czas śledzić rozwój sytuacji zewnętrznej i wewnętrznej – w świecie wokół nas oraz w naszej głowie. Do usprawniania tego procesu służą liczne narzędzia ułatwiające życie, między innymi schematy. Schematy to stosowane przez mózg specyficzne sposoby myślenia i porządkowania informacji. Określone schematy są często stosowane w różnych kontekstach – w restauracji, na plaży, podczas rozmowy kwalifikacyjnej lub interakcji z pewnymi osobami albo typami ludzi. Oczekujemy, że sytuacje te będą przebiegać według danego wzorca, poza który zbyt wiele nie będzie wykraczać. Mamy też szczegółowe wspomnienia i doświadczenia, z których wynika, jak sprawy „powinny" się toczyć w rozpoznawalnych okolicznościach i scenariuszach.

Teoretycy uważają, że humor pojawia się, gdy pogwałcone zostają nasze oczekiwania. Opowiadany dowcip opiera się na zwrocie, przez który wypadki nie przebiegają tak, jak naszym zdaniem powinny. Nikt nie poszedł nigdy do lekarza dlatego, że czuje się jak zasłona. Konie rzadko wchodzą samopas do barów. Humor potencjalnie wynika z tego, że stajemy oko w oko z niespójnościami kontekstowymi, które wywołują niepewność. Mózg nie radzi sobie dobrze z niespójnością, zwłaszcza jeśli jej wystąpienie oznacza, że systemy stosowane przez niego do konstruowania i przewidywania obrazu świata są potencjalnie wadliwe (mózg oczekuje, że coś wydarzy się w pewien sposób, ale tak się nie dzieje, co sugeruje głębszy problem z jego funkcjami predykcyjnymi i analitycznymi). Następnie niespójność zostaje usunięta lub złagodzona przez puentę czy jej odpowiednik (Ach, to gra słów! Rozumiem, co to jest gra słów). Rozwiązanie jest pozytywnym doznaniem dla mózgu, gdyż niespójność zostaje zneutralizowana, a może nawet wynika z tego jakaś nauka. Sygnalizujemy swoje zadowolenie śmiechem, który niesie też wiele korzyści społecznych.

Tłumaczy to także, dlaczego tak ważne jest zaskoczenie i dlaczego dowcip nigdy nie wydaje się równie śmieszny za drugim razem. Niespójność, na której żart zasadzał się pierwotnie, jest już nam znana, więc nie ma takiej mocy rażenia. Mózg pamięta już, na czym polega pułapka, i wie, że jest niegroźna, siła oddziaływania musi być więc słabsza.

O przetwarzanie humoru podejrzewa się wiele obszarów mózgu, między innymi mezolimbiczny szlak nagrody, skoro wytwarza nagrodę w postaci śmiechu. W procesie tym uczestniczą też hipokamp i ciało migdałowate, ponieważ aby doznać zawodu, musimy wiedzieć, co *powinno* się wydarzyć, a także musi nas to poruszyć emocjonalnie. Pewną rolę odgrywają również liczne fragmenty kory czołowej, gdyż znaczna część humoru bierze się z pogwałcenia logiki i oczekiwań, co angażuje wyższe funkcje wykonawcze. Ważne są ponadto obszary płata ciemieniowego związane z przetwarzaniem języka, ponieważ komizm często wynika z gry słów albo naruszenia norm mowy i ekspresji. Rola przetwarzania językowego jest ważniejsza dla humoru, niż wielu mogłoby sądzić. Sposób prezentacji, ton, akcenty, pauzy – wszystko to może stworzyć dowcip albo go zabić. Szczególnie ciekawa obserwacja dotyczy śmiechu u osób głuchych, porozumiewających się językiem migowym. W standardowej rozmowie na głos, podczas której ktoś opowiada żart lub wesołą historyjkę, ludzie śmieją się (jeśli jest śmieszna) w pauzach, pod koniec zdań, generalnie w chwilach przerwy, gdy nie zakłóca to opowiadania. To ważne, bo zarówno śmiech, jak i mowa opierają się na dźwiękach. Inaczej jest jednak w wypadku języka migowego. W tej sytuacji można się śmiać na głos przez cały czas opowiadania dowcipu czy historii, nie przeszkadzając mówiącemu. Jednak tak się nie robi. Badania wskazują, że głusi śmieją się w tych samych pauzach i przerwach, mimo że hałas, jaki powoduje śmiech, nie jest przeszkodą dla opowiadającego.[24] Najwyraźniej przetwarzanie języka i mowy wpływa na to, kiedy naszym zdaniem przychodzi pora się zaśmiać, niekoniecznie jest to więc tak spontaniczne, jak sobie wyobrażamy.

Z tego, co obecnie wiadomo, w mózgu nie ma wyspecjalizowanego „ośrodka śmiechu". Poczucie humoru wypływa z tysięcy połączeń i procesów będących rezultatem naszego rozwoju, osobistych upodobań i licznych doświadczeń. Wyjaśnia to, dlaczego zdaje się, że każdy ma swe własne, charakterystyczne poczucie humoru.

Pomimo obserwowanego zindywidualizowania gustów co do komizmu i humoru można dowieść, że znacznie wpływa na niego obecność i reakcje innych ludzi. Niezaprzeczalna jest silna funkcja społeczna śmiechu. Ludzie mogą doznawać wielu emocji równie gwałtownie i intensywnie jak humoru, ale ich większość nie skutkuje głośnymi i niekontrolowanymi (często obezwładniającymi) spazmami (tj. śmiechem). Dobrze jest publicznie uzewnętrzniać swój stan rozbawienia, gdyż ewolucja przygotowała ludzi do robienia tego, czy tego chcą, czy nie.

Badania, takie jak Roberta Provine'a z University of Maryland, sugerują, że prawdopodobieństwo roześmiania się w grupie jest trzydziestokrotnie większe niż w pojedynkę.[25] Ludzie śmieją się częściej i swobodniej w towarzystwie przyjaciół, nawet kiedy nie opowiadają sobie kawałów. Śmiech mogą wywoływać zwykłe obserwacje, wspólne wspomnienia czy zupełnie prozaiczne anegdoty o znajomych. Dużo łatwiej jest śmiać się w towarzystwie, toteż na przykład satyrycy rzadko występują przed jednoosobową widownią. Inna ciekawostka na temat interakcyjnego aspektu humoru: ludzki mózg bardzo dobrze radzi sobie z odróżnianiem śmiechu prawdziwego od sztucznego. Badania przeprowadzone przez Sophie Scott ukazały, że ludzie niezwykle precyzyjnie rozpoznawali, czy ktoś śmiał się szczerze czy tylko udawał, nawet jeśli brzmiało to bardzo podobnie.[26] Czy drażniły cię kiedyś salwy naciąganego śmiechu w tle marnego sitcomu? Ludzie bardzo silnie reagują na śmiech i zawsze mają obiekcje wobec poddawaniu go manipulacjom.

Kiedy próba rozśmieszenia spala na panewce, spala *totalnie*. Gdy ktoś opowiada ci dowcip, daje jasno do zrozumienia, że chce cię rozbawić. Doszedł do wniosku, że zna twoje poczucie humoru i jest w stanie cię rozśmieszyć, stwierdza więc tym samym, że sprawuje nad tobą pewną kontrolę, czyli ma przewagę. Jeżeli dzieje się to na oczach innych ludzi, ta przewaga zyskuje pokreślenie. Lepiej więc, żeby żart się udał. A potem klapa. Dowcip pozostaje bez echa. To zasadniczo forma zdrady, która uraża nas na kilku (głównie podświadomych) poziomach. Nic dziwnego, że ludzie często się wtedy złoszczą (o przykłady poproś dowolnego początkującego komika). Jednak aby w pełni to zrozumieć, trzeba zdawać sobie sprawę, w jak wielkim stopniu interakcje międzyosobowe oddziałują na pracę naszego mózgu, a tak złożonemu zagadnieniu należy się osobny rozdział.

ROZDZIAŁ 7

||||||||||||||||||||||||||||||||||||||||||||||||||||||

Uścisk grupowy!

Jak mózg ulega wpływom ze strony innych ludzi

Wielu twierdzi, że nie obchodzi ich cudze zdanie na ich temat. Obwieszczają to wszem wobec, wkładając niemało trudu w to, by ich sposób zachowania nie pozostawiał co do tego najmniejszych wątpliwości. Najwidoczniej niezważanie na opinię innych nie liczy się, dopóki ci, na których nam podobno nie zależy, pozostają w nieświadomości co do naszej postawy. Osoby, które kontestują „normy społeczne", nieuchronnie lądują w ramach innej rozpoznawalnej grupy. Od modsów i skinheadów z połowy XX wieku do dzisiejszych gotów i emo – pierwszą rzeczą, jaką robi każdy, kto nie chce dostosowywać się do powszechnych standardów, jest przybranie innej tożsamości grupowej. Nawet gangi motocyklowe czy mafie z reguły mają swój charakterystyczny kod ubioru; mogą nie szanować prawa, ale zależy im na szacunku w swoim otoczeniu.

Skoro nawet zatwardziali zbrodniarze i buntownicy nie mogą oprzeć się impulsowi do łączenia się w grupy, musi on być silnie zakorzeniony w ludzkim mózgu. Umieszczenie więźnia na zbyt długi czas w pojedynczej celi uważa się za formę tortury psychicznej,[1] co wskazuje, że kontakt z ludźmi jest bardziej potrzebą niż pragnieniem. Dość nieoczekiwana prawda jest taka, że duża część naszego mózgu jest uformowana przez – i ma na celu – interakcje z innymi ludźmi, a w konsekwencji w zaskakująco dużym stopniu uzależniamy się od innych.

Znany jest klasyczny spór, co sprawia, że człowiek jest tym, kim jest – natura czy kultura, geny czy otoczenie? Znaczenie ma to i to. Rzecz jasna geny mają wielki wpływ na to, kim się stajemy, ale podobną rolę odgrywa wszystko, co przydarza się nam w trakcie rozwoju, a jednym ze źródeł informacji i doświadczeń dla rozwijającego się mózgu – kto wie, czy nie najważniejszym – są inni ludzie. To, co nam mówią, jak się zachowują, co robią i myślą/sugerują/tworzą/uważają – wszystko to bezpośrednio wpływa na formujący się mózg. Na dodatek znaczna część naszego ja (poczucie własnej wartości, ego, motywacja, emocje itd.) wywodzi się z tego, co ludzie o nas myślą i jak się do nas odnoszą.

Gdy uświadomimy sobie, że inni ludzie mają wpływ na rozwój naszego mózgu oraz że z kolei oni są sterowani przez własne mózgi, dochodzimy do jedynego możliwego wniosku: ludzkie mózgi same kontrolują swój rozwój! Wiele apokaliptycznych powieści science-fiction opiera się na pomyśle, że zdolność tę posiadły komputery, jednak w przypadku mózgów nie napawa to aż takim lękiem, bo – jak już wielokrotnie obserwowaliśmy – ludzki mózg bywa dość niepoważny i groteskowy. W konsekwencji groteskowi są też ludzie. W ten sposób mamy znaczną część mózgu przeznaczoną do zajmowania się innymi. W kolejnych akapitach niniejszego rozdziału podaję liczne przykłady niedorzeczności, do jakich może to doprowadzić.

Wszystko wypisane na twarzy
(Dlaczego tak trudno jest ukryć swoje prawdziwe myśli)

Ludziom nie podoba się, jeśli masz kwaśną minę, choćby zaistniały ku temu ważne powody, takie jak awantura z partnerem lub odkrycie, że wszedłeś w psią kupę. Bez względu na to, jaka jest przyczyna zmartwienia, często pogłębia się ono, gdy postronna osoba poradzi ci się uśmiechnąć.

Na podstawie wyrazu twarzy ludzie mogą się zorientować, co ktoś inny myśli czy czuje. To niemal czytanie w myślach. Jest to bardzo użyteczna forma komunikacji, co nie powinno nas szokować, bo mózg dysponuje imponującym zasobem procesów wyspecjalizowanych w porozumiewaniu się.

Słyszałeś być może twierdzenie, że „90 procent komunikacji przebiega bezsłownie". Tych „90 procent" znacznie waha się w zależności od tego, kto wygłasza sąd, ale waha się również faktycznie, ponieważ ludzie komunikują się w różny sposób zależnie od kontekstu. Starając się porozumieć w zatłoczonym klubie nocnym, uciekają się do innych metod niż te, które wybraliby, gdyby przypadkiem znaleźli się w klatce ze śpiącym tygrysem. Zasadnicza myśl jest taka, że duża, a może nawet przeważająca część komunikacji interpersonalnej dokonuje się środkami innymi niż wypowiadane słowa.

Mamy kilka obszarów mózgu wyspecjalizowanych w przetwarzaniu języka i mowie, więc znaczenie komunikacji werbalnej winno być bezdyskusyjne. Przez wiele lat przypisywano ją do dwóch rejonów mózgu. Za niezbędne do tworzenia mowy uznawano pole Broki z tyłu płata czołowego, nazwane tak od nazwiska Pierre'a Paula Broki. Wymyślenie czegoś do powiedzenia oraz ustawienie właściwych słów w odpowiednim porządku było przejawem pracy pola Broki.

Innym ośrodkiem było pole Wernickego, zidentyfikowane przez Carla Wernickego w płacie skroniowym. Przypisywano mu rozumienie języka. Pojmowanie słów, ich znaczenia i licznych niuansów interpretacyjnych wymaga zaangażowania właśnie pola Wernickego. Taki dwuelementowy zestaw byłby w wypadku mózgu zbyt prostym rozwiązaniem i rzeczywiście okazuje się, że system językowy jest znacznie bardziej złożony. Niemniej przez całe dziesięciolecia to ośrodkom Broki i Wernickego przypisywano przetwarzanie mowy.

By zrozumieć, dlaczego powstał i utrzymywał się ten pogląd, trzeba uświadomić sobie, że obszary te zostały zidentyfikowane w XIX wieku w wyniku badań nad ludźmi, którzy doświadczyli uszkodzeń mózgu ograniczonych do tych rejonów. Bez nowoczesnej techniki obrazowej i komputerowej dawni specjaliści neuronauk mogli badać jedynie nieszczęśników z właściwym typem urazu głowy. Nie była to najwydajniejsza metoda, ale przynajmniej nie powodowali sami tych urazów (o ile nam wiadomo).

Obszary Broki i Wernickego zostały zidentyfikowane dlatego, że ich uszkodzenie powodowało afazję, czyli głębokie upośledzenie mowy oraz rozumienia. Afazja Broki, inaczej ekspresyjna, polega na tym, że pacjent nie może „wytwarzać" języka. Nie stało się nic złego z jego ustami ani mięśniami języka, poza tym może on wciąż rozumieć mowę, nie potrafi jednak wyartykułować płynnego, spójnego komunikatu. Pacjenci tacy mogą niekiedy wymówić kilka rozumnych słów, ale długie zdania złożone są w ich wypadku praktycznie wykluczone.

Co ciekawe, często afazja ta pojawia się zarówno podczas mówienia, jak i *pisania*. To ważne. Mowa ma charakter słuchowy i jest realizowana przez usta. Pismo ma charakter wzrokowy i wymaga użycia dłoni oraz palców. Skoro upośledzenie dotyczy zarówno jednego, jak i drugiego, oznacza to uszkodzenie wspólnego elementu, którym może być jedynie przetwarzanie języka, najwyraźniej odbywające się w mózgu osobno.

Afazja Wernickego to odwrotne schorzenie. Cierpiący na nią ludzie zdają się niezdolni do rozumienia języka. Wydaje się, że mogą rozpoznawać ton głosu, fleksję, szyk słów itd., ale same słowa są dla nich pozbawione znaczeń. Wszyscy oni wypowiadają się podobnie, długimi zdaniami, brzmiącymi jak złożone, ale zamiast „Poszedłem do sklepu i kupiłem pieczywo" wychodzi „Poniedłem na do ropić lepu skep zakupowić miś dziś od raz liczywo". Powstaje zatem kombinacja istniejących i wymyślonych słów, zestawionych bez rozpoznawalnego sensu lingwistycznego, gdyż mózg jest uszkodzony w taki sposób, iż nie potrafi rozpoznawać języka, a w związku z tym nie może go też wytwarzać.

Również ta afazja często dotyka języka pisanego, a pacjenci są zwykle niezdolni uchwycić, że mają jakikolwiek problem z mową. Uważają, że mówią normalnie, co oczywiście prowadzi do ogromnej frustracji.

Obserwacje te doprowadziły do sformułowania teorii na temat znaczenia pól Broki i Wernickego dla języka i mowy. Jednak era badań obrazowych zmieniła ogląd rzeczywistości. Ośrodek Broki, w płacie czołowym, nadal jawi się jako istotny dla przetwarzania składni i innych elementów strukturalnych języka, co wydaje się w pełni zrozumiałe; manipulowanie złożonymi informacjami w czasie rzeczywistym to opis znacznej części aktywności płata czołowego. Natomiast obszar Wernickego został w praktyce zdegradowany ze względu na wyniki badań pokazujące zaangażowanie w wytwarzanie mowy znacznie rozleglejszego fragmentu płata skroniowego.[2]

Takie obszary, jak zakręt skroniowy górny, zakręt czołowy dolny, zakręt skroniowy środkowy oraz „głębsze" struktury mózgu, w tym skorupa, są wyraźnie wiązane z przetwarzaniem mowy, w tym z posługiwaniem się składnią, rozumieniem znaczenia słów, łączeniem w pamięci skojarzonych wyrazów i zwrotów itd. Wiele z tych miejsc znajduje się w pobliżu kory słuchowej, co wydaje się sensowne (choć raz). Obszary Broki i Wernickego mogą nie być tak integralnie związane z językiem, jak sądzono początkowo, ale odgrywają swoją rolę. Ich uszkodzenie zrywa wiele połączeń między obszarami przetwarzania języka, stąd afazja. Jednak to, iż ośrodki przetwarzania języka są rozsiane po tak dużym obszarze mózgu, wskazuje, że język jest dla niego funkcją fundamentalną, a nie tylko czymś, do czego przyucza nas środowisko.

Niektórzy twierdzą, że język ma jeszcze większe znaczenie neurologiczne. Teoria relatywności lingwistycznej głosi, że język, którym posługuje się dana osoba, stanowi podstawę zachodzących u niej procesów przetwarzania poznawczego i jej zdolności postrzegania świata.[3] Gdyby ludzie wzrastali w środowisku językowym, w którym na przykład nie istniałoby określenie na

„wiarygodny", nie byliby zdolni rozumieć ani okazywać wiarygodności i w konsekwencji musieliby wszyscy szukać zatrudnienia jako agenci obrotu nieruchomościami.

To oczywiście przykład skrajny, a sprawa jest trudna do badania, bo trzeba by znaleźć kulturę, w której stosuje się język pozbawiony jakichś istotnych pojęć. (Przeprowadzono wiele badań nad izolowanymi kulturami, w którym występuje mniejszy zakres określeń kolorów, twierdząc, że w konsekwencji ludzie mają mniejszą zdolność *postrzegania* pewnych barw, ale to dyskusyjne.[4]) Niemniej istnieje wiele teorii o relatywności lingwistycznej, a najsłynniejszą jest hipoteza Sapira-Whorfa.˙

Niektórzy idą dalej, twierdząc, że zmiana języka, jakim się ktoś posługuje, może *zmienić jego sposób myślenia*. Najbardziej widocznym przykładem tego jest programowanie neurolingwistyczne (NLP). Jest to miszmasz psychoterapii, metod rozwoju osobistego i innych podejść behawioralnych, oparty na fundamentalnym założeniu, że język, zachowanie i procesy neurologiczne wzajemnie się przeplatają. Zmieniając czyjś sposób posługiwania się językiem i doświadczania go, można zmienić (oby na lepsze) jego sposób myślenia i zachowania, tak jak czyści się kod programu komputerowego z bugów i usterek.

Mimo popularności i uroku NLP niewiele dowodów świadczy, że metoda ta rzeczywiście działa, co lokuje ją w obszarze pseudonauki i medycyny alternatywnej. Niniejsza książka pęka od przykładów tego, że ludzki mózg robi, co do niego nale-

---

˙ Hipoteza Sapira-Whorfa jest swego rodzaju utrapieniem dla lingwistów, bo nosi bardzo mylącą nazwę. Jej rzekomi twórcy, Edward Sapir i Benjamin Lee Whorf, nigdy nie napisali wspólnie żadnej pracy i nigdy nie przedłożyli żadnej konkretnej hipotezy. Hipoteza Sapira-Whorfa nie istniała, dopóki termin ten nie został ukuty, co stanowi świetną jej egzemplifikację. Nikt nie powiedział, że lingwistyka musi być przejrzysta.

ży, wbrew wszystkiemu, czym współczesny świat go obrzuca, więc raczej nie będzie potulnie dostosowywał się do jakiejś pieczołowicie dobranej frazy. Niemniej NLP często podkreśla wagę niewerbalnego składnika komunikacji, w czym ma rację. A komunikacja taka wyraża się na wiele sposobów.

W swej pamiętnej książce z 1985 roku *Mężczyzna, który pomylił swoją żonę z kapeluszem*[5] Oliver Sacks opisuje, jak grupa pacjentów z afazją, którzy nie mogli zrozumieć języka mówionego, słuchała przemówienia prezydenta i zaśmiewała się do łez, choć intencja mówcy była zdecydowanie inna. Wyjaśnienie jest takie, że pacjenci, pozbawieni rozumienia słów, wyspecjalizowali się w odczytywaniu niewerbalnych sygnałów i znaków, które umykają większości ludzi, ponieważ zbyt mocno rozpraszają ich słowa. W odbiorze afatyków prezydent nieustannie ujawnia swoją nieszczerość przez tiki głowy, język ciała, rytm mowy, rozbudowaną gestykulację itd. Dla pacjenta z afazją wskazówki te są jednoznacznymi sygnałami nieuczciwości. Gdy pochodzą one od najpotężniejszego człowieka na ziemi, można się tylko roześmiać albo rozpłakać.

Nie zaskakuje, że informacje takie można wyłuskać niewerbalnie. Jak już wspomniałem, ludzka twarz jest znakomitym urządzeniem komunikacyjnym. Jej mimika ma znaczenie – łatwo stwierdzić, kiedy ktoś jest zły, radosny, przelękniony itd., bo twarz przybiera odpowiedni wyraz, co w dużym stopniu przyczynia się do komunikacji. Ktoś może powiedzieć: „Nie powinieneś był" z wyrazem rozbawienia, gniewu lub odrazy i w każdym przypadku fraza ta będzie inaczej zinterpretowana.

Mimika jest dość uniwersalna. Przeprowadzano badania, podczas których obrazy określonego wyrazu twarzy pokazywano przedstawicielom różnych kultur, w tym bardzo odległych i stosunkowo nietkniętych przez cywilizację zachodnią. Istnieją pewne odmienności kulturowe, ale zasadniczo każdy, bez względu na swe pochodzenie, umie rozpoznać mimikę. Wydaje się, że ma ona charakter wrodzony, a nie wyuczony, jest elementem „hardware'u" ludzkiego mózgu. Człowiek, który wyrósł w najgłębszych zakamarkach amazońskiej dżungli, przybiera ten sam wyraz twarzy, gdy coś go zaskoczy, co rodowity nowojorczyk.

Nasz mózg z ogromną wprawą rozpoznaje i odczytuje twarze. W rozdziale 5 pisałem, że w korze wzrokowej występują podobszary wyspecjalizowane w przetwarzaniu obrazów twarzy, dlatego mamy tendencję dostrzegać je wszędzie wokół siebie. Mózg działa tak wydajnie pod tym względem, że mimikę można wydedukować z zupełnie szczątkowych informacji, toteż powszechnie używa się znaków interpunkcyjnych do wyrażania radości :-) smutku :-(zaskoczenia :-O i wielu innych emocji. To tylko kreski i kropki. Nie są nawet ustawione w pionie, jak powinny. A mimo to dostrzegamy w nich określoną mimikę.

Mimika może wydawać się ograniczoną formą komunikacji, jest jednak szalenie użyteczna. Jeżeli wszyscy wokół ciebie wyglądają na przelęknionych, mózg natychmiast wnioskuje, że w pobliżu jest coś, co wszyscy uznają za zagrożenie, szykuje się więc do walki lub ucieczki. Gdybyśmy musieli czekać, aż ktoś powie: „Nie chcę pana niepokoić, ale wydaje się, że w naszą stronę zmierza stado hien chorych na wściekliznę", drapieżniki dopadłyby nas, zanim zdanie zostałoby w całości wypowiedziane. Mimika pomaga też w sytuacjach towarzyskich. Jeśli robimy coś, co najwyraźniej wzbudza ogólne zadowolenie, wiemy, że możemy robić to dalej, zyskując aprobatę. Ale jeśli wszyscy spoglądają na nas zszokowani, rozgniewani czy zdegustowani, trzeba szybko zająć się czymś innym. Te sygnały zwrotne kierują naszymi zachowaniami.

Z badań wynika, że podczas odczytywania mimiki wysoce aktywne jest ciało migdałowate.[6] Odpowiedzialne za przetwarzanie naszych własnych emocji, wydaje się ono konieczne również do rozpoznawania emocji innych ludzi. W wykonywaniu tego zadania biorą również udział inne obszary wyspecjalizowane w przetwarzaniu emocji (na przykład skorupa w przypadku odrazy).

Powiązanie emocji z mimiką jest silne, ale możliwe do przekroczenia. Niektórzy tłumią lub kontrolują swoją mimikę, tak iż może się ona różnić od ich stanu emocjonalnego. Oczywistym przykładem jest „twarz pokerzysty". Zawodowi gracze zachowują neutralny (lub nieadekwatny) wyraz twarzy, by ukryć, jak kolejne otrzymywane karty wpływają na ich szansę wygranej. Jednak ze względu na ograniczoną liczbę kart w talii sytuacja ta stwarza dość wąski zakres możliwości i pokerzyści potrafią przygotować się na każdą z nich, nawet na pojawienie się pełnego strita. Wiedza o tym, że coś się zbliża, pozwala na zachowanie bardziej świadomej kontroli nad wyrazem twarzy. Gdyby jednak w trakcie gry przez dach przebił się i wylądował na stole meteoryt, jest wątpliwe, by którykolwiek z pokerzystów powstrzymał się przed uzewnętrznieniem zdumienia.

Ujawnia się w ten sposób jeszcze jeden konflikt pomiędzy zaawansowanymi i prymitywnymi obszarami mózgu. Mimika może być wolicjonalna (kontrolowana przez korę ruchową mózgu) lub mimowolna (kontrolowana przez ośrodki położone głębiej, w układzie limbicznym). Wolicjonalny wyraz twarzy przybieramy z wyboru, na przykład okazując entuzjazm podczas oglądania czyichś nudnych zdjęć z wakacji. Mimika mimowolna jest wytworem rzeczywistych emocji. Zaawansowana kora nowa ludzkiego mózgu jest zdolna do przekazywania nieadekwatnych informacji (kłamstwa), ale starszy, limbiczny układ kontroli jest kryształowo uczciwy, toteż często dochodzi pomiędzy nimi do konfliktów, ponieważ normy społeczne nieraz wymagają, abyśmy nie wyrażali swojego prawdziwego zdania. Nawet jeśli czyjaś nowa fryzura wydaje się nam okropna, niekoniecznie trzeba to zakomunikować.

Niestety subtelne wyczulenie mózgu na niuanse twarzy sprawia, że często jesteśmy w stanie odczytać, iż ktoś doświadcza wewnętrznego konfliktu między szczerością a dobrym wychowaniem (uśmiechając się z zaciśniętymi zębami). Na szczęście otwarte zwrócenie na to uwagi nie mieści się w granicach norm towarzyskich, dzięki czemu udaje się zachować chwiejną równowagę.

Marchewki i kije

(Jak mózg pozwala nam kontrolować innych ludzi i być przez nich kontrolowanym)

Nie cierpię kupowania samochodu – przemierzania wielkich parkingów, niekończącego się sprawdzania różnych drobiazgów, oglądania tylu pojazdów, że w końcu traci się zainteresowanie przedmiotem poszukiwań i zaczyna kombinować, czy w ogrodzie za domem jest dość miejsca, by trzymać konia. To całe udawanie, że człowiek ma pojęcie o autach i ze znawstwem kopie w oponę. Po co? Czy czubkiem buta można wykryć zwulkanizowaną gumę?

Ale najgorsi są dla mnie sprzedawcy. Po prostu nie umiem z nimi postępować. Zmaskulinizowanie (nie spotkałem jeszcze kobiety w tej roli), udana poufałość, taktyka „Będę musiał spytać kierownika", implikacja, że już sama moja obecność w salonie to dla nich strata pieniędzy. Wszystkie te techniki dezorientują mnie i wybijają z równowagi, a cały proces jest dla mnie jednym wielkim stresem.

Dlatego na poszukiwania samochodu wybieram się zawsze z moim ojcem. On czuje się w tym ryba w wodzie. Za pierwszym razem, gdy pomagał mi kupić samochód, byłem nastawiony na kompetentne negocjacje, ale jego taktyka polegała głównie na przeklinaniu i wyzywaniu sprzedawców od złodziei, póki nie zgodzili się obniżyć ceny. Mało subtelne, ale bardzo efektywne.

Niemniej to, że sprzedawcy samochodów na całym świecie stosują takie klasyczne i rozpoznawalne metody, wskazuje, że widocznie one działają. Dziwne. Poszczególni klienci mają przecież zupełnie inne osobowości, preferencje i pojemność uwagi, więc myśl, że proste i znane zabiegi zwiększą prawdopodobieństwo uzyskania czyjejś zgody na zostawienie ciężko zarobionych pieniędzy, wydaje się śmieszna. Jednak istnieją określone zachowania, które zwiększają koncyliacyjność, co oznacza, że nabywcy zgadzają się ze sprzedawcą i „poddają jego woli".

Omawialiśmy już, jak silny jest lęk przed osądem społecznym; jak prowokacja aktywuje układ gniewu; jak dużym motywatorem może być chęć zyskania aprobaty. Co istotne, wiele emocji występuje tylko w powiązaniu z innymi ludźmi. Możemy się złościć na przedmioty nieożywione, ale hańba lub duma wymagają osądu ludzi, a miłość to coś, co wywiązuje się między dwojgiem osób (miłość własna jest czymś zupełnie innym). Nie trzeba więc dużo, by przekonać się, że ludzie są w stanie skłonić innych do zrobienia tego, na czym im zależy, dzięki wyzyskaniu skłonności mózgu. Każdy, kto utrzymuje się z namawiania innych do przekazania mu swoich pieniędzy, zna metody potęgowania koncyliacyjności klientów, za co w dużym stopniu odpowiadają mechanizmy pracy mózgu.

Nie oznacza to, że istnieją techniki dające pełną kontrolę nad drugim człowiekiem. Ludzie są istotami dalece zbyt złożonymi, by się to udało, bez względu na to, co próbowaliby ci wmówić spece od podrywu. Niemniej istnieją pewne uznane naukowo sposoby skłaniania ludzi do tego, by przystali na twoje życzenia.

Jest na przykład technika stopy w drzwiach. Kolega prosi cię o pożyczenie pieniędzy na autobus. Zgadzasz się. Potem pyta, czy może pożyczyć też na kanapkę. Znowu się zgadzasz. Potem proponuje, żebyście poszli razem do pubu, pogadać o starych czasach nad kilkoma piwami. O ile tylko zgodzisz się postawić, bo on nie ma przy sobie pieniędzy, prawda? „No dobra – myślisz – to tylko parę piw". Potem jest parę więcej i nagle kolega prosi o pieniądze na taksówkę, bo autobus już uciekł, a ty zgadzasz się z westchnieniem, bo powiedziałeś już „tak" na wszystko wcześniej.

Gdyby ten rzekomy przyjaciel powiedział: „Postaw mi obiad i kilka drinków, a potem zapłać za mój wygodny powrót do domu", odmówiłbyś, bo to absurdalna prośba. Ale kolega doprowadził do twojej zgody w inny sposób. To właśnie technika stopy w drzwiach (SWD), dzięki której przystanie na drobną prośbę czyni cię podatniejszym na większą. Rozmówca „wsunął stopę między drzwi".

Na szczęście SWD ma swoje ograniczenia. Musi być pewien odstęp między pierwszą a drugą prośbą. Jeśli ktoś zgadza się pożyczyć ci 5 funtów, nie możesz poprosić go o 50 dziesięć sekund później. Badania ukazały, że SWD może działać w ciągu kilku dni lub tygodni, ale w końcu skojarzenie między pierwszą a drugą prośbą się zaciera.

SWD sprawdza się lepiej, gdy prośby mają charakter „prosocjalny", dotyczą czegoś postrzeganego jak niesienie pomocy czy dobry uczynek. Kupienie komuś jedzenia jest niesieniem pomocy, podobnie pożyczenie pieniędzy na powrót do domu, toteż są to prośby, które mają większe szanse powodzenia. Stanie na czatach, gdy ktoś gryzmoli świństwa na karoserii samochodu swojej eks, nie jest dobrym uczynkiem, więc podwiezienie go potem pod jej dom, by rzucić cegłą w okno sypialni, spotka się z odmową. W głębi ducha ludzie są zwykle przyzwoici.

SWD wymaga też spójności – na przykład pożyczenie pieniędzy i potem pożyczenie więcej pieniędzy. Natomiast podrzucenie kogoś autem do domu nie oznacza, że zgodzimy się potem przez miesiąc opiekować jego pytonem. Te sprawy nie są powiązane. Większość ludzi nie zrównuje „podwiezienia" z „goszczeniem w moim domu gigantycznego węża".

Pomimo tych ograniczeń SWD ma swoją moc. Na przykład masz pewnie kogoś w rodzinie, kto poprosił cię o podłączenie nowego komputera, a następnie mianował cię pomocą techniczną czynną dwadzieścia cztery godziny na dobę przez siedem dni w tygodniu. To SWD.

W swoim badaniu z 2002 roku Nicolas Guéguen pokazał, że działa to nawet online.[7] Studenci, którzy zgodzili się na mailową prośbę, by otworzyć pewien plik, wykazywali potem większą skłonność do wzięcia udziału w bardziej czasochłonnej ankiecie internetowej. Przekonanie kogoś do czegoś często zależy od tonu głosu, prezencji, języka ciała, kontaktu wzrokowego itd., ale to badanie ukazuje, że nie są one potrzebne. Mózg jest niepokojąco skory do przystawania na prośby ludzi.

Inne podejście wyzyskuje prośbę, która spotkała się z odmową. Powiedzmy, że ktoś zapytał cię, czy mógłby przechować u ciebie w domu wszystkie swoje rzeczy, bo się wyprowadza. Byłoby to uciążliwe, więc odmawiasz. Wtedy pyta cię, czy pożyczyłbyś mu samochód na weekend, żeby przewiózł swoje graty gdzieś indziej. Jest to znacznie prostsze, więc przystajesz na jego prośbę. A przecież oddanie komuś samochodu na weekend też jest uciążliwe, tyle że nie tak bardzo. No i teraz ktoś obcy jeździ twoim samochodem, na co nie masz w zwyczaju się godzić.

To technika zatrzaśnięcia drzwi przed nosem (ZDPN; ang. *door-in-the-face*). Brzmi agresywnie, lecz to osoba manipulowana „zatrzaskuje drzwi" przed nosem proszącego. Takie zatrzaśnięcie (metaforyczne czy dosłowne) wzbudza w tobie wyrzuty, zatem rodzi się chęć jakiegoś zadośćuczynienia – stąd przystanie na mniejszą prośbę.

Prośby w ZDPN mogą następować znacznie szybciej niż w SWD. Pierwsza spotkała się przecież z odmową, czyli na nic się jeszcze nie zgodziłeś. Co więcej, istnieją świadectwa wskazujące, że ZDPN ma silniejsze działanie. W badaniu z 2011 roku Chan i jej współpracownicy stosowali obie techniki, by zachęcić uczniów do rozwiązania testu z arytmetyki.[8] Odsetek powodzenia SWD wyniósł 60 procent, a ZDPN blisko 90 procent! Wniosek z badania był taki, że jeśli chcesz skłonić swoich uczniów do zrobienia czegoś, powinieneś stosować technikę zatrzaśnięcia drzwi przed nosem, co jednak należy sformułować w inny sposób, gdy ogłasza się to publicznie.

Siła i skuteczność ZDPN tłumaczą, dlaczego metoda ta jest tak często wykorzystywana podczas przeprowadzania transakcji finansowych. Naukowcy oceniali to zresztą bezpośrednio. W badaniu z 2008 roku Ebster i Neumayr[9] pokazali niezwykłą efektywność ZDPN w sprzedaży turystom serów w pewnym alpejskim szałasie. (Notabene: większość eksperymentów nie odbywa się w takiej scenerii.)

Ponadto istnieje technika niskiej piłki, podobna do SWD w tym, że na początku ktoś godzi się na coś, ale dalej jej przebieg jest inny. Mamy z nią do czynienia, gdy człowiek wyraża na coś zgodę (cenę usługi, termin wykonania pracy, liczbę słów w dokumencie), a potem nagle druga strona podnosi wstępne wymagania. O dziwo, pomimo frustracji i poirytowania, większość ludzi przyjmuje zaostrzone warunki. Teoretycznie mają wszelkie prawo, by odmówić – jest to złamanie umowy w celu osiągnięcia dodatkowych korzyści. Jednak ludzie niezmiennie przystają na nagle zwiększone wymagania, o ile tylko nie są przesadne (jeśli zgodziłeś się zapłacić 70 funtów za używany odtwarzacz DVD, nie zgodzisz się nagle dać za niego wszystkich swoich oszczędności i dorzucić jeszcze pierworodnego).

Niską piłkę można wykorzystać do zmuszenia ludzi, aby pracowali za darmo! W pewnym sensie. W badaniu z 2003 roku Burger i Cornelius z Santa Clara University uzyskiwali zgodę ludzi na wypełnienie ankiety w zamian za otrzymanie kubka do kawy.[10] Następnie uczestnicy dowiadywali się, że kubków jednak zabrakło. Większość z nich mimo to wypełniła ankietę, choć nie otrzymała obiecanego wynagrodzenia. Z kolei w badaniu Cialdiniego i jego współpracowników z 1978 roku donoszono, że studenci byli dużo bardziej skłonni stawić się na badania naukowe o siódmej rano, jeśli wcześniej zgodzili się przyjść na dziewiątą, niż kiedy od razu proszono ich o przybycie na siódmą.[11] Najwyraźniej nagrody czy koszt nie są jedynymi czynnikami branymi pod uwagę. Wiele badań nad techniką niskiej piłki wykazało, że aktywna i nieprzymuszona zgoda na dany układ ma podstawowe znaczenie w dotrzymaniu słowa, nawet gdy warunki zostają zmienione.

Są to jedne z bardziej znanych sposobów manipulowania ludźmi w celu nakłonienia ich do poddania się naszym życzeniom (innym przykładem jest tzw. psychologia odwrócona, o której zdecydowanie nie powinieneś szukać informacji). Czy widać w nich jakiś sens ewolucyjny? Rzekomo chodzi o dobór naturalny przez przetrwanie najlepiej przystosowanych, ale jakąż przewagę daje łatwość bycia zmanipulowanym? Przyjrzymy się temu szczegółowiej w dalszej części rozdziału, niemniej wszystkie opisane tu techniki przekonywania znajdują wyjaśnienie w konkretnych skłonnościach mózgu.*

Wiele z nich wiąże się z naszym obrazem własnym. W rozdziale 4 pokazaliśmy, że mózg (dzięki płatom czołowym) jest zdolny do autoanalizy i świadomego działania. Nie będzie więc przesadą stwierdzić, że możemy wykorzystywać płynące stąd informacje do „nadrobienia" swoich braków. Słyszałeś na pewno

---

* Dużo teoretyzuje się i spekuluje na temat tego, jakie procesy i obszary mózgu odpowiadają za te istotne społecznie tendencje, ale wciąż trudno jest je jednoznacznie wskazać. Badania obrazowe czy czynnościowe mózgu, takie jak rezonans magnetyczny lub EEG, wymagają przypięcia człowieka pasami do wielkiego urządzenia w laboratorium, a w takich warunkach trudno jest zaaranżować realistyczną interakcję międzyludzką. Gdyby do pomieszczenia z tunelem rezonansowym, do którego cię wpakowano, wszedł twój znajomy i zaczął prosić cię o wyświadczanie różnych przysług, prawdopodobnie twój mózg byłby przede wszystkim zdezorientowany.

o tym, jak w różnych okolicznościach ludzie „gryzą się w język" – po co to robią? Mogą uważać, że czyjeś niemowlę jest w rzeczywistości brzydkie, lecz powstrzymują się przed powiedzeniem tego, wołając raczej: „Jaki słodziutki bobas!". Dzięki takiemu zachowaniu zyskują lepsze zdanie o sobie, do czego nie prowadziłoby wyrażenie szczerej opinii. Nazywa się to zarządzeniem wrażeniem; chodzi o sprawowanie kontroli nad tym, jakie wrażenie wywołujemy przez swoje zachowania społeczne.

Również na poziomie neurologicznym widać, że przejmujemy się tym, co inni o nas sądzą, i jesteśmy skłonni włożyć dużo wysiłku w to, by się im podobać. Na podstawie wyników badania przeprowadzonego w 2014 roku Tom Farrow i jego współpracownicy z University of Sheffield wysunęli tezę, że zarządzanie wrażeniem ma związek z aktywnością w korze przedczołowej przyśrodkowej oraz lewej brzuszno-bocznej, a także w innych obszarach, w tym w śródmózgowiu i móżdżku.[12] Jednak rejony te zauważalnie uczynniały się tylko wtedy, gdy uczestnicy badania próbowali przedstawić się w złym świetle, wybierali zachowania zniechęcające ludzi do siebie. Kiedy zaś wybierali zachowania przedstawiające ich w dobrym świetle, nie było zauważalnych różnic w stosunku do normalnej aktywności mózgowej.

Na podstawie tego, że uczestnicy znacznie szybciej przetwarzali zachowania, dzięki którym prezentowali się pozytywnie niż negatywnie, eksperymentatorzy wnioskowali, że stawianie nas w dobrym świetle jest nawykową *czynnością, którą mózg wykonuje cały czas*! Próba uchwycenia jej w badaniu obrazowym jest jak szukanie konkretnego drzewa w gęstym lesie; niczym się ono nie wyróżnia. Przytoczone doświadczenie przeprowadzono na niewielkiej próbie badanych, brało w nim udział tylko dwudziestu uczestników. Możliwe, że w przyszłości naukowcy odkryją specyficzne procesy związane z tymi zachowaniami, niemniej znamienne pozostaje istnienie tak dużej rozbieżności między prezentowaniem się pozytywnym a negatywnym.

Co to ma wspólnego z manipulowaniem ludźmi? Otóż wydaje się, że mózg jest nastawiony na sprawianie, byśmy podobali się innym. Można by twierdzić, że wszystkie techniki przekonywania wykorzystują pragnienie, by być pozytywnie postrzeganym. Jest to motywator tak silnie w nas zakodowany, że można go wyzyskiwać.

Jeśli przystałeś na jakąś prośbę, odmowa spełnienia podobnej zapewne wywołałaby rozczarowanie i zepsuła opinię danej osoby na twój temat – dlatego działa technika wsuwania stopy w drzwi. Jeżeli odmówiłeś spełnienia jakiejś prośby, masz świadomość, że nie przysporzyło ci to sympatii ze strony twojego rozmówcy, chętnie przystaniesz więc na mniejszą prośbę w ramach pocieszenia – dlatego działa zatrzaśnięcie drzwi przed nosem. Jeżeli zgodziłeś się coś zrobić czy za coś zapłacić, a potem wymagania nagle wzrastają, twoja odmowa znów wywołałaby rozczarowanie i postawiła cię w złym świetle – dlatego działa niska piłka. Wszystko przez to, że chcemy dobrze wypadać w cudzych oczach, i to do tego stopnia, iż kłóci się to z rozsądkiem i logiką.

Oczywiście sprawa jest bardziej złożona. Nasz obraz własny wymaga spójności, kiedy więc mózg podejmie jakąś decyzję, bardzo trudno ją zmienić, co wie każdy, kto próbował przekonać sędziwego krewnego, że nie wszyscy imigranci są zawszonymi złodziejami. Obserwowaliśmy wcześniej, jak myślenie jednego, a robienie czegoś całkiem przeciwnego wytwarza dysonans – stresujący stan, w którym myślenie zderza się z działaniem.

W reakcji na to mózg często zmienia sposób myślenia, tak by
współgrał z czynami, przywracając w ten sposób harmonię.
Twój kolega chce pieniędzy, ty wolałbyś mu ich nie dawać.
Ale niedawno przekazałeś mu drobniejszą kwotę. Nie zrobiłbyś
tego, gdybyś uważał, że to nieakceptowalne. Chcesz zachowywać się konsekwentnie i być lubiany, więc mózg postanawia, że
chcesz dać mu więcej pieniędzy, i oto mamy SWD. Tłumaczy
to także, dlaczego aktywne dokonanie wyboru jest ważne dla
techniki niskiej piłki. Mózg podjął decyzję, więc się jej trzyma
dla zachowania spójności, nawet jeśli powody powzięcia tej
decyzji nie mają już zastosowania – jesteś zaangażowany, ludzie
na ciebie liczą.

Jest też zasada wzajemności, zjawisko charakterystyczne wyłącznie dla ludzi (o ile nam wiadomo). Kierując się tą zasadą,
reagujemy uprzejmie na uprzejmość w większym stopniu, niż
nakazywałby interes własny.[13] Jeżeli odmawiasz czyjejś prośbie
i osoba ta zwraca się teraz do ciebie z mniejszą sprawą, po-
strzegasz to jak swego rodzaju uprzejmość z jej strony i godzisz
się być wobec niej nieproporcjonalnie uprzejmy. Uważa się, że
tendencję tę wyzyskuje technika ZDPN, gdyż mózg przez swą
głupotę interpretuje zwrócenie się do ciebie z mniejszą prośbą
od poprzedniej jak wyświadczanie ci przysługi.

Oprócz tego w grę wchodzi jeszcze społeczna dominacja
i kontrola. Część (większość?) ludzi, przynajmniej w kulturze
zachodniej, chce być postrzegana w pozycji dominującej, w pozycji sprawowania kontroli, ponieważ mózg uważa to za stan
bezpieczniejszy, bardziej korzystny. Tendencja ta przejawia się
często w wątpliwy sposób. Jeśli ktoś prosi cię o coś, ustawia się
poniżej ciebie, a ty zachowujesz swoją dominację (i jesteś dalej

lubiany) dzięki udzieleniu mu pomocy. Dobrze pasuje do tego SWD.

Jeżeli odmawiasz komuś spełnienia prośby, potwierdzasz swoją dominującą pozycję. A jeśli on kieruje do ciebie mniejszą prośbę, stawia siebie automatycznie w podrzędnej roli, więc wyrażenie zgody oznacza tym razem, że zachowujesz dominację i dodatkowo zyskujesz sympatię. Dwupak dobrych odczuć. ZDPN ma na czym rozkwitnąć. Powiedzmy jeszcze, że zdecydowałeś się coś zrobić i ktoś zmienia teraz parametry. Jeśli się wycofasz, oznacza to, że on kieruje tobą. Nie ma mowy! Będziesz się mimo wszystko trzymał pierwotnej decyzji, bo *nie jesteś wredny*, cholera (technika niskiej piłki).

W skrócie mózg sprawia, że chcemy być lubiani, konsekwentni i zabezpieczeni. W rezultacie zaś wystawia nas na żer osób pozbawionych skrupułów, którym zależy na naszych pieniądzach i które opanowały podstawy targowania się. Trzeba niezwykle skomplikowanego narządu, by robić coś tak głupiego.

Łzy rozstania
(Dlaczego rozpad związku
jest tak destrukcyjny)

Czy zwijałeś się kiedyś w kłębek na kanapie przez całe dnie, z zaciągniętymi zasłonami, dzwoniącymi bezskutecznie telefonami, poruszając się tylko po to, by niezdarnie zetrzeć gile i łzy z twarzy, i rozmyślając, dlaczego cały wszechświat sprzysiągł się, by tak okrutnie cię dręczyć? Zawód miłosny może odebrać nam wszystkie siły i całkowicie sparaliżować. Jest to jedna z najprzykrzejszych rzeczy, jakich może doświadczyć współczesny człowiek. Stał się inspiracją do stworzenia arcydzieł sztuki i muzyki, jak również niejednego grafomańskiego wiersza. Teoretycznie w sensie fizycznym nic ci się nie stało. Nie uległeś wypadkowi. Nie zaraziłeś się zjadliwym wirusem. Wydarzyło się tyle, że uświadomiono ci, iż nie będziesz już więcej widywał się z jakąś osobą, z którą ostatnio miałeś dużo do czynienia. Tylko tyle. Więc dlaczego wytrąca cię to z równowagi na tygodnie, miesiące, niekiedy do końca życia?

Dlatego, że inni ludzie wywierają znaczny wpływ na dobrostan naszego mózgu (zatem i nasz), a rzadko jest to równie ewidentne co w związkach miłosnych.

Znaczna część kultury ludzkiej wydaje się poświęcona formowaniu trwałej relacji lub potwierdzaniu, że się takową ma (patrz walentynki, śluby, komedie romantyczne, ballady miłosne, branża jubilerska, znaczny odsetek poezji, muzyka country, kartki rocznicowe, gry *On i Ona* itd.). Monogamia nie jest normą u innych naczelnych[14] i wydaje się dziwna, skoro żyjemy znacznie dłużej od przeciętnej małpy, potencjalnie moglibyśmy więc przetestować dużo więcej partnerów w dostępnym nam czasie. Jeżeli chodziłoby tylko o „przetrwanie najlepiej przystosowanych" i zapewnienie naszym genom przewagi nad innymi, z pewnością sensowniejsze byłoby reprodukowanie się z jak największą liczbą partnerów niż trzymanie się do końca swoich dni jednego, nieprawdaż? Tymczasem ludzie właśnie to robią.

Istnieje wiele teorii, zahaczających o biologię, kulturę, środowisko i ewolucję, na temat tego, dlaczego ludzie zdają się przymuszeni do tworzenia monogamicznych relacji romantycznych. Niektóre głoszą, że związki monogamiczne pociągają za sobą troskę obojga rodziców o potomstwo, zatem rzeczone potomstwo ma większą szansę przeżycia.[15] Według innych chodzi raczej o wpływy kulturowe, takie jak religia i ustroje klasowe, u których podstaw leży dążność do tego, by bogactwo i władza pozostawały w tym samym wąskim kręgu rodzinnym (nie możesz mieć pewności, że twoja rodzina odziedziczy twoje zalety, jeśli jej nie monitorujesz).[16] Inna ciekawa, nowa teoria przypisuje to wpływowi babek pełniących rolę piastunek, co faworyzuje długoletnie pożycie wiernych par (nawet najbardziej oddana babcia zapewne oponowałaby przeciwko opiece nad nieznanymi potomkami ekspartnera/ekspartnerki jej dzieci).[17]

Bez względu na pierwotną przyczynę ludzie wydają się predysponowani do poszukiwania i tworzenia monogamicznych związków romantycznych, co znajduje odzwierciedlenie w licznych dziwactwach, na które nasz mózg sobie pozwala, gdy się zakochujemy.

Na atrakcyjność wpływają rozmaite czynniki. Wiele gatunków wykształca drugorzędowe cechy płciowe, czyli cechy pojawiające się w wyniku dojrzewania płciowego, ale niezaangażowane bezpośrednio w proces reprodukcyjny, na przykład rogi łosia czy ogon pawia. Są imponujące i pokazują, jak sprawny i zdrowy jest dany osobnik, ale w zasadzie nie służą niczemu innemu. Podobnie jest z ludźmi. U dorosłych rozwija się wiele cech, które wydają się występować tylko w celu zwiększenia atrakcyjności: niski głos, rozbudowana sylwetka i zarost u mężczyzn oraz sterczące piersi i uwydatnione okrągłości u kobiet. Żadna z tych cech nie jest niezbędna, ale w zamierzchłej przeszłości jacyś nasi przodkowie uznali, że właśnie tego chcą od partnerów, i dalej pałeczkę przejęła już ewolucja. Pojawia się tu klasyczny dylemat

„jajko czy kura": mózg nieuchronnie traktuje pewne cechy jako atrakcyjne, ponieważ do takiego ich postrzegania przygotowała go ewolucja. Co było pierwsze: przyciąganie czy decyzja prymitywnego mózgu, że jest to pociągające? Trudno wyrokować. Każdy ma oczywiście własne preferencje i typy, ale są w tym zakresie pewne prawidłowości. Niektóre z rzeczy, które jawią się ludziom jako atrakcyjne, są przewidywalne, na przykład wspomniane wyżej cechy fizyczne. Część ludzi pociągają przymioty bardziej cerebralne, tak że najseksowniejszy jest dla nich dowcip albo osobowość. Zmienność w kwestii preferencji jest w dużym stopniu uwarunkowana kulturowo; na to, co uznaje się za pociągające, silnie wpływają mass media czy wrażenie „inności". Zestawmy popularność sztucznej opalenizny w wielu kulturach zachodnich z ogromnym rynkiem lotionów wybielających skórę w krajach azjatyckich. Niektóre sprawy są po prostu zastanawiające, na przykład badanie, którego wyniki sugerują, że ludzi bardziej przyciągają osoby podobne do nich samych,[18] co pobrzmiewa wspominaną już egotyczną tendencyjnością mózgu.

Ważne jest jednak, by odróżniać pożądanie seksu, czyli żądzę, od głębszego, bardziej osobistego, romantycznego przyciągania i bliskości, które kojarzymy z ciepłem i miłością oraz których szukamy i które znajdujemy w długotrwałych związkach. Ludzie potrafią czerpać (i czerpią) przyjemność z czysto fizycznej interakcji płciowej z innymi, do których nie czują żadnego „sentymentu" oprócz docenienia ich wyglądu, choć nawet to nie jest konieczne. Seks trudno jest wyodrębnić w mózgu, gdyż przenika znaczną część dorosłego myślenia i zachowań. Ale ten podrozdział nie dotyczy żądzy. Mówimy raczej o *miłości*, w sensie romantycznym, do konkretnej osoby.

Wiele świadczy o tym, że mózg przetwarza te sprawy w różny sposób. Badania Bartelsa i Zekiego wskazują, że gdy osoby deklarujące, że są zakochane, oglądają obrazy swojego partnera, wzmaga się u nich aktywność (nieobserwowana w przypadku żądzy ani związków platonicznych) w sieci ośrodków mózgu, do których należą: przyśrodkowa część wyspy, przednia kora zakrętu, jądro ogoniaste i skorupa. Towarzyszyła temu *mniejsza* aktywność w tylnym zakręcie obręczy i ciele migdałowatym. Tylny zakręt obręczy jest często wiązany z postrzeganiem bolesnych emocji, jest więc zrozumiałe, że obecność ukochanej osoby ogranicza jego pobudzenie. Ciało migdałowate przetwarza emocje i wspomnienia, ale zazwyczaj w *negatywnym* kontekście lęku czy gniewu, więc znów to sensowne, że jest ono teraz mniej aktywne (ludzie zaangażowani w bliski związek często wydają się bardziej zrelaksowani i mniej podatni na zmartwienia dnia codziennego, regularnie jawią się też postronnemu obserwatorowi jako „zadowoleni z życia"). Ponadto występuje obniżenie aktywności w obszarach kory przedczołowej, odpowiedzialnej za logikę i racjonalne podejmowanie decyzji.

Wiążą się z tym też pewne substancje chemiczne i przekaźniki.* Stan zakochania wydaje się wzmagać aktywność dopamino-

---

* Substancją chemiczną często kojarzoną z atrakcyjnością są feromony – szczególne cząsteczki obecne w pocie, które są wyczuwane przez inne osobniki i wpływają na ich zachowanie, najczęściej zwiększając pobudzenie oraz przyciągając ku swemu źródłu. Choć często słyszy się o ludzkich feromonach (zdaje się, że można kupić nawet zawierające je dezodoranty, jeśli zależy ci na zwiększeniu swego powabu), nie ma obecnie przekonujących dowodów, iż ludzie wydzielają konkretne feromony, wpływające na poczucie atrakcyjności i pobudzenie seksualne.[21] Mózg może i bywa głupawy, ale nie daje się aż tak łatwo zmanipulować.

wą w szlaku nagrody,[19] co oznacza, że odczuwamy przyjemność w towarzystwie partnera, prawie jakby był narkotykiem (patrz rozdział 8). Z kolei oksytocynę nazywa się nieraz „hormonem miłości", ale jest to skandaliczne uproszczenie działania tej skomplikowanej substancji, mimo że rzeczywiście zdaje się, iż jej poziom wzrasta u osób pozostających w związku, a kojarzy się ją u ludzi z odczuciami zaufania i więzi.[20]

To nagie mechanizmy biologiczne, uruchamiające się w mózgu, gdy jesteśmy zakochani. A trzeba jeszcze wziąć pod uwagę inne sprawy, takie jak wzrost poczucia siebie i swoich osiągnięć ze względu na pozostawanie w związku. Ogromna satysfakcja i duma płyną z tego, że druga osoba ceni cię tak wysoko, że chce być z tobą na najróżniejszych płaszczyznach. Skoro zaś większość kultur niezmiennie postrzega związek jako uniwersalny cel i życiowe osiągnięcie (co powie ci każdy szczęśliwy singiel/singielka, zwykle przez zaciśnięte zęby), stanowienie pary daje też wyższy status społeczny.

Plastyczność mózgu sprawia, że – w odpowiedzi na te głębokie i intensywne zjawiska wynikające z zaangażowania w związek – mózg przyzwyczaja się ich oczekiwać. Partner zostaje włączony do naszych długoterminowych planów, celów i ambicji, wizji przyszłości, całościowego sposobu myślenia o świecie. Pod każdym względem staje się wielką częścią naszego życia.

A potem to się kończy. Może jeden z partnerów nie dochował wierności; może występowała zbyt duża niezgodność; może postępowanie jednego partnera zraziło drugiego. (Badania wskazują, że ludzie o bardziej lękliwych skłonnościach często wyolbrzymiają i pogłębiają konflikty małżeńskie, potencjalnie aż do zerwania związku.[22])

Spójrzmy na wszystko, co mózg inwestuje w utrzymanie relacji, wszystkie zmiany, jakie w nim zachodzą, wartości, które wiąże z byciem razem, perspektywiczne plany, które układa, ustalone porządki rzeczy, w których istnieje i których oczekuje. Jeśli usuniemy to jednym pociągnięciem, mózg doznaje poważnego ciosu.

Wszystkie pozytywne doznania, których nawykł się spodziewać, nagle się urywają. Wspólne plany na przyszłość i oczekiwania co do kształtu rzeczywistości się dezaktualizują, co jest szczególnie stresujące dla narządu, który – jak wielokrotnie widzieliśmy – nie radzi sobie z niepewnością i wieloznacznością (powrócę jeszcze do tego w rozdziale 8). Jest też mnóstwo niepewności w kwestiach praktycznych, jeśli przerwany związek trwał od lat. Gdzie będziesz mieszkać? Czy stracisz przyjaciół? Jaka będzie twoja sytuacja finansowa?

Dokłada się do tego aspekt społeczny, zwłaszcza że tak wysoko cenimy towarzyską akceptację i status. Wystarczająco przykra jest konieczność wyjaśnienia wszystkim znajomym i członkom rodziny, że nie „spisałeś się" w małżeństwie, a przecież dochodzi do tego samo rozstanie: osoba, która zna cię lepiej niż ktokolwiek inny i na najbardziej intymnym poziomie, doszła do wniosku, że jesteś nie do zaakceptowania. To olbrzymi kopniak w poczucie tożsamości społecznej. To dopiero boli.

Nawiasem mówiąc, jest to sformułowanie dosłowne. Badania pokazują, że zerwanie związku uruchamia te same obszary mózgu, które przetwarzają ból fizyczny.[23] W całej książce pojawiały się liczne przykłady tego, że mózg przetwarza problemy społeczne w taki sam sposób jak realne fizyczne (na przykład lęki społeczne są równie rozstrajające co zagrożenie fizyczne), i tu dzieje się podobnie. Mówi się, że „miłość boli" i tak jest rzeczywiście. Na złamane serce bywa nawet skuteczny paracetamol.

Dodajmy do tego, że masz niezliczone wspomnienia z czasów, gdy wydawaliście się razem szczęśliwi, a teraz są one skojarzone z czymś negatywnym. To podkopuje wielką część twojego poczucia siebie. Ponadto złowieszczo odzywa się wcześniejsza obserwacja, że miłość przypomina narkotyk – przyzwyczaiłeś się na co dzień doświadczać czegoś satysfakcjonującego i nagle zostało ci to odebrane. W rozdziale 8 zobaczymy, jak szkodliwe i niszczące dla mózgu bywają nałóg i jego odstawienie; dość podobny proces zachodzi, gdy przeżywamy nagłe zerwanie długotrwałego związku.[24]

Nie oznacza to, że mózg nie ma zdolności poradzenia sobie z rozstaniem. W końcu posklada wszystko w całość, nawet jeśli nie stanie się to szybko. Niektóre eksperymenty wskazują, że celowe skupianie uwagi na pozytywnych skutkach zerwania może przyspieszyć otrząśnięcie się i pójście do przodu,[25] na co zresztą wskazywała opisywana wcześniej preferencja mózgu do przypominania sobie „dobrych" rzeczy. Niekiedy więc, choć tylko niekiedy, nauka zgadza się z potocznymi mądrościami i czas rzeczywiście leczy rany.[26]

Ogólnie jednak mózg tak bardzo angażuje się w nawiązanie i utrzymanie relacji, że cierpi – jak my – gdy się ona wali. *Breaking up is hard to do* z piosenki Neila Sedaki to ewidentne niedopowiedzenie.

Władza ludu

(Jak mózg reaguje na bycie częścią grupy)

Co to właściwie znaczy „przyjaciel"? Pytanie takie, zadane na głos, ustawia cię w roli jednostki tragicznej. Przyjaciel to ktoś, z kim dzielisz osobistą więź (niemającą charakteru rodzinnego ani romantycznego). Ale sprawa jest bardziej złożona, bo ludzie wyróżniają wiele kategorii swoich przyjaciół: koledzy z pracy, koledzy ze szkoły, starzy kumple, znajomi, tacy, których faktycznie nie lubią, ale znają zbyt długo, by zerwać z nimi kontakty itd. Do tego internet pozwala na zawieranie przyjaźni online i wchodzenie w znaczące relacje z podobnie myślącymi ludźmi na całej planecie.

Dobrze, że mamy potężne mózgi, zdolne do obsługi tych rozmaitych relacji. Zresztą zdaniem części naukowców nie jest to po prostu szczęśliwy zbieg okoliczności – być może mamy wielkie i potężne mózgi *dlatego*, że formujemy skomplikowane relacje społeczne.

Jest to tzw. hipoteza mózgu społecznego, która głosi, że skomplikowany mózg ludzki jest skutkiem naszej towarzyskości.[27] Osobniki wielu gatunków gromadzą się w duże grupy, ale nie równa się to inteligencji. Owce tworzą stada, ale ich żywot zdaje się upływać głównie na skubaniu trawy i częstym czmychaniu. Nie trzeba do tego wielkiej błyskotliwości.

Gromadne polowanie wymaga większej inteligencji, gdyż pociąga za sobą koordynację zachowań, toteż watahy drapieżników, na przykład wilków, są zwykle sprytniejsze od ich licznych dobrodusznych ofiar. Struktura wczesnych społeczności ludzkich wykazywała jeszcze większą złożoność. Część ludzi polowała, a inni zostawali w obozowisku, doglądając młodych i chorych, zabezpieczając dobytek, szukając w pobliżu pożywienia, wyrabiając narzędzia itd. Ta współpraca i podział ról stwarzały lepsze warunki do egzystencji, toteż gatunek utrzymywał się przy życiu i rozkwitał.

Ten porządek rzeczy wymaga, by ludzie opiekowali się innymi, z którymi *nie łączą ich związki biologiczne*, wykraczając poza czysto instynktowną „ochronę swoich genów". W konsekwencji nawiązujemy przyjaźnie, co znaczy, że troszczymy się o dobro innych, mimo że biologicznie łączy nas z nimi jedynie przynależność do tego samego gatunku (a jak pokazuje „najlepszy przyjaciel człowieka", nawet to nie jest konieczne).

Koordynacja wszystkich relacji międzyludzkich narzucanych przez życie w społeczności wymaga intensywnego przetwarzania informacji. Jeśli powiemy metaforycznie, że stada drapieżników grają w kółko i krzyżyk, to społeczności ludzkie pochłonięte są nieustannymi turniejami szachowymi. W konsekwencji potrzebne są im potężne mózgi.

Trudno jest bezpośrednio badać ewolucję człowieka, o ile nie mamy na zbyciu kilkuset tysięcy wolnych lat i *gigantycznej* cierpliwości, niełatwo więc ocenić adekwatność hipotezy mózgu społecznego. Badacze z Oxford University w 2013 roku ogłosili, że udało im się ją wykazać za pomocą finezyjnych modeli komputerowych, które pokazały, że relacje społeczne rzeczywiście wymagają większych mocy przetwarzania (a zatem mocy mózgu).[28] Ciekawe to, ale nie rozstrzygające; jak konstruuje się komputerowy model przyjaźni? Ludzie mają silną skłonność do formowania grup i relacji oraz do przejmowania się losem innych. Nawet w dzisiejszych czasach całkowity brak zainteresowania innymi czy współczucia uważa się na anormalny (psychopatia).

Wrodzona tendencja do tego, by chcieć przynależeć do grupy, może być użyteczna z punktu widzenia przetrwania, lecz jednocześnie ma pewne nieoczekiwane i dziwaczne konsekwencje. Udział w grupie może na przykład przeważyć nad wskazaniami twojego rozsądku czy zmysłów.

Każdy zna zjawisko presji grupowej. Doświadczanie jej polega na tym, że robisz lub mówisz coś nie dlatego, że tak uważasz, ale ponieważ chce tego grupa, do której należysz, na przykład deklarujesz, że lubisz znienawidzony zespół muzyczny, bo podoba się „fajnym" ludziom, albo godzinami omawiasz zalety filmu, który przypadł do gustu twoim znajomym, choć sam uznałeś, że jest nudny jak flaki z olejem. Jest to zjawisko, którego istnienie potwierdzono naukowo, zwane normatywnym oddziaływaniem społecznym lub konformizmem normatywnym. Występuje ono, kiedy mózg, zdobywszy się na wysiłek sformułowania wniosku lub opinii na jakiś temat, ochoczo je porzuca, gdy tylko grupa, z którą człowiek się utożsamia, mu zaprzeczy. Nasz mózg niepokojąco często przedkłada „posiadanie przyjaciół" nad „posiadanie racji".

Wykazywano to zjawisko w warunkach naukowych. Podczas badania z 1951 roku Solomon Asch umieścił uczestników w małych grupkach i zadawał im elementarne pytania; na przykład, pokazując trzy różne kreski, pytał, która jest najdłuższa.[29] Zdziwi cię pewnie, że większość badanych udzielała błędnych odpowiedzi. Nie zaskoczyło to jednak eksperymentatorów, bo tylko jedna osoba w każdej grupie była rzeczywistym uczestnikiem badania;

pozostali byli statystami, poinstruowanymi, by dawać błędną odpowiedź. Uczestnik badania odpowiadał ostatni, po tym jak wszyscy wypowiedzieli już na głos swoje zdanie. W 75 procentach przypadków uczestnicy też podawali błędną odpowiedź.

Gdy zapytano ich, dlaczego udzielili ewidentnie nieprawidłowej odpowiedzi, wyjaśniali, że nie chcieli „wprowadzać zamieszania" itp. Absolutnie nie znali pozostałych członków grupy, a mimo to zależało im na ich aprobacie, i to w tak wielkim stopniu, że byli gotowi zaprzeczyć wskazaniom swoich zmysłów. Przynależenie do grupy jest czymś, co wyraźnie stanowi dla mózgu priorytet.

Nie jest on jednak absolutny. Choć 75 procent osób przystało na błędną odpowiedź grupy, 25 procent tego nie zrobiło. Grupa może wywierać silny wpływ, lecz nasze pochodzenie i osobowość bywają równie mocne, na grupy składają się zaś odrębne jednostki, nie zdalnie sterowane drony. Istnieją ludzie, którzy z uśmiechem na ustach mówią rzeczy budzące opór u wszystkich dookoła. Zresztą można zbić fortunę, robiąc to w telewizyjnych talent shows.

Konformizm normatywny można uznać za z natury behawioralny. *Zachowujemy się*, tak jakbyśmy zgadzali się z grupą, nawet jeśli jest inaczej. Ale przecież ludzie nie mogą nam podyktować, co mamy myśleć, prawda?

Najczęściej prawda. Nawet gdyby wszyscy twoi przyjaciele i członkowie rodziny zaczęli się nagle upierać, że 2 + 2 = 7 albo że siła grawitacji przyciąga cię do góry, i tak byś się nie zgodził. Mógłbyś się zaniepokoić, że wszyscy, na których ci zależy, dostali kompletnego bzika, ale nie zgodziłbyś się, bo twój rozum i zmysły mówią coś innego. Jednak w tym przypadku prawda jest jednoznaczna. W bardziej złożonych sprawach inni ludzie mogą włamać się do naszych procesów myślenia.

Jest to informacyjne oddziaływanie społeczne (konformizm informacyjny), w którym podczas próby zrozumienia pewnych zagadnień inni ludzie są (niesłusznie) traktowani przez nasz mózg jako wiarygodne źródła wiedzy. To tłumaczy, dlaczego świadectwa anegdotyczne bywają tak przekonujące. Znalezienie adekwatnych danych na temat złożonej sprawy wymaga ciężkiej pracy, ale jeśli zasłyszeliśmy coś od gostka w pubie albo od kuzynki matki twojej koleżanki, którzy akurat coś o tym wiedzą, często nam to wystarcza. Medycyna alternatywna i teorie spiskowe trwają dzięki temu.

Zapewne nie powinno to dziwić. Dla rozwijającego się mózgu główne źródło informacji stanowią inni ludzie. Przecież mimikra i naśladowanie odgrywają podstawową rolę w uczeniu się dzieci. W ostatnich latach specjaliści neuronauk ekscytują się neuronami lustrzanymi, które uruchamiają się, zarówno gdy wykonujemy określoną czynność, jak i gdy obserwujemy jej wykonanie przez kogoś innego, co sugeruje, że na fundamentalnym poziomie mózg rozpoznaje i przetwarza działania innych. (Neurony lustrzane i ich właściwości są przedmiotem pewnych kontrowersji w neuronauce, więc nie bierz nic z tego za pewnik.[30])

W niektórych scenariuszach nasz mózg preferuje odwoływanie się do innych ludzi jako do źródła informacji. Ewoluował przez miliony lat, a nasi bliźni byli na świecie znacznie dłużej niż Google. Jest jasne, do czego taki mechanizm może się przydać: słyszysz głośny hałas i zastanawiasz się, czy to nie rozwścieczony mamut; wszyscy ludzie z twojego szczepu rozbiegają się z krzykiem, więc to *rzeczywiście* mamut i lepiej, żebyś poszedł w ich ślady. Są jednak sytuacje, w których opieranie swoich decyzji na działaniach innych może wywołać mroczne i przykre konsekwencje.

W 1964 roku brutalnie zamordowano mieszkankę Nowego Jorku Kitty Genovese. Zdarzenie to jest tragiczne samo w sobie, jednak zbrodnia okryła się szczególną niesławą, gdy ujawniono, że świadkami napaści było 38 osób, z których żadna nie udzieliła pomocy ani nie interweniowała. To szokujące zdarzenie skłoniło psychologów społecznych Darleya i Latanégo do przeprowadzenia badań, których wyniki ujawniły istnienie zjawiska zwanego efektem obserwatora lub efektem widza (ang. *bystander effect*)* – ludzie z reguły nie interweniują ani nie oferują pomocy, jeżeli w pobliżu znajdują się inni.[31] Nie (zawsze) wynika to z egoizmu czy tchórzostwa, lecz z tego, że w decyzji o swoim działaniu często odwołujemy się do innych ludzi, gdy nie jesteśmy pewni, co robić. Mnóstwo ludzi bywa w potrzebie, jeśli jednak dokoła jest więcej świadków, efekt obserwatora stwarza psychologiczną barierę przed udzieleniem pomocy.

Efekt obserwatora powoduje tłumienie naszych działań czy decyzji. Powstrzymuje nas przed robieniem czegoś, bo jesteśmy częścią grupy. Przynależność do grupy może też sprawić,

---

* Analizy retrospektywne wskazują, że pierwotne doniesienia o zbrodni były nieprecyzyjne, składając się bardziej na miejską legendę niż adekwatne sprawozdanie z faktów. Niemniej efekt obserwatora jest zjawiskiem realnym. A zabójstwo Kitty Genovese i rzekoma powściągliwość świadków w interwencji miały i inne zdumiewające konsekwencje: odwołuje się do tego Alan Moore, twórca epokowego komiksu Strażnicy, jako do pretekstu skłaniającego główną postać, Rorschacha, do podglądactwa. Wielu twierdzi, że chciałoby, aby komiksowi superbohaterowie żyli w rzeczywistości. Warto uważać na swoje życzenia.

że dopuścimy się myśli czy czynów, które nie pojawiłyby się, gdybyśmy byli w pojedynkę.

Przynależność do grupy pociąga za sobą pragnienie harmonii grupowej. Grupa podzielona czy skłócona jest nieprzydatna, a udział w niej nieprzyjemny, toteż zwykle wszyscy chcą doprowadzić do ogólnej zgody i współgrania. W sprzyjających okolicznościach to pragnienie harmonii może być tak przemożne, że ludzie zaczynają godzić się na rzeczy, które zwykle oceniliby jako nieracjonalne czy niemądre. Gdy dobro grupy przeważa nad logicznymi czy rozsądnymi decyzjami, mówimy o tzw. myśleniu grupy (ang. *groupthink*).[32]

Myślenie grupy to jednak tylko część zagadnienia. Weźmy na przykład jakąś kontrowersyjną kwestię, taką jak legalizacja marihuany (gorący temat w chwili pisania tej książki). Jeśli wzięlibyśmy trzydziestu ludzi z ulicy (za ich zgodą) i zapytali o zdanie na temat legalizacji konopi indyjskich, zapewne otrzymalibyśmy szerokie spektrum odpowiedzi, od „marihuana jest szkodliwa i powinno się zabraniać nawet jej wąchania" do „marihuana jest cudowna i powinno się ją dodawać do posiłków dla dzieci", przy czym większość poglądów lokowałaby się pomiędzy tymi skrajnościami.

Gdybyśmy zebrali tych ludzi w jedną grupę i poprosili ich o dojście do konsensusu w sprawie legalizacji konopi, logicznie oczekiwałoby się więc werdyktu w postaci uśrednienia poszczególnych opinii, czyli „marihuana nie powinna być zalegalizowana, ale jej posiadanie należy traktować tylko jako drobne wykroczenie". Niemniej jak zwykle logika i mózg nie idą ręka w rękę. Grupy zwykle prezentują bardziej radykalne poglądy, niż robiliby to poszczególni członkowie.

Częściowo odpowiada za to myślenie grupy, częściowo to, że każdy chce się podobać w grupie i zdobyć w niej wysoki status. Myślenie grupy wytwarza pewien konsensus, mający aprobatę jej członków, ale jednocześnie poszczególni członkowie silnie wyrażają swoją aprobatę, aby wywrzeć dobre wrażenie na grupie. Ponieważ postępują tak też inni, wszyscy zaczynają się przelicytowywać.

– Zatem zgadzamy się, że marihuana nie powinna być zalegalizowana. Posiadanie dowolnej ilości powinno być przestępstwem karanym aresztem.

– Aresztem? Nie, to za mało, bezwarunkowe więzienie. Dziesięć lat za posiadanie!

– Dziesięć? Ja proponowałbym dożywocie!

– Dożywocie? Chyba sam jesteś hipisem! Kara śmierci, co najmniej.

Zjawisko to znane jest pod nazwą polaryzacji grupy. W jego konsekwencji członkowie grupy zaczynają wyrażać bardziej skrajne poglądy, niż te, jakie mają, będąc w pojedynkę.˙ Sytuacja ta zdarza się powszechnie i nieraz ciąży na zbiorowym podejmowaniu decyzji. Można ograniczać to zjawisko przez dopuszczenie do głosu krytyki i (lub) innych opinii, jednak zwykle przemożne pragnienie harmonii grupowej powstrzymuje przed tym przez wykluczenie z dyskusji zarówno oponentów, jak i racjonalnej analizy. Jest to sprawa alarmująca, gdyż niezliczone decyzje dotyczące życia milionów są podejmowane przez gremia podobnie

---

˙ Wielbiciele Monty Pythona znają zapewne skecz *Four Yorkshiremen*. Jest to znakomity przykład polaryzacji grupy, choć dość surrealny w świetle normalnych standardów. (Czterech zamożnych Anglików z Yorkshire wspomina trudne czasy swego dzieciństwa, przelicytowując się w obrazie nędzy, której wtedy doznawali – przyp. tłum.)

myślących ludzi, którzy nie dopuszczają żadnych zewnętrznych głosów. Rządy, wojsko, rady nadzorcze korporacji – cóż chroni je przed dochodzeniem do absurdalnych konkluzji wskutek polaryzacji grupy?

Nic, absolutnie nic. Wiele zdumiewających czy niepokojących rozwiązań systemowych forsowanych przez władze można wytłumaczyć zjawiskiem polaryzacji grupy.

Złe decyzje rządzących często budzą gniew tłumu, kolejny przykład alarmującego efektu, jaki przynależność do grupy może wywrzeć na mózg. Ludzie znakomicie dostrzegają stan emocjonalny innych; jeśli wejdzie się do pokoju, w którym właśnie odbyła się kłótnia jakiejś pary, można namacalnie wyczuć napiętą atmosferę, nawet jeśli nikt się nie odzywa. To nie telepatia ani science-fiction, tylko przejaw dostrojenia naszego mózgu do wychwytywania informacji z różnych sygnałów pośrednich. Kiedy zaś otaczają nas intensywnie rozemocjonowani ludzie, ich stan może wpłynąć na nasz, dlatego dużo częściej śmiejemy się w towarzystwie innych. I jak zwykle, może się to posuwać zbyt daleko.

W pewnych okolicznościach stan dużych emocji lub pobudzenia wokół nas może doprowadzić do przytłumienia naszej odrębności jednostkowej. Potrzebna jest do tego spójna, silnie zunifikowana grupa, pozwalająca nam na anonimowość, wysoce pobudzona (czyli doznająca silnych emocji) oraz skupiona na wydarzeniach zewnętrznych, tak by uniknąć refleksji nad działaniami grupy. Wzburzony tłum i zamieszki zapewniają ku temu idealne warunki. Gdy zaś się one pojawiają, przechodzimy proces zwany deindywiduacją,[33] co jest naukowym określeniem „mentalności tłumu".

W warunkach deindywiduacji tracimy swoją zwyczajną zdolność racjonalnego myślenia i hamowania impulsów. Mamy większą skłonność wyczuwać i reagować na stany emocjonalne innych, ale nie przejawiamy typowych obaw przed oceną z ich strony. Ten konglomerat sprawia, że ludzie w tłumie zachowują się bardzo destrukcyjnie. Niełatwo powiedzieć dokładnie, dlaczego i jak to się dzieje, bo trudno jest badać ten proces naukowo. Rzadko udaje się zebrać wzburzony tłum w laboratorium, chyba że pobudzą go pogłoski o wykradaniu przez eksperymentatorów zwłok i bezbożnych próbach ich wskrzeszania.

Nie jestem wredny, ale mój mózg owszem

(Neurologiczne właściwości,
które każą nam źle traktować innych)

Z przedstawionych dotychczas informacji wynikałoby, że mózg jest nastawiony na budowanie relacji i porozumiewanie się. Wszyscy ludzie na świecie powinni więc trzymać się za ręce i wesoło śpiewać o tęczy i balonikach. Tymczasem ludzie są często okropni dla siebie nawzajem. Przemoc, grabieże, wyzysk, napaści seksualne, uprowadzenia, tortury, zabójstwa nie należą do rzadkości; typowy polityk maczał pewnie palce w niejednym. Nawet ludobójstwo, czyli próba zmiecenia z powierzchni ziemi całej populacji czy rasy, zdarza się dostatecznie często, by powstał na jego określenie specjalny termin.

Edmund Burke wypowiedział słynne zdanie: „Do triumfu zła wystarczy bezczynność dobrych ludzi". A zło ma jeszcze łatwiej, gdy dobrzy ludzie są gotowi przyłączyć się i dopomóc.

Dlaczego mieliby to robić? Istnieje wiele wyjaśnień o charakterze kulturowym, środowiskowym, politycznym i historycznym, ale swój wkład wnoszą także same mechanizmy pracy mózgu. W procesach norymberskich, w których przesłuchiwano odpowiedzialnych za holokaust, najczęstszą linią obrony było „wykonywanie rozkazów". Kiepska wymówka, prawda? Żaden normalny człowiek nie wyrządzałby takich okropności bez względu na to, kto by mu kazał? Niestety, zdaje się, że to nieprawda.

Stanley Milgram, profesor z Uniwersytetu Yale, badał to „wykonywanie rozkazów" w swym mrocznym eksperymencie. Brało w nim udział dwóch uczestników, znajdujących się w osobnych pomieszczeniach; jeden miał zadawać pytania drugiemu. Jeśli otrzymywał błędną odpowiedź, miał zaaplikować wstrząs prądem elektrycznym. Z każdą kolejną błędną odpowiedzią podnoszono napięcie prądu.[34] Oto haczyk: nie było żadnych wstrząsów elektrycznych. Osobą udzielającą odpowiedzi był aktor, celowo mylący się i wydający potem coraz bardziej rozpaczliwe krzyki bólu, gdy aplikowano mu rzekomy wstrząs.

Prawdziwym obiektem badania był pytający. Aranżacja sprawiała, że uważał, iż w praktyce kogoś torturuje. Wszyscy uczestnicy źle się z tym czuli, mieli opory lub prosili o przerwanie doświadczenia. Jednak eksperymentator mówił zawsze, że badanie to jest bardzo ważne i trzeba je kontynuować. Aż 65 procent osób robiło to, raz po raz zadając drugiemu człowiekowi potężny ból tylko dlatego, że im tak powiedziano.

Badacze nie rekrutowali ochotników z więzień o podwyższonym rygorze. Uczestnikami byli przeciętni ludzie i właśnie oni okazywali się zaskakująco gotowi do tego, by torturować swoich bliźnich. Nawet jeśli mieli co do tego obiekcje, jednak to *robili*, co dla torturowanego jest istotniejszą kwestią.

Badanie to dało asumpt do licznych dalszych eksperymentów, które dostarczyły precyzyjniejszych informacji.* Ludzie byli bardziej posłuszni, gdy eksperymentator im towarzyszył, a nie tylko porozumiewał się przez telefon. Jeśli uczestnicy widzieli, że inni „uczestnicy" odmawiają wykonania polecenia, rosło prawdopodobieństwo, że i oni odmówią, co sugeruje, że ludzie są skłonni do buntu, byle nie być *pierwszym* buntownikiem. Ponadto większym posłuchem cieszyli się eksperymentatorzy w fartuchach laboratoryjnych i przeprowadzający całą procedurę w profesjonalnie wyglądających salach.

Panuje zgoda co do tego, że jesteśmy skłonni do posłuszeństwa wobec *prawowitych* autorytetów, na których w powszechnej opinii spoczywa odpowiedzialność za konsekwencje wymaganych przez siebie czynów. Nieznana osoba, której polecenia są wyraźnie ignorowane, ma mniejsze szanse być takim autorytetem. Milgram wysunął tezę, że w sytuacjach społecznych nasz mózg przybiera jeden z dwóch stanów: autonomiczny (w którym sami podejmujemy decyzje) lub przedstawicielski, w którym pozwalamy, by inni dyktowali nam nasze działania – lecz nie wykazały tego na razie badania obrazowe mózgu.

Jeden z argumentów jest taki, że w sensie ewolucyjnym tendencja do bezmyślnego posłuszeństwa cechuje się większą

---

* Nie brakowało też krytyki tego kierunku badań. Częściowo dotyczyła ona metod i interpretacji, a częściowo zagadnień etycznych. Jakim prawem naukowcy zmuszali ludzi do stawania w roli kata, torturującego kogoś? Wykonywanie takiego zadania może być traumatycznym przeżyciem. Uczeni mają reputację zimnych oraz beznamiętnych i niekiedy widać, skąd się ona bierze.

efektywnością. Spieranie się o to, kto ma przewodzić, za każdym razem, gdy trzeba podjąć jakąś decyzję, jest bardzo niepraktyczne, mamy więc skłonność słuchać władzy pomimo wszelkich żywionych do niej zastrzeżeń. Nie trzeba wielkiego wysiłku, by wyobrazić sobie, że zdeprawowani, lecz charyzmatyczni liderzy mogą to wyzyskiwać.

Niemniej ludzie bywają na co dzień okropni dla innych, nie potrzebując do tego rozkazów od tyrańskich wodzów. Często polega to na uprzykrzaniu życia jednej grupie przez drugą z takich czy innych powodów. Ważny jest tu ten element grupowy. Mózg przymusza nas do formowania grup i zwracania się przeciwko wszystkim, którzy im zagrażają.

Uczeni zastanawiali się, co takiego w naszym mózgu wzbudza w nas wrogość w stosunku do każdego, kto odważy się zakłócić działanie grupy. W swym badaniu Morrison, Decety i Molenberghs zasugerowali, że gdy jednostka rozważa przyłączenie się do grupy, ujawnia się aktywacja sieci neuronowej złożonej z korowych struktur przyśrodkowych, skrzyżowań skroniowo--ciemieniowych i zakrętu skroniowego przedniego.[35] Wielokrotnie ukazywano, że obszary te są wysoko aktywne w sytuacjach wymagających interakcji i myślenia o innych, przez co niektórzy ochrzcili je mianem mózgu społecznego.[*][36]

Inną szczególnie intrygującą obserwacją było ujawnienie aktywności w sieci obejmującej korę przedczołową przyśrodkową brzuszną oraz grzbietową obręczy w trakcie przetwarzania bodźców powiązanych z udziałem w grupie. Pewne badania

---

[*] Nie należy go mylić ze wspominaną wcześniej hipotezą mózgu społecznego; uczeni nigdy nie przepuszczają okazji, by wprowadzić jakiś mętlik do terminologii.

wskazują na związek tych rejonów z przetwarzaniem „ja osobistego",[37] co sugeruje silne nakładanie się percepcji własnej i przynależności do grupy. Oznacza to, że ludzie czerpią znaczną część swej tożsamości z grup, do których należą.

Jedną z implikacji jest to, że dowolne niebezpieczeństwo dla naszej grupy stanowi w praktyce niebezpieczeństwo dla nas samych, co tłumaczy, dlaczego wszystko, co zagraża sposobowi funkcjonowania grupy, spotyka się z wrogością. A największym zagrożeniem dla większości grup są… inne grupy.

Fani rywalizujących drużyn piłkarskich wdają się tak często w brutalne starcia, że staje się to niemal oczekiwaną kontynuacją meczu. Wojny rywalizujących gangów przestępczych to zwornik najczarniejszych kryminalnych dramatów. Wszelki współczesny wyścig wyborczy szybko przekształca się w naparzankę jednej strony z drugą, w której atakowanie oponenta jest ważniejsze od wyjaśnienia, dlaczego ktoś miałby głosować na danego polityka. Internet wszystko to tylko spotęgował: opublikuj choć minimalnie krytyczną albo kontrowersyjną opinię online o czymś, co ktoś uznaje za ważne (na przykład: „Prequele *Wojen gwiezdnych* nie były jednak całkiem słabe"), a hejtowe maile zapchają ci skrzynkę odbiorczą, zanim zdążysz nastawić czajnik. Prowadzę blogi na międzynarodowych platformach medialnych, więc wierz mi, że wiem, co mówię.

Niektórzy mogą myśleć, że uprzedzenia wynikają z długotrwałego kontaktu z postawami, które je formują. Nie rodzimy się z naturalną awersją do pewnych typów ludzi; trzeba latami powolutku sączyć krople (metaforycznej) żółci, by złamać czyjeś zasady moralne i wzbudzić w nim nienawiść do innych. To prawda. Niestety cały proces może też zajść bardzo szybko.

Okryty złą sławą stanfordzki eksperyment więzienny, przeprowadzony przez zespół badawczy Philipa Zimbardo, dotyczył psychologicznego wpływu środowiska więziennego na strażników i osadzonych.[38] W piwnicach Uniwersytetu Stanforda zaaranżowano realistyczną scenerię więzienną, a uczestnikom arbitralnie przydzielono role więźniów lub strażników.

Strażnicy stali się niewiarygodnie okrutni, wulgarni, agresywni, napastliwi i wrodzy w stosunku do więźniów. Więźniowie zaczęli uznawać strażników (całkiem racjonalnie) za pozbawionych zahamowań sadystów i barykadując się w swoich pokojach, wzniecili bunt, który strażnicy siłą złamali. Wkrótce więźniów dopadły skłonności depresyjne, ataki płaczu, a nawet wysypki psychosomatyczne.

Czas trwania eksperymentu? Sześć dni. Planowano go na dwa tygodnie, ale przerwano przed czasem, bo sytuacja zaczęła wymykać się spod kontroli. Ważne, by pamiętać, że żaden z uczestników nie był naprawdę strażnikiem ani więźniem! Wszyscy byli studentami prestiżowego uniwersytetu. Zostali jednak umieszczeni w jasno zdefiniowanych grupach oraz zmuszeni do współistnienia z grupą o innych celach i mentalność grupowa ujawniła się bardzo szybko. Nasz mózg błyskawicznie utożsamia się z grupą, co w niektórych kontekstach może znacząco zmienić nasz sposób zachowania.

Mózg wzbudza w nas wrogość do osób „zagrażających" naszej grupie, nawet jeśli chodzi o trywialne sprawy. Większość z nas wie o tym ze swoich lat szkolnych. Jakiś nieszczęśnik niechcący robi coś, co stanowi odstępstwo od standardów grupy (ma nietypową fryzurę), podkopując jej jednolitość, i zostaje ukarany (nieustającym wyśmiewaniem).

Ludzie chcą nie tylko być częścią grupy, lecz także odgrywać w niej znaczącą rolę. Status społeczny i hierarchia są powszechnie spotykane w przyrodzie. Nawet kury mają swoją hierarchię (stąd „kolejność dziobania"), a ludzie są równie chętni podnieść swój status społeczny co najdumniejszy kurczak (stąd „nowobogaccy"). Starają się prześcignąć siebie nawzajem, postawić się w jak najkorzystniejszym świetle, być najlepszymi w tym, co robią. Mózg umożliwia takie zachowania dzięki obszarom, do których należą płacik ciemieniowy dolny, kora przedczołowa grzbietowo-boczna i brzuszno-boczna, zakręt wrzecionowaty i zakręt językowaty. Rejony te współpracują w zapewnianiu świadomości pozycji społecznej, tak że zdajemy sobie sprawę nie tylko z obecności w grupie, lecz również z zajmowanego w niej miejsca.

W rezultacie osoba, której postępowanie spotyka się z dezaprobatą grupy, zarówno wystawia na szwank „prawość" grupy, jak i daje innym jej członkom okazję do podniesienia swojego statusu kosztem niekompetentnej jednostki. Stąd przezwiska i wyśmiewanie.

Jednak mózg jest tak finezyjny, że „grupa", do której należymy, jest pojęciem bardzo rozciągliwym. Może to być cały kraj, czego dowodzi każdy, kto macha narodową flagą. Można się też czuć „członkiem" określonej rasy, co jest nawet łatwiejsze, bo rasa opiera się na pewnych cechach fizycznych, więc przedstawiciele innych ras są bez trudu identyfikowani i atakowani przez ludzi, którzy mogą poszczycić się tak niewieloma rzeczami, iż nader drogie stają się dla nich ich cechy fizyczne (w których uzyskaniu nie mają najmniejszej zasługi).

Dla jasności: nie jestem fanem rasizmu.

Są jednak momenty, gdy ludzie indywidualnie zachowują się zatrważająco okrutnie wobec innych, którzy niczym sobie na to nie zasłużyli. Bezdomni i ubodzy, ofiary napaści, kalecy i chorzy, zdesperowani uciekinierzy – zamiast uzyskiwać potrzebną pomoc, ludzie ci są oczerniani przez tych, którym lepiej się powiodło. Przeczy to wszelkiemu pojęciu o przyzwoitości ludzkiej i elementarnej logice. Dlaczego jest więc tak częste?

Mózg ma silny przechył egocentryczny; w każdej sytuacji pokazuje nas w jak najlepszym świetle. Może to oznaczać, że z trudem wczuwamy się w położenie innych ludzi – bo nie są nami – a mózg podczas podejmowania decyzji może opierać się głównie na tym, co zdarzyło się nam samym. Niemniej wykazano, że jego fragment, mianowicie zakręt nadbrzeżny, rozpoznaje i koryguje ten przechył, pozwalając nam na właściwą empatię.

Istnieją też dane wskazujące, że dużo trudniej jest o empatię, gdy obszar ten jest uszkodzony lub gdy nie ma się dostatecznie dużo czasu na zastanowienie. Istnienie dalszych ograniczeń tego mechanizmu kompensacyjnego pokazał ciekawy eksperyment przeprowadzony przez Tanię Singer z Instytutu Maxa Plancka. Jego uczestnicy dotykali powierzchni sprawiających różne wrażenia dotykowe (mieli dotykać czegoś przyjemnego lub czegoś odpychającego).[39] Okazuje się, że dwójka ludzi doznających czegoś nieprzyjemnego zachowuje się bardzo empatycznie, rozpoznając emocje i ich intensywność u drugiej osoby. Jeżeli jednak jedna osoba ma przyjemne doznanie, a druga przykre, ta pierwsza w dużym stopniu nie potrafi wczuć się w cierpienie drugiej. Zatem im bardziej uprzywilejowane i komfortowe jest czyjeś życie, tym trudniej jest mu zrozumieć potrzeby i problemy ludzi w gorszym położeniu. Jednak jeśli tylko nie zrobimy jakiejś głupoty typu postawienie najbardziej wychuchanych ludzi u steru władzy, powinno być dobrze.

Wielokrotnie widzieliśmy już przejawy egocentrycznej tendencyjności mózgu. Inna (powiązana) tendencyjność poznawcza zwie się hipotezą sprawiedliwego świata.[40] Głosi ona, że mózg z natury zakłada prawość i uczciwość świata, w którym dobro jest wynagradzane, a zło karane. Tendencyjność ta pomaga ludziom żyć w społeczności, oznacza bowiem, że złe postępowanie jest hamowane, jeszcze zanim się pojawi, a ludzie mają skłonność zachowywać się przyzwoicie (nie żeby mieli się zachowywać inaczej, gdyby tego nie było, ale skoro już jest, to pomaga). Ponadto tendencyjność nas motywuje; przekonanie, że świat jest przypadkowy, a wszelkie czyny są w ostatecznym rozrachunku pozbawione znaczenia, nie pomoże we wstaniu z łóżka o rozsądnej godzinie.

Niestety, hipoteza ta nie jest słuszna. Złe postępowanie nie zawsze spotyka się z karą, a dobrzy ludzie często doświadczają przykrych wypadków. Tendencyjność ta jest jednak tak głęboko wyryta w naszym mózgu, że mimo wszystko się jej trzymamy. Kiedy widzimy więc kogoś, kto padł ofiarą jakiegoś okropieństwa, choć w niczym nie zawinił, powoduje to dysonans; świat jest sprawiedliwy, ale to, co się tu stało, jest niesprawiedliwe. Mózg nie lubi dysonansów, zatem ma dwie możliwości: możemy dojść do wniosku, że świat jest okrutny i działa na zasadzie przypadku, albo zdecydować, że ofiara zrobiła coś, czym zasłużyła sobie na nieszczęście. To drugie jest okrutniejsze, ale pozwala nam zachować wygodne (choć nieścisłe) założenia na temat świata, toteż obwiniamy ofiary.

Liczne badania pokazały rozmaite przejawy tego efektu. Na przykład ludzie odnoszą się mniej krytycznie do ofiar, jeśli mogą sami interweniować w celu ulżenia ich cierpieniu lub jeśli dowiedzieli się, że ofiary spotkały się z czasem z zadośćuczynieniem. Jeżeli natomiast ludzie nie mają sposobu na dopomożenie ofiarom, odnoszą się do nich bardziej pogardliwie. Choć wygląda to wyjątkowo okrutnie, pozostaje spójne z hipotezą sprawiedliwego świata: ofiarom się nie powiodło, musiały więc sobie na to zasłużyć.

Ponadto ludzie częściej obwiniają ofiarę, z którą się wyraźnie utożsamiają. Jeśli widzisz, jak spadające drzewo uderza w kogoś w innym wieku, innej płci, innej rasy itd. niż ty, dużo łatwiej jest o współczucie. Jeżeli zaś widzisz osobę w twoim wieku, twojego wzrostu, budowy ciała, płci, kierującą samochodem takim jak twój i wpadającą na dom taki jak ten, w którym mieszkasz, jest dużo większe prawdopodobieństwo, że będziesz obwiniać ją o brak kompetencji lub głupotę, mimo że nie masz na to żadnych dowodów.

W pierwszym przypadku żaden z czynników nie odnosi się do nas samych, można więc przypisać zdarzenie czystemu przypadkowi; nie jest to coś, co może nas dotknąć. Jednak drugi przypadek mógłby nas dotyczyć, dlatego mózg racjonalizuje go jako błąd jednostki. Musi to być *jej* błąd, bo gdyby przyczyną był ślepy traf, potencjalnie mógłby dotknąć i *ciebie*. A taka myśl rozstraja.

Wydaje się, że mimo wszelkich inklinacji do zachowań towarzyskich i przyjacielskich nasz mózg jest tak przejęty ochroną poczucia tożsamości i spokoju ducha, że pozwala nam bez skrupułów obejść się z każdym i ze wszystkim, co mogłoby temu zagrozić. Czarujące.

ROZDZIAŁ 8

||||||||||||||||||||||||||||||||||||||||||||||||||||

Kiedy mózg się psuje

Problemy zdrowia psychicznego i ich pochodzenie

C zego dowiedzieliśmy się o mózgu do tej pory? Miesza we wspomnieniach, skacze na widok cieni, boi się najbezpieczniejszych rzeczy w świecie, majstruje z dietą, snem, ruchem, przekonuje nas o naszej rzekomej błyskotliwości, zmyśla połowę z tego, co ponoć postrzegamy, popycha nas w rozemocjonowaniu ku nierozumnym czynom, sprawia, że niewiarygodnie szybko nawiązujemy znajomości z ludźmi i w jednej chwili zwracamy się przeciw nim.

Niepokojąca lista. A co gorsza, mózg robi to wszystko, *gdy działa poprawnie*. Co więc się dzieje, kiedy – że tak powiem – się myli? Dochodzimy wówczas do zaburzeń neurologicznych lub psychicznych.

Zaburzenia neurologiczne wynikają z fizycznych zmian w ośrodkowym układzie nerwowym, takich jak uszkodzenie hipokampu powodujące amnezję albo degradacja istoty szarej pnia mózgu w chorobie Parkinsona. Są to paskudne przypadłości, ale zwykle mają rozpoznawalne przyczyny fizyczne (choć często nie jesteśmy w stanie zrobić wiele w ich sprawie). Przejawiają się głównie w postaci dolegliwości somatycznych, na przykład ataków padaczkowych, zaburzeń poruszania się lub różnych bólów (migrena itp.).

Zaburzenia psychiczne (umysłowe) to anomalie w myśleniu, zachowaniu lub odczuwaniu i nie muszą one mieć wyraźnej przyczyny fizycznej. Ich źródło tkwi w materialnej strukturze mózgu, ale mózg jest pod względem fizycznym normalny; robi tylko niestosowne rzeczy. By raz jeszcze przywołać wątpliwą analogię komputerową, zaburzenie neurologiczne to problem sprzętowy, a zaburzenie psychiczne problem software'owy (choć jedno silnie zazębia się z drugim, nie ma tu ostrej granicy).

Jak definiuje się zaburzenie psychiczne? Na mózg składają się miliardy neuronów, tworzących tryliony połączeń, skutkujących tysiącami funkcji wynikłych z niezliczonych procesów genetycznych oraz nabytych doświadczeń. Nie ma dwóch dokładnie takich samych mózgów, po czym więc mamy poznać, czyj mózg pracuje normalnie, a czyj nie? Każdy ma swoje drobne dziwactwa, osobliwości, tiki czy ekscentryzmy, które często współtworzą tożsamość i osobowość. Na przykład synestezja nie stwarza, jak się wydaje, żadnych problemów z funkcjonowaniem; wielu synestetyków nie zdaje sobie sprawy, że dzieje się u nich coś szczególnego, póki nie napotkają dziwnych spojrzeń, wyraziwszy opinię, że podoba się im zapach fioletu.[1]

Zaburzenia psychiczne opisuje się jako wzorce zachowań lub myślenia, które wywołują dyskomfort i cierpienie lub uszkadzają zdolność do funkcjonowania w „normalnym" społeczeństwie.

Ten ostatni warunek jest bardzo ważny; aby rozpoznać zaburzenie psychiczne, trzeba zestawić je z „normą", ta zaś ulega znacznym zmianom. Jeszcze w 1973 roku Amerykańskie Towarzystwo Psychiatryczne klasyfikowało homoseksualność jako zaburzenie psychiczne.

Specjaliści zdrowia psychicznego nieustannie aktualizują klasyfikację chorób umysłowych ze względu na postępy wiedzy, nowe terapie i podejścia, zmiany dominujących szkół myślenia, a nawet niepokojący wpływ koncernów farmaceutycznych, którym nowe schorzenia stwarzają okazję sprzedaży kolejnych produktów. Wszystko to jest możliwe, ponieważ gdy patrzy się z bliska, granica między zaburzeniem a normą psychiczną jest bardzo rozmyta, często wynika z arbitralnych decyzji opartych na konwencjach społecznych.

Dodajmy jeszcze, że zaburzenia te są powszechne (według dostępnych danych niemal co czwarta osoba doznaje jakichś przejawów zaburzeń psychicznych[2]), a stanie się jasne, dlaczego problemy zdrowia mentalnego są zagadnieniem tak kontrowersyjnym. Nawet gdy uzna się istnienie określonych zaburzeń psychicznych (co wcale nie jest takie oczywiste), ich wyniszczająca natura bywa często lekceważona lub ignorowana przez szczęśliwców, którzy ich nie doświadczają. Toczy się też gorąca dyskusja nad tym, jak klasyfikować zaburzenia psychiczne. Wielu z nas mówi na przykład „choroba psychiczna", ale zdaniem niektórych pojęcie to jest mylące; implikuje stan, na który można coś zaradzić, jak na grypę czy ospę. Zaburzenia psychiczne nie funkcjonują w taki sposób. Często nie ma tu fizycznej usterki, którą można „nareperować", co oznacza, że trudno jest wskazać efektywną kurację.

Niektórzy mają nawet obiekcje przed używaniem określenia „zaburzenia psychiczne", gdyż sugeruje ono coś złego czy szkodliwego, podczas gdy można je też uznawać za alternatywny sposób postrzegania i zachowania. Znacząca frakcja w kręgach psychologii klinicznej argumentuje, że szkodliwe jest już samo mówienie i myślenie o kwestiach psychicznych jako chorobach czy problemach, i domaga się, by w dyskusji o nich stosować bardziej neutralne, mniej naznaczone terminy. Narastają też opory przed dominacją podejścia czysto medycznego, co zrozumiałe w świetle arbitralności decyzji o tym, co stanowi „normę", a co nie.

Pomimo powyższych argumentów w rozdziale tym trzymam się głównie ujęcia medycznego/psychiatrycznego – takie jest moje wykształcenie, a przede wszystkim ten sposób opisywania zagadnień brzmi najmniej obco. Prezentuję zwięzły przegląd niektórych powszechnych problemów zdrowia psychicznego, wyjaśniając przy tym, jak mózg nas zawodzi zarówno z perspektywy człowieka dotkniętego zaburzeniem, jak i tych wokół niego, którzy nierzadko mają trudności z dostrzeżeniem i zrozumieniem, co się dzieje.

Co robić, gdy ogarnia czarna rozpacz

(Depresja i błędne przekonania na jej temat)

Depresji – schorzeniu klinicznemu – przydałaby się inna nazwa. Obecnie stosuje się ją zarówno w odniesieniu do osób nieco przygnębionych, jak i tych z prawdziwym, obezwładniającym zaburzeniem nastroju. W konsekwencji niektórzy mogą lekceważyć ją, traktując jako przejściową przypadłość. W końcu wszyscy mamy od czasu do czasu doła, prawda? Po prostu trzeba przez to przebrnąć. Często dysponujemy tylko własnymi doświadczeniami jako podstawą do formułowania sądów, a widzieliśmy już, jak mózg automatycznie wyolbrzymia doświadczenia własne, a ogranicza wczuwanie się w przeżycia innych, jeśli różnią się one od naszych.

Takie podejście nie służy dojściu do prawdy. Lekceważenie problemów osoby z prawdziwą depresją dlatego, że ty też miałeś kiedyś ciężki okres i wyszedłeś z niego, jest jak lekceważenie sytuacji człowieka, któremu amputowano ramię, bo ty kiedyś zaciąłeś się kartką papieru. Depresja jest prawdziwą, obezwładniającą chorobą, a bycie „trochę nie w sosie" nie jest. Depresja może być tak straszliwa, że doświadczający jej ludzie dochodzą do wniosku, iż pozostaje im tylko odebrać sobie życie.

Oczywiście nie ulega kwestii, że każdy w końcu umiera. Ale wiedzieć o tym to coś zupełnie innego, niż tego bezpośrednio doświadczyć. Można „wiedzieć", że postrzelenie kulą z pistoletu boli, ale nie oznacza to, że wiesz, jak odczuwa się dostanie kulki. Podobnie wiemy, że wszyscy nasi bliscy w końcu odejdą, niemniej gdy się to dzieje, mimo wszystko jest to emocjonalny cios w brzuch. Widzieliśmy, jak ewolucja przygotowała mózg do tworzenia silnych i trwałych relacji z ludźmi, czego negatywną konsekwencją jest cierpienie, gdy relacje te dobiegają końca. A nie ma bardziej ostatecznego końca niż czyjaś śmierć.

Jeszcze trudniej jest zaś, gdy ukochana osoba sama odbiera sobie życie. Niemożliwością jest zyskać pewną wiedzę, jak i dlaczego ktoś dochodzi do przekonania, że samobójstwo jest jedyną wartą rozważenia opcją, ale bez względu na to rozumowanie, decyzja ta jest druzgocąca dla osób, które pozostają na świecie. Tylko z nimi potem mamy kontakt. Tym samym staje się zrozumiałe, dlaczego ludzie często formułują negatywne opinie o samobójcy – być może ukrócił własne cierpienie, ale wzbudził je u wielu innych.

Jak widzieliśmy w rozdziale 7, mózg nieźle się gimnastykuje, by uniknąć współczucia ofiarom, a kolejnym przejawem tego może być naznaczanie osób odbierających sobie życie określeniem „samolubni". To gorzki paradoks, że jednym z najczęstszych czynników wiodących do samobójstwa jest kliniczna depresja, tymczasem ludzie cierpiący na nią są regularnie określani mianem „samolubnych" i „leniwych" czy innymi uwłaczającymi epitetami. Może tu znów ujawniać się egocentryczna samoobrona mózgu; przyjęcie do wiadomości istnienia tak ciężkiego zaburzenia nastroju, że akceptowalnym rozwiązaniem staje się skończenie z sobą, w praktyce oznacza przyjęcie do wiadomości, na pewnym poziomie, że mogłoby to zdarzyć się i tobie. Niemiła myśl. Jeśli jednak uznamy, że ktoś po prostu cacka się z sobą albo jest gruboskórnym egoistą, wówczas to jego problem – nie zdarzy się tobie, zatem masz lepsze odczucia związane z samym sobą.

To jedno wyjaśnienie. Inne jest takie, że niektórzy ludzie są po prostu niedoinformowanymi palantami.

Obwoływanie osób z depresją i (lub) samobójców egoistami jest niestety bardzo powszechne, szczególnie gdy dotyczy kogoś choćby odrobinę sławnego. Oczywistym przykładem z ostatnich lat jest smutna śmierć Robina Williamsa, gwiazdy światowego formatu, uwielbianego aktora i komika. Pomiędzy pełnymi blichtru, łzawymi hołdami w mediach i internecie pojawiały się też, i to wyjątkowo często, komentarze typu: „Zrobienie czegoś takiego swojej rodzinie to po prostu samolubstwo" albo „Popełnienie samobójstwa, gdy się ma wszystko, jest czystym egoizmem" itd. Opinie te nie płynęły wyłącznie od anonimowych internautów; wyrażano je wśród celebrytów oraz w wielu programach informacyjnych różnych sieci niekoniecznie słynących z wrażliwości, takich jak Fox News.

Jeżeli również ty wyznajesz takie lub podobne poglądy, przepraszam, ale się mylisz. Częściowo mogą to wyjaśniać triki pracy mózgu, lecz nie można też pominąć niewiedzy i niedoinformowania. Nasz mózg nie cierpi niepewności i przykrości, a zaburzenia psychiczne dostarczają ich aż nadto. Depresja jest prawdziwym i poważnym problemem zdrowotnym, który zasługuje na empatię i szacunek, nie lekceważenie i szyderstwo.

Przejawia się ona na wiele różnych sposobów. Jest to zaburzenie nastroju, zatem wpływa na nastrój, ale ten wpływ może być różnoraki. Jedni pogrążają się w odmętach rozpaczy, inni doświadczają intensywnego lęku, prowadzącego do stałego napięcia w obliczu jakiejś nadciągającej katastrofy. Jeszcze inni, gdy porusza się temat nastroju, nie mają nic do powiedzenia, czują w sobie pustkę, są wyprani z emocji bez względu na to, co się dzieje. Niektórzy (głównie mężczyźni) doznają nieodstępującego ich gniewu i niepozwalającego usiedzieć w miejscu pobudzenia.

Po części dlatego trudno jest ustalić głęboką przyczynę depresji. Przez pewien czas dość powszechnie akceptowano hipotezę monoamin.[3] Wiele neuroprzekaźników używanych przez mózg ma postać monoamin, a ich poziom u ludzi dotkniętych depresją wydaje się obniżony. Wpływa to na aktywność mózgu w sposób, który może prowadzić do wywiązania się depresji. Większość

popularnie znanych antydepresantów podnosi dostępność monoamin w mózgu. Najczęściej stosowanymi obecnie środkami
przeciwdepresyjnymi są selektywne inhibitory wychwytu zwrot-
nego serotoniny (SIWZS). Serotonina (jedna z monoamin) jest
neuroprzekaźnikiem istotnym w przetwarzaniu lęku, nastroju,
snu itd. Uważa się również, że wspomaga ona regulację układów neuroprzekaźnikowych, zatem zmiana jej poziomu może
powodować efekt domina. SIWZS hamują usuwanie serotoniny
z synaps, do których zostały wydzielone, co w rezultacie wzmaga
ich obecność. Inne antydepresanty działają podobnie na takie
monoaminy, jak dopamina czy noradrenalina.

Jednak hipoteza monoamin spotyka się z coraz ostrzejszą
krytyką. Nie wyjaśnia ona, co tak naprawdę się dzieje. To jakby
podczas odnawiania zabytkowego malowidła powiedzieć, że
przydałoby się na nim więcej zieleni. Może rzeczywiście by się
przydało, ale nie jest to wystarczająco konkretne stwierdzenie,
żeby było wiadomo, co robić.

Ponadto SIWZS podnoszą poziom serotoniny natychmiast,
ale korzystne skutki ich stosowania odczuwa się dopiero po tygodniach. Pytanie, dlaczego tak się dzieje, pozostaje otwarte (choć,
jak się przekonamy, są na ten temat pewne teorie). Wygląda to
tak, jakbyśmy napełniali pusty bak samochodu benzyną, a on
zaczynał jeździć dopiero po miesiącu. Brak benzyny mógł być
przyczyną unieruchomienia pojazdu, ale ewidentnie nie *jedyną*.
Należy dodać do tego brak dowodów na to, że w depresji jest
uszkodzony jakiś układ monoaminowy, oraz istnienie skutecz-
nych antydepresantów, które w ogóle nie wchodzą w interakcje
z monoaminami. Najwyraźniej więc w depresji chodzi o coś
więcej niż zwykłe zaburzenie równowagi chemicznej.

Możliwości jest wiele. Depresja wydaje się powiązana ze snem.[4] Serotonina odgrywa niezwykle ważną rolę w regulacji rytmów okołodobowych, a depresja powoduje zaburzenie snu. W rozdziale 1 analizowaliśmy problemy związane z przerywaniem naturalnego rytmu snu; może depresja jest kolejną konsekwencją?

Zwracano też uwagę na związki między depresją a przednią korą obręczy.[5] Jest to fragment płata czołowego obdarzony wieloma funkcjami – od monitorowania pracy serca po oczekiwanie nagrody, podejmowanie decyzji, empatię, panowanie nad impulsami itd. W skrócie jest to obszar wielozadaniowy. U pacjentów z depresją wykazuje on większą aktywność. Jedno z wyjaśnień tej sytuacji głosi, że przednia kora obręczy odpowiada za poznawcze doświadczanie cierpienia. Skoro jest odpowiedzialna za oczekiwanie nagrody, można domniemywać, że angażuje się też w odczuwanie przyjemności oraz – co tu istotniejsze – jej całkowitego braku.

Przedmiotem badań jest także oś podwzgórza, regulująca reakcje na stres.[6] Istnieje również inne podejście. Zgodnie z pewnymi teoriami mechanizm depresji jest procesem w dużym stopniu rozproszonym, a nie zlokalizowanym w określonych rejonach mózgu. U osób z depresją wykazano mianowicie obniżenie neuroplastyczności, czyli zdolności do tworzenia nowych fizycznych połączeń międzyneuronalnych, która stoi u podstaw uczenia się oraz ogólnie wielu aspektów pracy mózgu.[7] Uważa się, że zmniejszenie neuroplastyczności uniemożliwia mózgowi reagowanie na niesprzyjające bodźce i stres oraz adaptację do nich. Gdy wydarza się coś złego, mózg jest bardziej „sztywny", jak ciasto leżące zbyt długo, co utrudnia mu skuteczne poprawienie nastroju czy uniknięcie złego samopoczucia. W ten sposób rodzi się i utrzymuje depresja. Może to tłumaczyć jej uporczywość i potęgę; uszkodzenie neuroplastyczności uniemożliwia reakcję dostosowawczą. Antydepresanty podnoszące obecność neuro-przekaźników często zwiększają też neuroplastyczność, więc być może właśnie dlatego wykazują swoje działanie dopiero po długim czasie od podniesienia poziomu samego przekaźnika. To nie tyle tankowanie samochodu, ile nawożenie gleby; trzeba czasu, by pomocny pierwiastek został spożytkowany przez roślinę.

Wszystkie te teorie mogą przyczyniać się do zrozumienia depresji, choć mogą też opisywać jej konsekwencje, a nie przyczyny. Badania toczą się dalej. Jasne pozostaje jedno: jest to realne, często całkowicie obezwładniające schorzenie, które oprócz wpędzania w najczarniejszy nastrój ogranicza też zdolności poznawcze. Wielu specjalistów zdrowia psychicznego musi się uczyć, jak odróżniać depresję od otępienia, gdyż w testach kognitywnych znaczne upośledzenie pamięci oraz absolutna niezdolność do wykrzesania z siebie motywacji do ukończenia testu wyglądają tak samo pod względem wyników. Ważne jest zaś, by je odróżniać, bo leczenie depresji jest inne od leczenia demencji, choć często diagnoza demencji *doprowadza* do powstania depresji,[8] co dodatkowo komplikuje sytuację.

Inne badania wskazują, że ludzie z depresją zwracają większą uwagę na bodźce negatywne.[9] Gdy pokazuje się im listę słów, dużo bardzie skupiają się na tych o przykrym znaczeniu (np. „morderstwo") niż na neutralnych („trawa"). Omawialiśmy egocentryczną tendencyjność mózgu, która oznacza, że skupiamy się na tym, co zapewnia nam dobre odczucia związane z samym sobą, a ignorujemy inne rzeczy. W depresji mechanizm zostaje odwrócony: to, co pozytywne, jest pomijane lub pomniejszane, a wszystko, co negatywne, jest postrzegane jako stuprocentowo pewne. W rezultacie gdy pojawi się depresja, może być bardzo trudno się jej pozbyć.

O ile w niektórych ludzi depresja wydaje się uderzać jakby znikąd, u wielu jest konsekwencją nadmiernego zbierania ciosów od życia. Często występuje w połączeniu z innymi poważnymi schorzeniami, w tym z rakiem, otępieniem i paraliżem. Jest też słynny „zjazd po równi pochyłej", w którym przed ludźmi piętrzą się coraz to nowe problemy. Utrata pracy jest przykra, ale jeśli wkrótce rozstaje się z tobą partner, potem umiera krewny, a ty zostajesz obrabowany na ulicy, gdy wracasz z pogrzebu – czara goryczy może się przelać. Wygodne przechyły poznawcze i założenia, jakie nasz mózg pielęgnuje, by zapewnić nam motywację (że świat jest sprawiedliwy, że nic złego się nam nie przydarzy), zostają zdruzgotane. Nie mamy kontroli nad zdarzeniami, co pogarsza sprawę. Przestajemy widywać się z przyjaciółmi i porzucamy swoje zainteresowania. Możemy się zwrócić w stronę alkoholu i narkotyków, które – mimo oferowania chwilowej ulgi – dodatkowo obciążają mózg. Zjazd po równi toczy się dalej.

Takie są czynniki ryzyka depresji, które zwiększają prawdopodobieństwo jej powstania. Prowadzenie pełnego sukcesów życia w świetle fleszy, gdy pieniądze nie są problemem, a miliony cię uwielbiają, niesie mniej czynników ryzyka niż mieszkanie w obskurnej, zakazanej dzielnicy, wiązanie z trudem końca z końcem i brak jakiegokolwiek wsparcia rodziny. Gdyby depresję porównać do uderzającego pioruna, jedni ludzie są w trakcie burzy pod dachem, a inni w pobliżu drzew i masztów i ci drudzy są bardziej narażeni na niebezpieczeństwo.

Święcenie życiowych sukcesów nie stanowi jednak pancerza ochronnego. Gdy bogaty i sławny człowiek wyznaje, że cierpi na depresję, nie ma sensu mówić: „Depresja u niego? Przecież nic mu nie brak!". Palenie papierosów powoduje wzrost ryzyka raka płuc, ale rak płuc nie dotyka *wyłącznie* palaczy. Złożoność mózgu sprawia, że wiele czynników ryzyka depresji nie wiąże się z sytuacją życiową. U niektórych ludzi występują cechy osobowości (takie jak tendencja do samokrytyki), a nawet geny (wiadomo, że istnieje składnik dziedziczny depresji[10]), które podnoszą prawdopodobieństwo wystąpienia choroby.

A może od początku to walka z depresją pobudzała kogoś do pogoni za sukcesami? Okiełznanie i pokonanie depresji wymaga często ogromu woli i wielkiego wysiłku, który można skierować na określone cele. Dobrym przykładem są przysłowiowe łzy klauna, odwołujące się do wybitnych komików, których kunszt wypływa ze zmagań z wewnętrznym cierpieniem. Innym przykładem są rzesze sławnych twórców, którzy borykali się z toczącą ich wnętrze chorobą (choćby van Gogh). Sukces niekiedy bywa nie środkiem zapobiegającym depresji, ale jej *rezultatem*.

Poza tym, o ile ich nie odziedziczyłeś, bogactwo i sława wymagają ciężkiej pracy. Kto wie, jakie poświęcenia były konieczne dla osiągnięcia tego sukcesu? W końcu zaś człowiek może uznać, że nie były tego warte. Ponadto osiągnięcie czegoś, do czego dążyło się całymi latami, może obedrzeć dalsze życie z sensu i motywacji, rzucając cię na mieliznę. Jeżeli do tego w upartym podążaniu na szczyt zgubiłeś po drodze ważnych dla ciebie ludzi, możesz ostatecznie uznać, że jest to za wysoka cena. Publiczne miano człowieka sukcesu przed niczym cię nie zabezpiecza. Pokaźne konto bankowe nie tamuje procesów powstawania depresji. A gdyby tamowało, gdzie leży punkt odcięcia? Kto miałby „za dużo sukcesów", by móc zachorować? Gdyby człowiek nie mógł mieć depresji, jeśli powodzi mu się lepiej niż innym, to zgodnie z logiką tylko najwięksi pechowcy na świecie powinni cierpieć depresję.

Nie chcę przez to powiedzieć, że wśród bogatych i święcących triumfy ludzi nie ma wielu szczęśliwych; pragnę jedynie podkreślić, że to nie daje gwarancji. Mechanizmy działania mózgu nie zmieniają się gwałtownie dlatego, że ktoś zrobił karierę w filmie.

Depresja nie kieruje się logiką. Nie pojmują tego dobrze ludzie określający samobójstwo i depresję mianem egoizmu, tak jakby osoby z depresją miały sporządzać tabelę czy wykres z zaletami i wadami samobójstwa i mimo przewagi wad samolubnie się na ten krok zdecydować.

To nonsens. Wielki, być może nawet zasadniczy problem depresji polega na tym, że uniemożliwia ona „normalne" działanie i myślenie. Osoba taka nie myśli tak jak pozostali, podobnie jak tonący człowiek nie może oddychać powietrzem jak wszyscy na lądzie. Wszystko, co postrzegamy i czego doświadczamy, jest przetwarzane i filtrowane przez mózg, jeżeli więc mózg uznał, że wszystko jest absolutnie okropne, będzie to wywierać wpływ na całe nasze życie. Z perspektywy osoby z depresją jej wartość jako człowieka może być tak niska i widoki na przyszłość tak koszmarne, że szczerze wierzy ona, iż najbliżsi/przyjaciele/fani wręcz zyskają na jej odejściu z tego świata, więc w istocie samobójstwem wyświadcza im szlachetną przysługę. Jest to wniosek ogromnie przykry, ale jednocześnie wytwór mózgu, który nie myśli jasno.

Oskarżenia o egoizm często implikują również, że ludzie z depresją w jakiś sposób sami wybierają swoją sytuację; że mogliby cieszyć się życiem i być szczęśliwi, tylko uznają, iż wygodniej jest im inaczej. Rzadko wyjaśnia się przy tym, jak i dlaczego mieliby to robić. W przypadku samobójstwa słyszy się komentarze, że to „pójście na łatwiznę". Wieloma słowami można określić tak wielkie cierpienie, by mogło przeważyć nad ugruntowanym przez miliony lat instynktem samozachowawczym, ale „łatwizna" na pewno nie przychodzi pierwsza na myśl. Być może nic nie układa się tu w logiczną całość, ale wymaganie logiki od człowieka będącego w szponach choroby psychicznej jest jak wymaganie normalnego chodzenia od kogoś, kto złamał sobie nogę.

Depresja nie jest widoczna czy sygnalizowana jak typowa choroba, łatwiej jest więc zaprzeczyć jej istnieniu niż przyjąć do wiadomości przykrą i nieprzewidywalną rzeczywistość. Wyparcie takie upewnia obserwatora, że jemu „coś takiego nigdy się nie przydarzy", ale mimo to depresja dotyka milionów ludzi, a oskarżanie ich o egoizm czy lenistwo po to tylko, by poprawić samopoczucie sobie, na niewiele się zdaje. Zresztą właśnie to zachowanie jest dużo lepszym przykładem egoizmu.

Niestety prawda jest taka, że wielu ludzi obstaje przy myśleniu, iż można łatwo zignorować albo przełamać przemożne, obezwładniające zaburzenie nastroju, które przenika cierpiącego człowieka do głębi jego jestestwa. Znakomicie obrazuje to, jak mózg ceni sobie spójność: gdy ktoś raz zdecyduje się na określony pogląd, niełatwo jest go zmienić. Ludzie, którzy domagają się, by dotknięci depresją zmienili swój sposób myślenia, podczas gdy sami odmawiają zrobienia tego w obliczu faktów, pokazują na sobie, jak jest to trudne. To wstyd, że najbardziej cierpiący są z tego powodu dodatkowo piętnowani.

Wystarczająco przykre jest to, że własny mózg spiskuje tak okrutnie przeciw tobie. Wymierzone w ciebie knowania mózgów innych ludzi są już po prostu ohydne.

Główny wyłącznik awaryjny
(Załamania nerwowe i ich podłoże)

Jeśli wyjdziesz na dwór w zimny dzień, przeziębisz się. Śmieciowe jedzenie rozwali ci serce. Palenie rujnuje płuca. Źle dopasowane stanowisko pracy powoduje zespół cieśni nadgarstka i bóle pleców. Ciężary podnoś zawsze siłą nóg, kucając. Nie „strzelaj" stawami palców, bo dostaniesz artretyzmu. I tak dalej.

Zapewne słyszałeś już takie mądrości wraz z niezliczonymi innymi poradami na temat zdrowia. Choć precyzja tych twierdzeń jest bardzo zróżnicowana, pogląd, że postępując w określony sposób, wpływamy na swój stan zdrowia, pozostaje prawdziwy. Nasz przemyślnie zaprojektowany organizm nie jest wolny od fizycznych i biologicznych ograniczeń, których przekraczanie niesie swoje konsekwencje. W rezultacie dbamy o to, co jemy, gdzie chodzimy, co robimy. Skoro zaś ciało może ulegać negatywnym wpływom naszego postępowania, cóż może uchronić przed takim samym skutkiem skomplikowany i delikatny mózg? Odpowiedź brzmi, oczywiście: nic.

We współczesnym świecie największym zagrożeniem dla dobrostanu mózgu jest nasz stary znajomy stres. Każdy doświadcza go na co dzień, jeśli jednak jest zbyt intensywny albo zbyt uporczywy, pojawiają się problemy. W rozdziale 1 omawialiśmy realne i namacalne przejawy wpływu stresu na zdrowie. Uruchamia on w mózgu oś podwzgórze–przysadka–nadnercza (PPN), która aktywuje reakcje walki lub ucieczki, powodujące wydzielanie adrenaliny oraz kortyzolu, „hormonu stresu". Wywiera to rozliczne efekty w mózgu i ciele, toteż skutki ciągłego stresu są u ludzi wyraźnie widoczne. Są oni spięci, nie myślą jasno, są chwiejni emocjonalnie, fizycznie wyniszczeni lub wyczerpani itd. Mówi się o nich często, że zbliżają się do „załamania nerwowego".

Załamanie nerwowe nie jest formalnym terminem medycznym czy psychiatrycznym. Nie dochodzi w nim do dosłownego złamania nerwów. Niektórzy mówią raczej o załamaniu umysłowym, co jest precyzyjniejsze, choć nadal to kolokwializm. Mimo tych zastrzeżeń większość ludzi rozumie, w czym rzecz. Załamanie nerwowe pojawia się wówczas, gdy człowiek przestaje radzić sobie z wysoce stresującą sytuacją i… „załamuje się". „Zamyka", „wycofuje", „rozpada". Mentalnie nie jest w stanie funkcjonować w normalny sposób.

Doświadczenie załamania nerwowego bywa bardzo różne. Niektórzy wpadają w ponurą depresję, innych paraliżuje lęk i obezwładniają ataki paniki, jeszcze inni doznają nawet halucynacji i psychoz. Może więc dziwić, że załamanie nerwowe bywa postrzegane przez część badaczy jako mechanizm obronny mózgu. Choć nieprzyjemny, jest potencjalnie pomocny. Fizjoterapia może być wyczerpująca, trudna i niemiła, ale zdecydowanie lepiej jest ją odbywać, niż jej nie odbywać. Podobnie może być z załamaniami nerwowymi, co stanie się bardziej zrozumiałe, gdy zauważysz, że są one zawsze powodowane stresem.

Wiemy, jak mózg doświadcza stresu, ale jak to się dzieje, że coś pierwotnie powoduje stres? W psychologii czynniki takie nazywa się (logicznie) stresorami. Stresor ogranicza zakres osobistej kontroli. Wrażenie sprawowania kontroli pozwala większości ludzi na poczucie bezpieczeństwa. Nie jest istotne, jak wielką kontrolę mamy *realnie*. Każdy człowiek jest w zasadzie mizernym węglowym workiem przyklejonym do skały, pędzącej przez obojętną otchłań wokół trylionów ton nuklearnego ognia, ale to zbyt szerokie spojrzenie jak na potrzeby świadomości jednostki. Jeżeli natomiast możemy zażyczyć sobie – i otrzymać – mleko sojowe do zamówionej latte, jest to uchwytny przejaw kontroli nad światem.

Stresory ograniczają możliwości działania; dana sytuacja jest bardziej stresująca, gdy nie da się z nią nic zrobić. Padający deszcz jest niedogodnością, jeśli masz parasol. Ale jeżeli ulewa złapie cię bez parasola, gdy niechcący zatrzasnąłeś sobie drzwi do domu? To już stres. Na ból głowy i przeziębienie mamy leki łagodzące objawy, ale choroby przewlekłe powodują wielki stres, bo często nic nie można na nie poradzić. Stają się trwałym źródłem nieuniknionych nieprzyjemności, tworząc ogromnie stresującą sytuację.

Stresor wywołuje też zmęczenie. Czy biegniemy jak wariaci, by złapać autobus po porannym zaspaniu, czy pracujemy nad ważnym zadaniem, które jest na wczoraj, radzenie sobie ze stresorem (i jego fizycznymi konsekwencjami) wymaga energii i wysiłku, uszczuplając rezerwy, co powoduje kolejny stres.

Stresująca jest też nieprzewidywalność. Na przykład padaczka może dawać obezwładniające ataki w każdej chwili, nie można więc skutecznie przygotować się na nie, co jest stresujące. Ale nie musi chodzić o chorobę; wysoce stresujące może być życie z partnerem ulegającym wahaniom nastroju czy nieracjonalnym zachowaniom, które oznacza, że ryzykujesz karczemną awanturę, jeśli przez pomyłkę odstawisz puszkę z kawą na niewłaściwą półkę. Powstaje nieprzewidywalność i niepewność, ciągle jesteśmy więc w gotowości, w każdej chwili oczekując najgorszego. Rezultat: stres.

Nie każdy stres obezwładnia. Z reguły daje się go opanować, bo dysponujemy mechanizmami kompensacyjnymi, pozwalającymi równoważyć reakcje stresowe. Wydzielanie kortyzolu ustaje; uruchamia się przywspółczulny układ nerwowy, odprężając nas; odbudowujemy swoje rezerwy energetyczne; życie toczy się dalej. Jednak w skomplikowanym, wzajemnie zapętlonym świecie współczesnym stres może na wiele sposobów szybko zyskiwać przewagę.

W 1967 roku Thomas Holmes i Richard Rahe przeanalizowali tysiące pacjentów.[11] Pytając ich o doświadczenia życiowe, starali się wychwycić zależność między stresem a chorobą. Udało się im. Dane te stały się podstawą opracowania tzw. skali stresu wg Holmesa i Rahe'a, w której pewnym zdarzeniom przyporządkowano określoną liczbę punktów (*life changing units*). Im więcej punktów ma dane zdarzenie, tym bardziej jest stresujące. Badana osoba stwierdza, ile wymienionych w kwestionariuszu zdarzeń zaistniało u niej w ciągu zeszłego roku, i podliczany jest całościowy wynik. Im wyższy, tym większe prawdopodobieństwo choroby z powodu stresu. Na szczycie listy znajduje się śmierć małżonka, obdarzona wartością 100 punktów. Uraz własny ma 53 punkty, wyrzucenie z pracy 47, nieporozumienia z teściami 29 itd. Co ciekawe, rozwód zbiera 73 punkty, a osadzenie w więzieniu 63. Na swój sposób romantyczne.

Jednak zdarzenia nieujęte na liście mogą być jeszcze gorsze. Wypadek samochodowy, zamieszanie w zbrodnię, doznanie tragedii życiowej mogą powodować „ostry" stres, w którym pojedyncze wydarzenie wywołuje nieznośny poziom stresu. Sytuacje te są tak nieoczekiwane i traumatyczne, że zwykła reakcja stresowa jest – by przywołać film *Oto Spinal Tap* – „podkręcona na 11". Fizyczne konsekwencje reakcji walki lub ucieczki są maksymalne (często widzi się, jak człowiek cały drży po poważnej traumie), jednak to wpływ na mózg decyduje o tym, że tak trudno jest otrząsnąć się ze skrajnego stresu. Zalew mózgu kortyzolem i adrenaliną pobudza na moment układ pamięci, wytwarzając wspomnienia fleszowe. W sensie ewolucyjnym jest to użyteczny mechanizm; gdy dzieje się coś wywołującego ostry stres, zdecydowanie nie chcemy doświadczyć tego ponownie, dlatego zestresowany mózg koduje możliwie szczegółowe i żywe wspomnienie, żebyśmy o tym nie zapomnieli i nie narazili się na to raz jeszcze. Sensowne podejście, ale wadliwe w przypadku przeżyć skrajnie stresujących – wspomnienie jest tak żywe i *pozostaje* tak żywe, że człowiek wielokrotnie przeżywa zdarzenie od nowa, jakby wciąż się rozgrywało.

Wiesz, że gdy spojrzy się na coś bardzo jasnego, pozostaje to „w oczach", gdyż „wypaliło się" na siatkówce. Powyższe wspomnienie jest pamięciowym odpowiednikiem tego zjawiska. Tyle że nie blaknie, a utrzymuje się, bo to *wspomnienie*. W tym leży sedno. Wspomnienie jest niemal równie traumatyczne co pierwotne zdarzenie. Mózgowy system zapobiegania powtórzeniu traumy powoduje powtarzanie traumy.

Ciągły stres wynikający z przebłysków wspomnień często prowadzi do odrętwienia czy dysocjacji, w której ludzie odcinają się od innych, od doznawania emocji, nawet od samej rzeczywistości. Postrzega się to jako kolejny mechanizm obronny mózgu. Życie jest zbyt stresujące? W takim razie wyłącz je, przejdź w stan

„uśpienia". Strategia ta, efektywna na krótką metę, nie sprawdza się w dłuższej perspektywie. Hamuje wszelkie zdolności kognitywne i behawioralne. Najbardziej znanym następstwem takiego obrotu sprawy jest zespół stresu pourazowego.[12]

Na szczęście większość ludzi nie doznaje tak olbrzymich urazów. W konsekwencji stres musi wykazać się większym sprytem, by ich obezwładnić. I oto pojawia się stres przewlekły, w którym stresory (jeden lub więcej) są raczej uporczywe niż traumatyczne, zatem wywierają wpływ długofalowy. Chory członek rodziny pozostający pod twoją opieką, tyrański szef, niekończący się strumień pilnych zadań w pracy, życie od pierwszego do pierwszego bez możliwości spłacenia długów – wszystkie są przewlekłymi stresorami.*

To źle, bo kiedy stres ciągnie się przez długi czas, słabną zdolności kompensacyjne. Działanie mechanizmu walki lub ucieczki staje się problemem. Po stresującym zdarzeniu potrzeba zwykle 20–60 minut, by organizm wrócił do normalnego stanu, więc stres sam z siebie trwa dość długo.[14] Przywspółczulny

---

* Większość ludzi doznaje stresu w związku z miejscem pracy, co jest zastanawiające. Stresowanie pracowników powinno mieć opłakane skutki dla produktywności. Jednak stres i presja *podnoszą* wyniki i motywację. Wielu ludzi mówi, że lepiej pracuje, gdy ma wyznaczony termin realizacji zadań, albo że najlepiej pracuje się im pod presją. Nie są to czcze przechwałki. W 1908 roku psychologowie Yerkes i Dodson odkryli, że sytuacje stresowe podnoszą wyniki wykonywanych zadań.[13] Chęć uniknięcia konsekwencji, strach przed karą i inne czynniki zapewniają motywację i skupienie na zadaniu, podnosząc zdolność do pracy.

Jednak tylko do pewnego progu. Po jego przekroczeniu, gdy stres jest zbyt duży, wyniki spadają i im stres jest większy, tym spadają bardziej. Zasadę tę zwie się prawem Yerkesa-Dodsona. Wydaje się, że wielu pracodawców intuicyjnie rozumie to prawo, oprócz fragmentu, że „nadmiar stresu pogarsza wyniki". To podobnie jak z solą: szczypta przydaje smaku potrawie, ale zbyt dużo wszystko przytłacza, rujnując efekt kulinarny, smak i zdrowie.

układ nerwowy, który neutralizuje reakcję walki lub ucieczki, gdy nie jest już potrzebna, ma mnóstwo roboty z usunięciem skutków stresu. Gdy przewlekłe stresory nie ustają w pompowaniu hormonów stresu do organizmu, układ przywspółczulny wyczerpuje się, a fizyczne i umysłowe konsekwencje stresu stają się „normą". Hormony stresu nie są już regulowane i używane w razie potrzeby, tylko utrzymują się stale, a człowiek jest nieustannie przeczulony, nerwowy, spięty i rozproszony.

To, że nie potrafimy zneutralizować stresu wewnętrznie, sprawia, że poszukujemy ulgi płynącej z zewnątrz. Niestety – jak można się spodziewać – często pogarsza to sytuację. Zwie się to cyklem stresu, w którym próby łagodzenia go w rzeczywistości powodują kolejny stres i jego konsekwencje, co prowadzi do dalszych prób redukcji stresu, które są przyczyną dalszych problemów itd.

Powiedzmy, że masz nowego szefa, który wyznacza ci więcej zadań, niż to rozsądne. Powoduje to stres. Jednak rzeczony szef nie jest otwarty na racjonalne argumenty, więc pracujesz po godzinach. Ponieważ praca w stresie zajmuje ci więcej czasu, doznajesz stresu przewlekłego. Wkrótce zaczynasz spożywać więcej śmieciowego jedzenia i alkoholu, żeby odparować. Negatywnie wpływa to na twoje zdrowie i stan umysłowy (śmieciowe jedzenie podkopuje formę fizyczną, a alkohol jest depresantem), co dodatkowo cię stresuje oraz uwrażliwia na działanie dalszych stresorów. Jesteś więc coraz głębiej zestresowany i cykl toczy się dalej.

Istnieją liczne sposoby powstrzymania lawinowo narastającego stresu (m.in. racjonalizacja obciążenia zawodowego, lepszy, zdrowy styl życia, pomoc psychoterapeutyczna), ale u wielu ludzi do tego nie dochodzi. Stres kumuluje się aż do przekroczenia progu, kiedy to mózg w praktyce się poddaje. Tak jak bezpieczniki odcinają prąd w obwodzie, zanim przeciąży go skok napięcia, tak mózg kładzie kres dotychczasowemu działaniu, starając się nie dopuścić do sytuacji, w której narastający stres (z towarzyszącymi mu konsekwencjami zdrowotnymi) byłby szkodliwy dla mózgu i całego organizmu. Wielu badaczy twierdzi, że mózg wywołuje załamanie nerwowe w celu przerwania eskalacji stresu do poziomu, na którym mogłyby wystąpić trwałe uszkodzenia.

Trudno jest wyznaczyć granicę między zestresowaniem a nadmiernym zestresowaniem. Istnieje model diateza–stres, czyli podatność–stres, zgodnie z którym u człowieka podatniejszego na stres mniejszy jego poziom wystarcza do zepchnięcia go w przepaść, w pełne załamanie nerwowe, z doznawaniem zaburzenia psychicznego czy jakiegoś „epizodu". Pewni ludzie są bardziej podatni: mający trudniejszą sytuację lub niełatwe życie; ze skłonnościami do lęku lub paranoi; nawet osoby cechujące się ogromną pewnością siebie mogą zostać bardzo szybko sprowadzone do parteru (jeśli jesteś bardzo pewny siebie, utrata kontroli z powodu stresu może podkopać opinię o sobie, wywołując szalony stres).

Ponadto załamanie nerwowe może rozgrywać się na różne sposoby. U niektórych występuje ukryty problem, taki jak depresja czy lęk (albo predyspozycja do nich), i nadto stresujące zdarzenia mogą go uruchomić. Upuszczenie książki na palec u nogi jest bolesne, ale upuszczenie jej na złamany palec boli znacznie bardziej. U niektórych stres powoduje gwałtowny i dramatyczny spadek nastroju i wywiązuje się depresja. U innych ciągłe postrzeganie i utrzymywanie się stresujących zdarzeń wywołuje dojmujący lęk czy ataki paniki. Wiadomo też, że wydzielany w stresie kortyzol wywiera wpływ na układy dopaminowe w mózgu,[15] tak że stają się bardziej aktywne i uwrażliwione. Anomalie w pracy tych układów uważa się za podłoże psychoz i halucynacji, a niektóre załamania nerwowe faktycznie skutkują epizodami psychotycznymi.

Na szczęście załamanie nerwowe jest zwykle krótkotrwałe. Interwencja lekarska lub psychoterapeutyczna zazwyczaj prowadzi do unormowania sytuacji, a czasem pomaga samo wymuszone oderwanie od stresu. Oczywiście nie wszyscy postrzegają takie załamanie jako pożyteczne, nie wszyscy z niego wychodzą, a ci, którym się to udaje, często są potem przewrażliwieni na stres i różne trudności, co oznacza, iż łatwiej doznają ponownego załamania.[16] Generalnie mogą jednak wrócić do normalnego, czy mniej więcej normalnego życia. Dlatego wolno stwierdzić, że załamania nerwowe mogą zapobiegać trwałym urazom powstałym z powodu działania bezlitośnie wypełnionego stresem świata.

Trzeba jednak dodać, że wiele problemów rozwiązywanych za pomocą załamania nerwowego pojawia się w wyniku działania technik, które mózg stosuje w postępowaniu ze stresem, a które nie przystają do wymogów nowoczesnego życia. Docenienie mózgu za ograniczanie szkód z powodu stresu za pomocą załamania nerwowego jest jak podziękowanie komuś za pomoc w ugaszeniu pożaru w twoim domu, podczas gdy to on zostawił niewyłączoną frytkownicę.

Jak radzić sobie
z małpą na plecach
(W jaki sposób mózg wpędza
w uzależnienie od narkotyków)

W 1987 roku w amerykańskiej telewizji nadawano reklamę społeczną, która ilustrowała zagrożenia narkotykowe z użyciem – niespodzianka – jajek. Na ekranie pojawiało się jajko, a widz słyszał: „To jest twój mózg". Następnie pojawiała się patelnia, której towarzyszyło zdanie: „To są dragi". W końcu jajko było smażone na patelni, a lektor mówił: „To jest twój mózg na dragach". Reklama ta odniosła ogromny sukces. Zebrała nagrody i do dziś pozostaje żywa (oraz wyśmiewana) w popkulturze. Z neuronaukowego punktu widzenia była to jednak horrendalna kampania.

Narkotyki nie rozgrzewają mózgu do tego stopnia, by rozpadły się wszystkie białka składające się na jego strukturę. Ponadto bardzo rzadko zdarza się, by narkotyk oddziaływał na wszystkie partie mózgu jednocześnie, tak jak patelnia działa na jajko. Po trzecie, narkotyki aplikuje się mózgowi bez pozbawiania go jego skorupki, czyli czaszki. W innym wypadku branie narkotyków z pewnością nie cieszyłoby się taką popularnością.

Nie chcę przez to powiedzieć, że narkotyki są dobre dla mózgu. Chodzi mi tylko o to, że prawda jest dalece bardziej skomplikowana, niż sugeruje jajeczna metafora.

Wartość nielegalnego przemysłu narkotykowego szacuje się niemal na pół tryliona dolarów,[17] a wiele państw wydaje niezliczone miliony na tropienie, niszczenie i zniechęcanie do użycia nielegalnych narkotyków. Powszechnie uważa się, że są niebezpieczne; degenerują używających je ludzi, niszczą im zdrowie i rujnują życie. Słusznie, bo narkotyki często to właśnie robią. A to dlatego, że *działają*. Działają znakomicie dzięki dokonaniu całkowitej zmiany lub modyfikacji fundamentalnych procesów mózgu. W efekcie pojawiają się takie problemy jak narkomania, zależność, zmiany behawioralne itd., które w całości wynikają z tego, jak mózg radzi sobie z narkotykami.

W rozdziale 3 wspomniany został mezolimbiczny szlak dopaminergiczny. Często nazywa się go „szlakiem nagrody", ponieważ jego funkcja jest wyjątkowo jasna: nagradza nas za działania postrzegane jako pozytywne, wywołując doznanie przyjemności. Jeśli kiedykolwiek doświadczamy czegoś miłego – od jedzenia szczególnie soczystej mandarynki po punkt kulminacyjny pewnej aktywności sypialnianej – właśnie szlak nagrody zapewnia nam doznanie, po którym myślimy: „Fajnie było, nie?".

Szlak nagrody może być uruchomiony przez to, co spożywamy. Odżywienie, nawodnienie, zaspokojenie apetytu, dostarczenie energii – jadalne substancje, które tego dokonują, są rozpoznawane jako przyjemne, bo ich działanie uruchamia szlak nagrody. Na przykład cukry dostarczają łatwej do użycia energii dla ciała, więc słodkie rzeczy odbiera się jako przyjemne. Pewną rolę odgrywa też stan, w jakim jest konsumująca jednostka: kromka chleba ze szklanką wody zostałaby w zwykłych okolicznościach uznana za niebywale mało inspirujący posiłek, jednak dla kogoś, kogo morze wyrzuciło na brzeg po tygodniach dryfowania, byłby to nektar bogów.

Większość tych czynników aktywuje szlak nagrody pośrednio, wywołując reakcje w ciele, które mózg rozpoznaje jako coś dobrego, zatem zasługującego na wynagradzające doznanie.

Przewaga i szczególne niebezpieczeństwo narkotyków polega na tym, że uruchamiają ten szlak bezpośrednio. Cały mozolny proces wywierania w organizmie pozytywnych efektów, które mózg rozpozna, zostaje pominięty – przypomina to działanie pracownika banku podającego worki z pieniędzmi bez zanudzania nas pytaniami o takie detale, jak numer konta czy dowód osobisty.

Jak to się dzieje? W rozdziale 2 opisaliśmy, jak neurony porozumiewają się między sobą za pośrednictwem specjalnych neuroprzekaźników, w tym noradrenaliny, acetylocholiny, dopaminy, serotoniny. Ich zadaniem jest przekazywanie sygnałów między neuronami w danej sieci. Neurony wstrzykują je do synaps (specjalnych szczelin między neuronami, gdzie zachodzi ich wzajemna komunikacja). Następnie przekaźniki te wchodzą w interakcje z odpowiednimi receptorami, tak jak klucze otwierające określone zamki. Charakter i typ receptora, z którym współdziała przekaźnik, determinuje pojawiającą się w następstwie czynność. Może chodzić o neuron pobudzający, który aktywuje inne obszary mózgu, tak jak ktoś naciskający włącznik światła w pokoju, lub o neuron hamujący, który zmniejsza albo przerywa aktywność w powiązanych z nim rejonach.

Załóżmy jednak, że te receptory nie są tak „wierne" swoim neuroprzekaźnikom, jak można by sądzić. Co działoby się, gdyby inne cząsteczki chemiczne potrafiły imitować przekaźniki, aktywując receptory pomimo braku prawdziwych przekaźników? Gdyby to było możliwe, bylibyśmy w stanie używać ich do sztucznego manipulowania aktywnością mózgu.

Okazuje się, że jest to możliwe i że na co dzień to robimy. Niezliczone leki są substancjami chemicznymi, które oddziałują z pewnymi receptorami komórkowymi. Agoniści powodują aktywację receptorów i indukują aktywność, na przykład środki na zbyt wolną lub nieregularną pracę serca często zawierają substancje imitujące adrenalinę, która reguluje pracę tego narządu. Antagoniści łączą się z receptorami, ale zamiast wywołać aktywność, blokują je, co zapobiega aktywowaniu ich przez właściwe przekaźniki, jak walizka postawiona w drzwiach windy. Działanie leków przeciwpsychotycznych zwykle polega na blokowaniu pewnych receptorów dopaminowych, gdyż z objawami psychotycznymi wiążą się anomalie w aktywności dopaminowej.

A gdyby tak substancje chemiczne mogły sztucznie wzbudzać aktywność w szlaku nagrody, nie wymagając od nas robienia niczego w tym kierunku? Zapewne byłyby bardzo popularne. Tak popularne, że ludzie nie powstrzymywaliby się niemal przed niczym, by je zdobyć. I właśnie tak działa większość nadużywanych narkotyków.

Ze względu na szaloną różnorodność korzystnych rzeczy, które potencjalnie można robić, szlak nagrody ma niewiarygodnie bogatą sieć połączeń i receptorów, co oznacza, że jest wrażliwy na równie liczną grupę substancji. Kokaina, heroina, nikotyna, amfetamina, nawet alkohol – wszystkie one podnoszą aktywność w szlaku nagrody, wzbudzając bezzasadną, choć niezaprzeczalną przyjemność. Sam szlak nagrody wykorzystuje we wszystkich swoich funkcjach i procesach dopaminę. Narkotyki, co potwierdziły liczne badania, powodują zwiększenie przesyłu dopaminy w szlaku nagrody. W tym tkwi sekret wywoływania przez nie radości – szczególnie w przypadku środków imitujących dopaminę (na przykład kokainy).[18]

Nasze potężne mózgi zapewniają nam intelektualną zdolność szybkiego wychwycenia, że coś wzbudza przyjemność, szybkiego zdecydowania, że chcemy tego więcej, i szybkiego zorientowania się, jak to zdobyć. Na szczęście mamy też w mózgu obszary wyższego rzędu, które mogą zadziałać mitygująco lub powstrzymać takie pierwotne impulsy, jak „To mi robi dobrze, muszę mieć tego więcej". Nie wiemy zbyt dużo o tych ośrodkach kontroli impulsów, ale najprawdopodobniej są one zlokalizowane w korze przedczołowej, łącznie z innymi złożonymi funkcjami poznawczymi.[19] Tak czy inaczej kontrola impulsów pozwala nam powściągać ekscesy i uznać, że w ostatecznym rozrachunku ześliźnięcie się w czysty hedonizm nie jest dobrym pomysłem.

Innym czynnikiem jest plastyczność i zdolności przystosowawcze mózgu. Narkotyk wywołuje nadmierną aktywność jakiegoś receptora? Mózg reaguje na to tłumieniem aktywności komórek uruchamianych przez te receptory albo unieczynnianiem receptorów, albo podwajaniem liczby receptorów potrzebnych do wzbudzenia reakcji, albo dowolną inną metodą, która prowadzi do przywrócenia „normalnego" poziomu aktywności. Procesy te przebiegają automatycznie; nie ma tu miejsca na rozróżnianie narkotyków i neuroprzekaźników.

Wyobraźmy sobie miasto, w którym ma się odbyć wielki koncert. Wszystko jest w nim zorganizowane tak, by utrzymywać normalną aktywność. Nagle pojawiają się tysiące rozentuzjazmowanych ludzi i aktywność szybko staje się chaotyczna. W reakcji władze zwiększają obecność policji i sił bezpieczeństwa, zamykają niektóre ulice, zwiększają częstotliwość kursujących autobusów, bary otwierają się wcześniej i zamykają później itd. Pobudzeni koncertowicze to narkotyk, a miasto jest mózgiem; nadmiar aktywności powoduje włączenie się mechanizmów obronnych. Jest to tzw. przyzwyczajenie (tolerancja), w którym mózg adaptuje się do narkotyku, tak że nie wywołuje on już równie silnego efektu jak dotychczas.

Problem w tym, że zwiększenie aktywności (w szlaku nagrody) stanowi cały sens brania narkotyku. Skoro mózg temu zapobiega, jest tylko jedno rozwiązanie: brać więcej. Do wytworzenia tego samego doznania potrzebna jest większa dawka? No to bierzemy więcej. Następnie mózg przyzwyczaja się i do tego, trzeba więc jeszcze więcej i tak dalej. Wkrótce mózg i organizm tolerują narkotyk w takim stopniu, że przyjmujesz dawki, które uśmierciłyby kogoś, kto nigdy go nie brał, jednak u ciebie wywołują one tylko tę samą ekscytację, która zauroczyła cię za pierwszym razem.

Między innymi z tego powodu tak trudno jest rzucić narkotyki. U użytkownika z długim stażem nie jest to tylko kwestia siły woli i dyscypliny. Organizm i mózg są teraz tak przyzwyczajone do narkotyku, że *zmieniają się fizycznie, aby się do niego dopasować*. Dlatego nagłe odstawienie go wywołuje poważne konsekwencje. Dobrze widać to na przykładzie heroiny i innych opiatów.

Opiaty są silnymi środkami znieczulającymi, które tłumią normalny poziom doznawania bólu, stymulując mózgowe endorfiny (naturalne neuroprzekaźniki przeciwbólowe i wywołujące przyjemność) oraz układy zarządzania bólem, co prowadzi do intensywnej euforii. Niestety ból pojawia się nie bez przyczyny (informuje nas o problemie lub urazie), więc mózg w odpowiedzi zwiększa moc systemów wykrywania bólu, by przedrzeć się przez błogą mgłę opiatowych doznań. W konsekwencji trzeba brać większą dawkę, a mózg ponownie wzmacnia systemy wykrywania i tak dalej.

W pewnym momencie narkotyk zostaje odstawiony. Człowiek nie ma już czegoś, co dawało mu nieziemski spokój i odprężenie. Ma natomiast niezwykle wyczulony układ wykrywania bólu! Układ ten jest dość silny, by przebić się przez opiatowy haj, więc dla normalnego mózgu jego działanie stanowi istną torturę; tego właśnie doświadcza narkoman w trakcie odstawienia. Podobnie zmienione są inne systemy, na które narkotyk miał wpływ. Dlatego gwałtowne rozstanie z narkotykiem jest tak trudne, a nawet niebezpieczne.

Byłoby wystarczająco źle, gdyby narkotyki wywoływały tylko wspomniane zmiany fizjologiczne. Niestety, ingerencja w mózgu zmienia też zachowanie. Myślałoby się, że rozliczne przykre następstwa i wymogi przyjmowania narkotyków powinny logicznie wystarczyć do tego, by ludzie z nich rezygnowali. Tymczasem „logika" pada jedną z pierwszych ofiar nałogu. Co prawda część mózgu pracuje nad wykształceniem tolerancji, by zachować normalne funkcjonowanie, jednak mózg jest tak różnorodny, że inne jego obszary jednocześnie pracują nad tym, by zagwarantować dalsze branie narkotyku. Mózg może na przykład wywoływać przeciwieństwo tolerancji; ludzie stosujący narkotyki uwrażliwiają się na nie dzięki tłumieniu systemów adaptacyjnych,[20] przez co środki odurzające działają jeszcze silniej, a człowiek ma jeszcze większą ochotę z nich korzystać. Jest to jeden z czynników wiodących do uzależnienia.[*]

---

[*] Dla jasności: można się też uzależnić od innych rzeczy niż narkotyki – od zakupów, gier komputerowych, wszystkiego, co może aktywować szlak nagrody ponad normalny poziom pobudzenia. Szczególnie destrukcyjne jest uzależnienie od hazardu. Otrzymanie góry pieniędzy za minimalny wysiłek jest bardzo satysfakcjonujące, i naprawdę trudno jest pozbyć się tego nałogu. Zwykle, wychodząc z uzależnienia, trzeba poddać się długim okresom braku nagrody, tak by mózg przestał jej oczekiwać, jednak w przypadku hazardu długie okresy, w których się nic nie wygrywa, są normą, podobnie jak tracenie pieniędzy.[21] W konsekwencji trudno jest przekonać hazardzistów, że hazard jest zły, bo mają już tę świadomość.

Co więcej, komunikacja między szlakiem nagrody a ciałem migdałowatym zapewnia silne reakcje emocjonalne w związku z wszystkim, co dotyczy narkotyków.[22] Fajka, strzykawka, zapalniczka, zapach substancji – wszystkie te elementy stają się naładowane emocjonalnie i mają samodzielne działanie stymulujące. Oznacza to, że doświadczanie efektów narkotykowych może być wywołane u narkomana przez rzeczy *skojarzone* z narkotykiem.

Mrocznego przykładu dostarczają uzależnieni od heroiny. Jedna z terapii w ich przypadku wiąże się z podawaniem metadonu – innego opiatu wywołującego podobne (choć słabsze) efekty, co teoretycznie pozwala stopniowo odzwyczaić się od narkotyku bez objawów odstawiennych. Metadon jest dostarczany w postaci nadającej się tylko do połknięcia (wygląda jak niepokojąco seledynowy syrop na kaszel), podczas gdy heroinę najczęściej się wstrzykuje. Mózg wytwarza tak silne skojarzenie zastrzyku z efektami heroiny, że sam akt robienia zastrzyku powoduje haj. Znane są przypadki, gdy narkomani udawali, że połknęli metadon, a potem wypluwali go do strzykawki i sobie wstrzykiwali.[23] Jest to zabieg niezwykle niebezpieczny (choćby ze względów higienicznych), ale wypaczenie mózgu przez narkotyki powoduje, że sposób ich podania jest niemal równie ważny co sam środek.

Ciągła stymulacja szlaku nagrody przez narkotyki zmienia również zdolność do racjonalnego myślenia i zachowania. Sprzężenie między szlakiem nagrody a korą czołową, gdzie zapadają ważne decyzje świadome, zostaje zmodyfikowane, tak że działania prowadzące do pozyskania narkotyku uzyskują wyższy priorytet niż sprawy normalnie ważniejsze (takie jak zachowanie miejsca pracy, przestrzeganie prawa, mycie się). Z drugiej strony negatywne konsekwencje przyjmowania narkotyków (aresztowanie, nabawienie się paskudnej choroby z powodu używania jednej igły z innymi, alienacja z grona przyjaciół i rodziny) tracą wyraźnie na znaczeniu. Stąd narkoman nonszalancko wzrusza ramionami na stratę swego całego ziemskiego dobytku, ale raz po raz ryzykuje życie, by zdobyć kolejną działkę.

Bodaj najbardziej niepokojące jest tłumienie przez nadmiar narkotyków aktywności kory przedczołowej i obszarów kontroli impulsów. Osłabione zostaje oddziaływanie ośrodków, które mówią: „Nie rób tego", „To niemądre", „Będziesz tego żałował" itd. Wolna wola należy do najdonioślejszych osiągnięć ludzkiego mózgu, jeśli jednak staje na drodze odurzenia, musi ustąpić.[24]

Złe wiadomości się na tym nie kończą. Wywołane narkotykami skojarzenia i zmiany w mózgu nie znikają z chwilą odstawienia narkotyków; są jedynie „nieużywane". Mogą trochę przyblednąć, ale trwają i są w gotowości, na wypadek gdyby człowiek miał sięgnąć po narkotyk ponownie, bez względu na to, jak długa była abstynencja. Dlatego tak łatwo jest ponownie wpaść w uzależnienie i tak wielki stanowi to problem.

Drogi różnych ludzi do regularnego brania narkotyków bywają rozmaite. Tym, którzy mieszkają w zaniedbanych, zakazanych dzielnicach, narkotyki mogą jawić się jako jedyne wytchnienie od dramatycznych realiów życia. Inni mają niezdiagnozowane zaburzenie psychiczne i zaczynają „leczyć się" na własną rękę, wypróbowując narkotyki w celu łagodzenia objawów, z którymi się borykają. Uważa się nawet, że istnieje czynnik genetyczny w narkomanii, zapewne powiązany z niedorozwojem lub zmniejszoną sprawnością obszarów kontroli impulsów w mózgu.[25] Każdy ma w sobie taką cząstkę, która w obliczu propozycji zasmakowania nowych doznań pyta: „Co złego może z tego wyniknąć?". Niestety, niektórym brak kolejnej części mózgu, która ze szczegółami owe konsekwencje opisze. Tłumaczy to, dlaczego część ludzi ociera się o narkotyki i wychodzi z tego bez szwanku, inni zaś wpadają w sidła nałogu od chwili wzięcia pierwszej dawki.

Bez względu na przyczyny narkomanii i pierwotne decyzje, które do niej wiodą, uzależnienie jest uznawane przez fachowców za chorobę wymagającą leczenia, a nie godną napiętnowania słabość charakteru. Nadmierne branie narkotyków sprawia, że w mózgu zachodzą porażające i często wzajemnie sprzeczne zmiany. Wydaje się, że narkotyki nastawiają mózg przeciw niemu samemu w przeciągającej się wojnie podjazdowej, w której polem walki staje się nasze życie. Straszne jest wyrządzić sobie coś takiego, ale narkotyki sprawiają, że człowiek się tym nie przejmuje.

Tak właśnie wygląda mózg na dragach. Ale rzeczywiście trudno jest oddać to wszystko za pomocą jajek.

Rzeczywistość jest przeceniana
(Halucynacje, urojenia i co robi mózg, aby je wywołać)

Jednym z najczęstszych zdarzeń w zaburzeniach zdrowia psychicznego jest psychoza, w której zostaje zachwiana zdolność do orzekania, co jest realne, a co nie. Najpowszechniejszym wyrazem tego są halucynacje (postrzeganie czegoś, czego w rzeczywistości nie ma) oraz urojenia (niewzruszona wiara w coś, co jest ewidentnie nieprawdziwe) wraz z innymi zakłóceniami w myśleniu i zachowaniu. Sama myśl o zaistnieniu takiej sytuacji może być głęboko frustrująca: skoro tracimy kontakt z rzeczywistością, jak mamy sobie z tym poradzić?

Niestety neurologiczne układy odpowiadające za tak podstawowe sprawy jak zdolność do pojmowania rzeczywistości, są niepokojąco delikatne. Wszystko, o czym mówiliśmy w tym rozdziale – depresja, narkotyki i alkohol, stres i załamania nerwowe – mogą skończyć się uruchomieniem halucynacji lub urojeń w przeciążonym mózgu. Może się to stać również na skutek wielu innych przyczyn, takich jak otępienie, choroba Parkinsona, choroba dwubiegunowa, brak snu, guzy mózgu, AIDS, kiła, borelioza, stwardnienie rozsiane, zbyt niski poziom cukru we krwi, alkohol, marihuana, amfetamina, ketamina, kokaina i inne. Niektóre choroby są tak bliskie psychozie, że nazywa się je zaburzeniami psychotycznymi, a najlepiej znanym z nich jest schizofrenia. Dla ścisłości: schizofrenia nie polega na rozszczepieniu osobowości; „schizo" w nazwie dotyczy raczej oddzielenia jednostki od rzeczywistości.

Choć w psychozach dochodzi też do odbierania wrażeń dotyku albo smaku czy zapachu rzeczy, których nie ma w pobliżu, najczęściej halucynacje mają charakter słuchowy; jest to tzw. słyszenie głosów. Istnieje kilka klas omamów tego typu.

Istnieją pierwszoosobowe halucynacje słuchowe („słyszenie" własnych myśli, tak jakby były wypowiadane przez kogoś innego), drugoosobowe (słyszenie innego głosu zwracającego się *do ciebie*) i trzecioosobowe (słyszenie jednego lub więcej głosów, które mówią *o tobie*, na bieżąco komentując twoje działania). Głosy mogą być męskie lub żeńskie, znane nam lub nieznane, przyjazne lub krytyczne. W tym ostatnim przypadku (który zdarza się najczęściej) są to tzw. halucynacje obraźliwe. Natura omamów może pomóc w postawieniu diagnozy, na przykład uporczywe obraźliwe halucynacje trzecioosobowe są wiarygodnym wskaźnikiem schizofrenii.[26]

Jak do tego dochodzi? Trudno jest badać halucynacje, bo trzeba by mieć ludzi, którzy majaczyliby na zawołanie w laboratorium. Ogólnie halucynacje są nieprzewidywalne; zresztą gdyby można je było dowolnie włączać i wyłączać, nie stanowiłyby problemu. Niemniej powstało wiele prac naukowych poświęconych temu zagadnieniu. Koncentrują się one głównie na – zwykle bardzo uporczywych – omamach słuchowych doznawanych przez schizofreników.

Najpowszechniej uznawana teoria powstawania halucynacji skupia się na złożonych procesach, które mózg wykorzystuje do odróżnienia aktywności neurologicznej generowanej przez świat zewnętrzny od aktywności, którą wzniecamy wewnętrznie. Nasz mózg nieustannie gaworzy, myśli, rozważa, martwi się itd. Wszystko to wytwarza (lub jest wytwarzane przez) aktywność zachodzącą w mózgu.

Zwykle mózg dobrze radzi sobie z odróżnianiem aktywności wewnętrznej od zewnętrznej (wywoływanej przez informacje zmysłowe) – przypomina to trochę grupowanie maili wysłanych i otrzymanych w osobnych katalogach. Teoria głosi, że halucynacje powstają, gdy zdolność ta się osłabia. Jeśli kiedyś przez przypadek skomasowałeś wszystkie swoje maile w jednym katalogu, wiesz, jak to dezorientuje. Wyobraź sobie teraz, że dzieje się tak z czynnościami mózgu.

Mózg traci orientację, co jest aktywnością wewnętrzną, a co zewnętrzną, i w takich warunkach nie radzi sobie dobrze. Widzieliśmy to w rozdziale 5 na przykładzie trudności, jakie rodziło rozpoznanie różnicy w smaku między jabłkami i ziemniakami, gdy zasłaniano ludziom oczy. A to był mózg pracujący „normalnie". W przypadku halucynacji zasłonięte oczy (w przenośni) mają układy, które odróżniają aktywność wewnętrzną od zewnętrznej. Dlatego ludzie postrzegają wewnętrzny monolog jak słowa jakiejś innej osoby. Zarówno rozmyślania wewnętrzne, jak i słyszenie wypowiadanych słów aktywują bowiem korę słuchową i powiązane z nią obszary przetwarzania języka. Liczne badania ujawniły, że uporczywym halucynacjom trzecioosobowym towarzyszy uszczuplenie istoty szarej w tych rejonach.[27] Istota szara wykonuje całe przetwarzanie, taka sytuacja sugeruje więc ograniczoną zdolność do rozróżniania aktywności generowanej wewnętrznie i zewnętrznie.

Świadectwa tego płyną z nieoczekiwanego źródła – z łaskotek. Większość ludzi nie może się połaskotać. Czemu? Przecież powinno się tak samo odczuwać łaskotanie bez względu na to, kto łaskocze. Jednak łaskotanie się samemu oznacza świadomą decyzję i własne działanie, co wymaga aktywności neurologicznej, którą mózg rozpoznaje jako wytworzoną wewnętrznie, jest więc inaczej przetwarzana. Mózg wykrywa łaskotanie, ale wewnętrzna świadoma aktywność już wcześniej je zapowiedziała, więc zostaje zignorowane. Zjawisko to stanowi użyteczny przykład zdolności mózgu do odróżniania aktywności wewnętrznej od zewnętrznej. Prof. Sarah-Jayne Blakemore ze współpracownikami z Wellcome Department of Cognitive Neurology badała zdolność pacjentów psychiatrycznych do łaskotania samych siebie.[28] Uczeni stwierdzili znacznie większą wrażliwość na samodzielnie łaskotanie u pacjentów z halucynacjami niż u innych ludzi, co wskazuje

na zaburzenie zdolności odróżniania bodźców wewnętrznych
od zewnętrznych. Choć jest to ciekawe podejście (aczkolwiek nie wolne od pewnych wad), zauważ, że zdolność do połaskotania samego siebie
nie oznacza automatycznie, że masz psychozę. Ludzie są bardzo
różni. Współlokator mojej żony z czasów studenckich potrafił się
łaskotać, a nigdy nie cierpiał na żadne choroby psychiatryczne.
Jednak jest bardzo wysoki. Może sygnały nerwowe tak długo
płyną u niego z miejsca łaskotania do mózgu, że zapomina on,
skąd się wzięły?*

Badania neuroobrazowe dały podstawy do sformułowania
kolejnych teorii na temat powstawania halucynacji. Przegląd
dostępnych badań dokonany w 2008 roku przez dr. Paula Al-
lena ze współpracownikami[29] sugeruje obecność finezyjnego
(i zaskakująco logicznego) mechanizmu.

Jak się domyślasz, zdolność mózgu do rozróżniania zdarzeń
wewnętrznych i zewnętrznych wynika ze zgodnej współpracy
licznych obszarów. Mamy głębokie rejony podkorowe, przede
wszystkim wzgórze, które dostarczają surowych sygnałów zmysłowych. Trafiają one do kory czuciowej, którym to mianem
zbiorczo określa się różne ośrodki zaangażowane w przetwarzanie sensoryczne (płat potyliczny dla widzenia, płaty skroniowe
odpowiedzialne za przetwarzanie słuchowe i węchowe itd.).
Często dzieli się ją dalej na korę czuciową pierwszo- i drugo-
rzędową. Pierwszorzędowa przetwarza ogólną postać bodźców,

---

* Nie jest to w żadnym stopniu możliwe. Wpadłem na taki pomysł jako
uczeń, gdy zapytano mnie o to na gorąco. W tamtych czasach wykazywałem się
znacznie większą arogancją i wolałem rzucić absurdalną hipotezę, niż przyznać,
że czegoś nie wiem.

drugorzędowa zajmuje się detalami i rozpoznawaniem (kora pierwszorzędowa wychwyciłaby na przykład określone linie, kontury i kolory, a drugorzędowa poznała, że wszystko to razem składa się na nadjeżdżający autobus, zatem obie są ważne).

Z korą czuciową łączą się obszary kory przedczołowej (decyzje i funkcje wyższe, myślenie), przedruchowej (wytwarzającej i nadzorującej świadome ruchy), móżdżku (precyzyjna kontrola ruchu) i inne o podobnych funkcjach. Rejony te generalnie odpowiadają za prowadzenie naszych działań świadomych, dostarczając informacji potrzebnych do ustalenia, która aktywność jest generowana wewnętrznie, jak w przykładzie z łaskotaniem. Hipokamp i ciało migdałowate stanowią o pamięci i emocjach, tak że jesteśmy w stanie zapamiętać, co postrzegamy, i stosownie zareagować.

Aktywność zachodząca pomiędzy tymi powiązanymi obszarami stanowi fundament zdolności oddzielania świata zewnętrznego od wewnętrznego (w obrębie naszej czaszki). Halucynacje powstają, gdy połączenia te zostaną zmienione przez jakiś czynnik wywierający wpływ na mózg. Zwiększona aktywność w drugorzędowej korze czuciowej oznacza, że sygnały generowane przez procesy wewnętrzne potęgują się i silniej na nas oddziałują. Ograniczenie aktywności w połączeniach z korą przedczołową, przedruchową itd. utrudnia mózgowi rozpoznanie, że informacje są wytwarzane wewnętrznie. Uważa się także, że obszary te odpowiadają za monitorowanie systemu wykrywania zewnętrzny/ wewnętrzny, który sprawia, że faktyczne sygnały zmysłowe są przetwarzane jako takie. Zaburzenie połączeń z tymi obszarami oznaczałoby więc, że więcej informacji wytworzonych wewnętrznie byłoby „postrzeganych" jako realne.[30]

Wszystko to razem powoduje halucynacje. Jeśli myślisz sobie: „To było głupie", gdy po kupieniu drogiego serwisu do herbaty pozwoliłeś wynosić go ze sklepu swojemu kilkuletniemu dziecku, zwykle jest to przetwarzane jako obserwacja wewnętrzna. Ale gdyby twój mózg nie potrafił poznać, że uwaga ta wypłynęła z kory przedczołowej, aktywność, którą wywoła w obszarach przetwarzania języka, może być uznana za coś wypowiedzianego na zewnątrz. Nietypowa aktywność ciała migdałowatego powoduje, że emocjonalne skojarzenia wywołane tą sytuacją nie zostają wyciszone, i w rezultacie „słyszymy" ostry, krytyczny głos.

Kora czuciowa przetwarza wszystkie sygnały, a aktywność wewnętrzna może odnosić się do czegokolwiek, dlatego halucynacje mogą dotyczyć wszystkich zmysłów. Mózg potulnie włącza całą tę anormalną aktywność w proces percepcji, w rezultacie czego człowiek postrzega alarmujące, nierealne rzeczy, których wcale nie ma. Ogromny zbiór systemów odpowiedzialnych za uświadamianie sobie tego, co rzeczywiste, jest niewątpliwie narażony na wiele czynników zaburzających, dlatego halucynacje są tak powszechne w psychozach.

Inną częstą cechą psychoz są urojenia, czyli bezpodstawna wiara w coś, co jest ewidentnie nieprawdziwe. Znów ujawnia się tu obniżenie zdolności do wprowadzania rozróżnień między tym, co rzeczywiste i nierzeczywiste. Urojenia występują w wielu postaciach, jak chociażby wielkościowe, przez które człowiek uważa, że jest znacznie ważniejszy niż faktycznie (wierzy, że jest światowego formatu geniuszem biznesu, mimo że pracuje dorywczo jako ekspedient w sklepie obuwniczym), czy (te występują częściej) prześladowcze, przez które uznaje, że podlega nieustającym knowaniom (każdy człowiek na ulicy jest zamieszany w spisek, którego celem jest porwanie mnie).

Urojenia mogą być równie zróżnicowane i dziwaczne jak halucynacje, a często są znacznie bardziej uporczywe. Z reguły są „utrwalone" i odporne na przeczące im dowody. Łatwiej jest przekonać kogoś, że słyszane przez niego głosy nie są realne, niż osobę cierpiącą na urojenia, że świat nie spiskuje przeciw niej. Uważa się, że urojenia wynikają nie tyle z kategoryzowania aktywności wewnętrznej i zewnętrznej, ile z mózgowych układów interpretacji tego, co się zdarza, pod kątem tego, co *powinno* się zdarzać.

Mózg musi cały czas radzić sobie z zalewem informacji. Aby temu zadaniu podołać, tworzy mentalny model tego, jak świat powinien funkcjonować. Przekonania, doświadczenia, oczekiwania, założenia, kalkulacje – wszystko to razem składa się na ciągle aktualizowane rozumienie toku życia; dzięki temu wiemy, czego się spodziewać i jak reagować w różnych okolicznościach, nie muszą za każdym razem wymyślać tego od nowa. W konsekwencji świat nas bez przerwy nie zaskakuje.

Idziesz ulicą i zatrzymuje się obok ciebie autobus. Nie dziwi cię to, bo twój mentalny model świata obejmuje sposób funkcjonowania transportu publicznego. Wiesz, że autobusy stają, by pozwolić pasażerom wsiąść i wysiąść, więc nie zwracasz uwagi na to zdarzenie. Gdyby jednak autobus zatrzymał się naprzeciw twojego domu i nie ruszał dalej, byłoby to nietypowe. Mózg otrzymuje wtedy nową, nieznaną informację i musi ją zrozumieć, tak by zaktualizować swój mentalny model świata.

Przeprowadzasz więc małe śledztwo i orientujesz się, że autobus ma awarię. Zanim do tego jednak doszedłeś, przyszło ci na myśl kilka innych teorii. Kierowca cię podgląda? Ktoś kupił ci autobus? Miejsce przed twoim domem wyznaczono na pętlę autobusową, nie powiadamiając cię o tym? Mózg wymyśla te wszystkie wytłumaczenia, ale opierając się na bieżącym modelu świata, uznaje, że są bardzo mało prawdopodobne, więc je odrzuca. Urojenia powstają wtedy, kiedy następuje przebudowa tego systemu.

Dobrze znane są tzw. urojenia Capgrasa, w których ludzie szczerze wierzą, że ktoś im bliski (małżonek, rodzic, brat, siostra, przyjaciel, ulubiony zwierzak) został zastąpiony przez identycznego figuranta.[31] Zwykle widok ukochanej osoby uruchamia różne wspomnienia i emocje: miłość, czułość, serdeczność, frustrację, irytację (zależnie od długości trwania związku). Załóżmy jednak, że widzisz swojego partnera, a nie doznajesz żadnego ze zwykłych skojarzeń emocjonalnych (może to być skutkiem na przykład uszkodzenia obszarów płata czołowego). Opierając się na twoich wspomnieniach i przeżyciach, mózg oczekuje silnej reakcji emocjonalnej na widok partnera, ale do niej nie dochodzi. Wywołuje to niepewność: to mój długoletni partner, wiąże się z nim mnóstwo uczuć, a teraz ich nie doznaję. Dlaczego? Jednym ze sposobów rozwikłania tej zagadki jest uznanie, że nie jest to twój partner, tylko fizycznie identyczny oszust. Wniosek ten pozwala mózgowi pogodzić się z doświadczanym dysonansem, co kończy stan niepewności. Tak wygląda urojenie Capgrasa.

Problem w tym, że wniosek jest fałszywy, ale mózg danej osoby tego nie rozpoznaje. Obiektywne dowodzenie tożsamości partnera tylko pogłębia brak więzi emocjonalnej, więc wniosek, że jest to oszust, jest tym bardziej „pocieszający". W ten sposób urojenie zostaje utrzymane pomimo obecności przeczących mu dowodów.

Jest to elementarny proces, który uważa się za fundament wszelkich urojeń. Mózg oczekuje jakiegoś zdarzenia; postrzega, że dzieje się coś innego; oczekiwania i zdarzenia nie pokrywają się; trzeba znaleźć rozwiązanie tego dysonansu. Problem zaczyna powstawać wówczas, gdy rozwiązania te opierają się na absurdalnych czy nieprawdopodobnych konkluzjach.

Ze względu na rozmaite napięcia, których doświadczamy, i czynniki wstrząsające delikatnymi systemami mózgu, rzeczy, które zwykle pominęlibyśmy, uznając je za błahe czy oderwane, zaczynają być przetwarzane jako znacznie ważniejsze. Same urojenia mogą wskazywać na charakter problemów będących ich źródłem.[32] Na przykład nadmierny lęk i paranoja oznaczałyby, że człowiek doświadcza niewyjaśnionej aktywacji układów wykrywania zagrożeń i innych układów obronnych; w konsekwencji stara się z tym pogodzić przez znalezienie źródła tajemniczego zagrożenia, interpretuje więc niewinne zachowania (na przykład widok mruczącej do siebie osoby, która przechodzi obok niego w sklepie) jako podejrzane i niebezpieczne, co prowokuje do tworzenia urojeń o potajemnych spiskach przeciw niemu. Depresja powoduje niewyjaśniony zły nastrój, więc wszelkie przeżycia, które są choćby odrobinę negatywne (na przykład ktoś wstaje od stołu w chwili, gdy ty się dosiadasz), nabierają wagi i są interpretowane jako awersja ludzi do ciebie, świadcząca, jakim jesteś zerem, co stwarza tło dla powstania urojeń.

To, co nie wpasowuje się w nasz mentalny model funkcjonowania świata, jest często wyciszane lub całkiem tłumione.

Nie zgadza się z naszymi oczekiwaniami czy przepowiedniami, więc najlepsze wyjaśnienie jest takie, iż jest to błędne, zatem nadaje się tylko do zignorowania. Uważasz być może, że nie ma kosmitów, więc każdego, kto twierdzi, że widział UFO lub został uprowadzony przez przedstawicieli obcej cywilizacji, lekceważysz jako kompletnego idiotę. Czyjeś twierdzenia nie dowodzą fałszywości twoich przekonań. Są one niewzruszone do pewnego momentu: gdybyś miał zostać porwany przez kosmitów i poddany ich eksperymentom, zacząłbyś zapewne formułować inne wnioski. Jednak w stanach urojeniowych doświadczenia, które przeczą twoim własnym wnioskom, mogą być jeszcze silniej tłumione niż normalnie.

Obecnie obowiązujące teorie na temat odpowiedzialnych za to systemów neurologicznych sugerują porażająco złożony mechanizm, zakorzeniony w innej obszernej sieci połączonych obszarów mózgu (rejonów płata ciemieniowego, kory przedczołowej, zakrętu skroniowego, prążkowia, ciała migdałowatego, móżdżku, obszarów mezokortykolimbicznych itd.).[33] Zebrane dane sugerują również, że osoby skłonne do urojeń wykazują nadmiar pewnego pobudzającego neuroprzekaźnika – glutamatu – co może tłumaczyć, dlaczego drobna stymulacja przeradza się w nadto znaczącą.[34] Ponadto nadmiar aktywności wyczerpuje zasoby neuronów, ograniczając ich plastyczność, więc mózg ma mniejsze możliwości zmiany i przystosowania dotkniętych obszarów, co znów przyczynia się do uporczywości urojeń.

Słowo przestrogi: podrozdział ten koncentrował się na halucynacjach i urojeniach powodowanych przez zaburzenia i problemy w pracy mózgu, co sugeruje, iż są one charakterystyczne tylko dla stanów chorobowych. Tymczasem jest inaczej. Można by podejrzewać o urojenia ludzi, którzy wierzą, że ziemia ma tylko sześć tysięcy lat, a dinozaury nigdy nie istniały, jednak miliony ludzi szczerze w to wierzy. Podobnie niektórzy szczerze wierzą, że ich zmarli bliscy z nimi rozmawiają. Czy są chorzy? W żałobie? To przystosowawczy mechanizm obronny? Doświadczenie duchowe? Istnieje wiele możliwych wyjaśnień poza „zaburzeniem zdrowia psychicznego".

Mózg decyduje, co jest realne, a co nie, na podstawie naszych doświadczeń. Jeżeli wychowujemy się w warunkach, w których obiektywnie niemożliwe rzeczy postrzega się jako normalne, nasz mózg uznaje, że *są* normalne, i ocenia wszystko inne stosownie do tego. Podatni są na to również ludzie, którzy nie wyrastali w skrajnych systemach wierzeń; opisana w rozdziale 7 tendencyjność związana z hipotezą sprawiedliwego świata jest bardzo powszechna, często prowadząc do nieprawdziwych wniosków, przekonań oraz założeń na temat ludzi w trudnym położeniu.

Z tego powodu nierealistyczne przekonania klasyfikuje się jako urojenia tylko pod warunkiem, że są niespójne z aktualnym systemem przekonań i wiary danej osoby. Doznań gorliwego ewangelika z amerykańskiego Bible Belt, który mówi, że słyszy głos Boga, nie uznaje się za urojenie. Ale agnostyczka z Sunderlandu na stażu w księgowości mówiąca, że słyszy głos Boga? To prawdopodobnie byłoby zakwalifikowane jako urojenie.

Mózg pozwala nam na imponujące postrzeganie rzeczywistości, jednak – jak widzieliśmy tyle razy w tej książce – wiele z tych spostrzeżeń opiera się na kalkulacji, ekstrapolacji, a niekiedy najzwyklejszym zgadywaniu ze strony mózgu. Wziąwszy pod uwagę wszystkie potencjalne czynniki, które mogą wpływać na jego pracę, łatwo dostrzec, jak procesy te mogą nieco zbaczać z kursu, zwłaszcza skoro „norma" jest raczej ogólnym konsensusem niż twardym faktem. To zdumiewające, że człowiek jest w stanie w ogóle cokolwiek zrobić. Naprawdę.

Oczywiście zakładając, że coś *rzeczywiście* robimy. Może tylko tak sobie mówimy dla podniesienia się na duchu. Może nic nie jest realne. Może cała ta książka była halucynacją.

Mam nadzieję, że nie, bo spory kawał czasu i wysiłku poszedłby wtedy na marne.

POSŁOWIE

||||||||||||||||||||||||||||||||||||||||||||||||||||||

Zatem taki jest ten mózg. Robi wrażenie, prawda? Ale z drugiej strony to straszny głupek.

PODZIĘKOWANIA

Mojej żonie Vanicie za wspieranie mnie w kolejnym absurdalnym przedsięwzięciu z ledwie dostrzegalną dozą przewracania oczami.

Moim dzieciom, Millenie i Kavicie, za danie mi powodu, bym chciał napisać tę książkę, oraz za to, że są zbyt małe, aby obeszło je, czy odniesie sukces.

Moim rodzicom, bez których nie byłbym w stanie tego robić. Ani niczego innego, gdy się nad tym zastanowić.

Simonowi za to, że jest tak dobrym przyjacielem, by przywoływać mnie do porządku, gdy zanadto odlatuję.

Mojemu agentowi Chrisowi z agencji autorskiej Greene & Heaton za ciężką pracę, a przede wszystkim za zwrócenie się do mnie z pytaniem: „Czy myślał pan kiedyś o napisaniu książki?", bo do tamtej pory nie myślałem.

Opiekującej się mną redaktorce prowadzącej Laurze za trud i cierpliwość, zwłaszcza w wielokrotnym przypominaniu: „Specjalizujesz się w neuronaukach. Powinieneś pisać o mózgu", aż w końcu to do mnie dotarło.

Johnowi, Lisie i pozostałym redaktorom w wydawnictwie Guardian Faber za obrócenie moich smętnych wypocin w coś, co – jak się zdaje – ludzie naprawdę chcieliby przeczytać.

Jamesowi, Tashy, Celinie, Chrisowi i jeszcze kilku Jamesom w „Guardianie" za umożliwienie mi słania tekstów do waszej szacownej gazety pomimo mojej pewności, że było to skutkiem pomyłki urzędniczej.

Wszystkim pozostałym przyjaciołom i członkom rodziny, którzy zaoferowali mi wsparcie, pomoc i konieczną rozrywkę w trakcie pisania tej książki.

Wam. Każdemu z was. Zasadniczo to wszystko wasza wina.

PRZYPISY
BIBLIOGRAFICZNE

Rozdział 1. Kontrolki umysłowe

1 S. B. Chapman et al., 'Shorter term aerobic exercise improves brain, cognition, and cardiovascular fitness in aging', *Frontiers in Aging Neuroscience*, 2013, vol. 5.

2 V. Dietz, 'Spinal cord pattern generators for locomotion', *Clinical Neurophysiology*, 2003, 114(8), pp. 1379–1389.

3 S. M. Ebenholtz, M. M. Cohen and B. J. Linder, 'The possible role of nystagmus in motion sickness: A hypothesis', *Aviation, Space, and Environmental Medicine*, 1994, 65(11), pp. 1032–1035.

4 R. Wrangham, *Catching Fire: How Cooking Made Us Human*, Basic Books, 2009.

5 Two Shakes-a-Day Diet Plan – Lose weight and keep it off', http://www.nutritionexpress.com/article+index/diet+weight+loss/diet+plans+tips/showarticle.aspx?id=1904 (dostęp wrzesień 2015).

6 M. Mosley, 'The second brain in our stomachs', http://www.bbc.co.uk/news/health-18779997 (dostęp wrzesień 2015).

7 A. D. Milner and M. A. Goodale, *The Visual Brain in Action*, Oxford University Press, (Oxford Psychology Series no. 27), 1995.

8 R. M. Weiler, 'Olfaction and taste', *Journal of Health Education*, 1999, 30(1), pp. 52–53.

9 T. C. Adam and E. S. Epel, 'Stress, eating and the reward system', *Physiology & Behavior*, 2007, 91(4), pp. 449–458.

10 S. Iwanir et al., 'The microarchitecture of C. elegans behavior during lethargus: Homeostatic bout dynamics, a typical body posture, and regulation by a central neuron', *Sleep*, 2013, 36(3), p. 385.

11 A. Rechtschaffen et al., 'Physiological correlates of prolonged sleep deprivation in rats', *Science*, 1983, 221(4606), pp. 182–184.

12 G. Tononi and C. Cirelli, 'Perchance to prune', *Scientific American*, 2013, 309(2), pp. 34–39.

13 N. Gujar et al., 'Sleep deprivation amplifies reactivity of brain reward networks, biasing the appraisal of positive emotional experiences', *Journal of Neuroscience*, 2011, 31(12), pp. 4466–4474.

14 J. M. Siegel, 'Sleep viewed as a state of adaptive inactivity', *Nature Reviews Neuroscience*, 2009, 10(10), pp. 747–753.

15 C. M. Worthman and M. K. Melby, 'Toward a comparative developmental ecology of human sleep', in M. A. Carskadon (ed.), *Adolescent Sleep Patterns*, Cambridge University Press, 2002, pp. 69–117.

16 S. Daan, B. M. Barnes and A. M. Strijkstra, 'Warming up for sleep? – Ground squirrels sleep during arousals from hibernation', *Neuroscience Letters*, 1991, 128(2), pp. 265–268.

17 J. Lipton and S. Kothare, 'Sleep and Its Disorders in Childhood', in A. E. Elzouki (ed.), *Textbook of Clinical Pediatrics*, Springer, 2012, pp. 3363–3377.

18 P. L. Brooks and J. H. Peever, 'Identification of the transmitter and receptor mechanisms responsible for REM sleep paralysis', *Journal of Neuroscience*, 2012, 32(29), pp. 9785–9795.

19 H. S. Driver and C. M. Shapiro, 'ABC of sleep disorders. Parasomnias', *British Medical Journal*, 1993, 306(6882), pp. 921–924.

20 '5 Other Disastrous Accidents Related To Sleep Deprivation', http://www.huffingtonpost.com/2013/12/03/sleep-deprivation-accidents-disasters_n_4380349.html (dostęp wrzesień 2015).

21 M. Steriade, *Thalamus*, Wiley Online Library, [1997], 2003.

22 M. Davis, 'The role of the amygdala in fear and anxiety' *Annual Review of Neuroscience*, 1992, 15(1), pp. 353–375.

23 A. S. Jansen et al., 'Central command neurons of the sympathetic nervous system: Basis of the fight-or-flight response', *Science*, 1995, 270(5236), pp. 644–666.

24 J. P. Henry, 'Neuroendocrine patterns of emotional response', in R. Plutchik and H. Kellerman (eds), *Emotion: Theory, Research and Experience*, vol. 3: *Biological Foundations of Emotion*, Academic Press, 1986, pp. 37–60.

25 F. E. R. Simons, X. Gu and K. J. Simons, 'Epinephrine absorption in adults: Intramuscular versus subcutaneous injection', *Journal of Allergy and Clinical Immunology*, 2001, 108(5), pp. 871–873.

Rozdział 2. Dar pamięci (zachowaj rachunek)

1 N. Cowan, 'The magical mystery four: How is working memory capacity limited, and why?' *Current Directions in Psychological Science*, 2010, 19(1): pp. 51–57.

2 J. S. Nicolis and I. Tsuda, 'Chaotic dynamics of information processing: The „magic number seven plus-minus two" revisited', *Bulletin of Mathematical Biology*, 1985, 47(3), pp. 343–365.

3 P. Burtis, P., 'Capacity increase and chunking in the development of short-term memory', *Journal of Experimental Child Psychology*, 1982, 34(3), pp. 387–413.

4 C. E. Curtis and M. D'Esposito, 'Persistent activity in the prefrontal cortex during working memory', *Trends in Cognitive Sciences*, 2003, 7(9), pp. 415–423.

5 E. R. Kandel and C. Pittenger, 'The past, the future and the biology of memory storage', *Philosophical Transactions of the Royal Society of London B: Biological Sciences*, 1999, 354(1392), pp. 2027–2052.

6 D. R. Godden and A.D. Baddeley, 'Context-dependent memory in two natural environments: On land and underwater', *British Journal of Psychology*, 1975, 66(3), pp. 325–331.

7 R. Blair, 'Facial expressions, their communicatory functions and neuro-cognitive substrates', *Philosophical Transactions of the Royal Society B: Biological Sciences*, 2003, 358(1431), pp. 561–572.

8 R. N. Henson, 'Short-term memory for serial order: The start-end model', *Cognitive Psychology*, 1998, 36(2), pp. 73–137.

9 W. Klimesch, *The Structure of Long-term Memory: A Connectivity Model of Semantic Processing*, Psychology Press, 2013.

10 K. Okada, K. L. Vilberg and M. D. Rugg, 'Comparison of the neural correlates of retrieval success in tests of cued recall and recognition memory', *Human Brain Mapping*, 2012, 33(3), pp. 523–533.

11 H. Eichenbaum, *The Cognitive Neuroscience of Memory: An Introduction*, Oxford University Press, 2011.

12 E. E. Bouchery et al., 'Economic costs of excessive alcohol consumption in the US, 2006', *American Journal of Preventive Medicine*, 2011, 41(5), pp. 516–524.

13 A. Ameer and R. R. Watson, 'The Psychological Synergistic Effects of Alcohol and Caffeine', in R. R. Watson et al., *Alcohol, Nutrition, and Health Consequences*, Springer, 2013, pp. 265–270.

14 L. E. McGuigan, *Cognitive Effects of Alcohol Abuse: Awareness by Students and Practicing Speech-language Pathologists*, Wichita State University, 2013.

15 T. R. McGee et al., 'Alcohol consumption by university students: Engagement in hazardous and delinquent behaviours and experiences of harm', in *The Stockholm Criminology Symposium 2012*, Swedish National Council for Crime Prevention, 2012.

16 K. Poikolainen, K. Leppänen and E. Vuori, 'Alcohol sales and fatal alcohol poisonings: A time series analysis', *Addiction*, 2002, 97(8), pp. 1037–1040.

17 B. M. Jones and M. K. Jones, 'Alcohol and memory impairment in male and female social drinkers', in I. M. Bimbaum and E. S. Parker (eds) *Alcohol and Human Memory (PLE: Memory)*, 2014, 2, pp. 127–140.

18 D. W. Goodwin, 'The alcoholic blackout and how to prevent it', in I. M. Bimbaum and E. S. Parker (eds) *Alcohol and Human Memory*, 2014, 2, pp. 177–183.

19 H. Weingartner and D. L. Murphy, 'State-dependent storage and retrieval of experience while intoxicated', in I. M. Bimbaum and E. S. Parker (eds) *Alcohol and Human Memory (PLE: Memory)*, 2014, 2, pp. 159–175.

20 J. Longrigg, *Greek Rational Medicine: Philosophy and Medicine from Alcmaeon to the Alexandrians*, Routledge, 2013.

21 A. G. Greenwald, 'The totalitarian ego: Fabrication and revision of personal history', *American Psychologist*, 1980, 35(7), p. 603.

22 U. Neisser, 'John Dean's memory: A case study', *Cognition*, 1981, 9(1), pp. 1–22.

23 M. Mather and M. K. Johnson, 'Choice-supportive source monitoring: Do our decisions seem better to us as we age?', *Psychology and Aging*, 2000, 15(4), p. 596.

24 *Learning and Motivation*, 2004, 45, pp. 175–214.

25 C. A. Meissner and J. C. Brigham, 'Thirty years of investigating the own-race bias in memory for faces: A meta-analytic review', *Psychology, Public Policy, and Law*, 2001, 7(1), p. 3.

26 U. Hoffrage, R. Hertwig and G. Gigerenzer, 'Hindsight bias: A by-product of knowledge updating?', *Journal of Experimental Psychology: Learning, Memory, and Cognition*, 2000, 26(3), p. 566.

27 W. R. Walker and J. J. Skowronski, 'The fading affect bias: But what the hell is it for?', *Applied Cognitive Psychology*, 2009, 23(8), pp. 1122–1136.

28 J. Dębiec, D. E. Bush and J. E. LeDoux, 'Noradrenergic enhancement of reconsolidation in the amygdala impairs extinction of conditioned fear in rats – a possible mechanism for the persistence of traumatic memories in PTSD', *Depression and Anxiety*, 2011, 28(3), pp. 186–193.

29 N. J. Roese and J. M. Olson, *What Might Have Been: The Social Psychology of Counterfactual Thinking*, Psychology Press, 2014.

30 A. E. Wilson and M. Ross, 'From chump to champ: people's appraisals of their earlier and present selves', *Journal of Personality and Social Psychology*, 2001, 80(4), pp. 572–584.

31 S. M. Kassin et al., 'On the „general acceptance" of eyewitness testimony research: A new survey of the experts', *American Psychologist*, 2001, 56(5), pp. 405–416.

32 http://socialecology.uci.edu/faculty/eloftus/ (accessed September 2015)

33 E. F. Loftus, 'The price of bad memories', Committee for the Scientific Investigation of Claims of the Paranormal, 1998.

34 C. A. Morgan et al., 'Misinformation can influence memory for recently experienced, highly stressful events', *International Journal of Law and Psychiatry*, 2013, 36(1), pp. 11–17.

35 B. P. Lucke-Wold et al., 'Linking traumatic brain injury to chronic traumatic encephalopathy: Identification of potential mechanisms leading to neurofibrillary tangle development', *Journal of Neurotrauma*, 2014, 31(13), pp. 1129–1138.

36 S. Blum et al., 'Memory after silent stroke: Hipwpocampus and infarcts both matter', *Neurology*, 2012, 78(1), pp. 38–46.

37 R. Hoare, 'The role of diencephalic pathology in human memory disorder', *Brain*, 1990, 113, pp. 1695–1706.

38 L. R. Squire, 'The legacy of patient HM for neuroscience', *Neuron*, 2009, 61(1), pp. 6–9.

39 M. C. Duff et al., 'Hippocampal amnesia disrupts creative thinking', *Hippocampus*, 2013, 23(12), pp. 1143–1149.

40 P. S. Hogenkamp et al., 'Expected satiation after repeated consumption of low- or high-energy-dense soup', *British Journal of Nutrition*, 2012, 108(01), pp. 182–190.

41 K. S. Graham and J. R. Hodges, 'Differentiating the roles of the hippocampus complex and the neocortex in long-term memory storage: Evidence from the study of semantic dementia and Alzheimer's disease', *Neuropsychology*, 1997, 11(1), pp. 77–89.

42 E. Day et al., 'Thiamine for Wernicke-Korsakoff Syndrome in people at risk from alcohol abuse', *Cochrane Database of Systemic Reviews*, 2004, vol. 1.

43 L. Mastin, 'Korsakoff's Syndrome. The Human Memory – Disorders 2010', http://www.human-memory.net/disorders_korsakoffs.html (accessed September 2015).

44 P. Kennedy and A. Chaudhuri, 'Herpes simplex encephalitis', *Journalof Neurology, Neurosurgery & Psychiatry*, 2002, 73(3), pp. 237–238.

Rozdział 3. Strach ma wielkie oczy

1 H. Green et al., *Mental Health of Children and Young People in Great Britain, 2004*, Palgrave Macmillan, 2005.

2 'In the Face of Fear: How fear and anxiety affect our health and society, and what we can do about it, 2009', http://www.mentalhealth.org.uk/publications/in-the-face-of-fear/ (accessed September 2015).

3 D. Aaronovitch and J. Langton, *Voodoo Histories: The Role of the Conspiracy Theory in Shaping Modern History*, Wiley Online Library, 2010.

4 S. Fyfe et al., 'Apophenia, theory of mind and schizotypy: Perceiving meaning and intentionality in randomness', *Cortex*, 2008, 44(10), pp. 1316–1325.

5 H. L. Leonard, 'Superstitions: Developmental and Cultural Perspective', in R. L. Rapoport (ed.), *Obsessive-compulsive Disorder in Children and Adolescents*, American Psychiatric Press, 1989, pp. 289–309.

6 H. M. Lefcourt, *Locus of Control: Current Trends in Theory and Research (2nd edn)*, Psychology Press, 2014.

7 J. C. Pruessner et al., 'Self-esteem, locus of control, hippocampal volume, and cortisol regulation in young and old adulthood', *Neuroimage*, 2005, 28(4), pp. 815–826.

8 J. T. O'Brien et al., 'A longitudinal study of hippocampal volume, cortisol levels, and cognition in older depressed subjects', *American Journal of Psychiatry*, 2004, 161(11), pp. 2081–2090.

9 M. Lindeman et al., 'Is it just a brick wall or a sign from the universe? An fMRI study of supernatural believers and skeptics', *Social Cognitive and Affective Neuroscience*, 2012, pp. 943–949.

10 Lindeman, M., Svedholm, A.M., Riekki, T., Raij, T. and Hari, R., 2012. Is it just a brick wall or a sign from the universe? An fMRI study of supernatural believers and skeptics. Social cognitive and affective neuroscience, p.nss096

11 J. Davidson, 'Contesting stigma and contested emotions: Personal experience and public perception of specific phobias', *Social Science & Medicine*, 2005, 61(10), pp. 2155–2164.

12 V. F. Castellucci and E. R. Kandel, 'A quantal analysis of the synaptic depression underlying habituation of the gill-withdrawal reflex in Aplysia', *Proceedings of the National Academy of Sciences*, 1974, 71(12), pp. 5004–5008.

13 S. Mineka and M. Cook, 'Social learning and the acquisition of snake fear in monkeys', *Social Learning: Psychological and Biological Perspectives*, 1988, pp. 51–73.

14 K. M. Mallan, O. V. Lipp and B. Cochrane, 'Slithering snakes, angry men and out-group members: What and whom are we evolved to fear?', *Cognition & Emotion*, 2013, 27(7), pp. 1168–1180.

15 M. Mori, K. F. MacDorman and N. Kageki, 'The uncanny valley [from the field]', *Robotics & Automation Magazine, IEEE*, 2012, 19(2), pp. 98–100.

16 M. E. Bouton and R. C. Bolles, 'Contextual control of the extinction of conditioned fear', *Learning and Motivation*, 1979, 10(4), pp. 445–466.

17 W. J. Magee et al., 'Agoraphobia, simple phobia, and social phobia in the National Comorbidity Survey', *Archives of General Psychiatry*, 1996, 53(2), pp. 159–168.

18 L. H. A. Scheller, 'This Is What A Panic Attack Physically Feels Like', http://www.huffingtonpost.com/2014/10/21/panic-attack-feeling_n_5977998.html (accessed September 2015).

19 J. Knowles et al., 'Results of a genome-wide genetic screen for panic disorder', *American Journal of Medical Genetics*, 1998, 81(2), pp. 139–147.

20 E. Witvrouw et al., 'Catastrophic thinking about pain as a predictor of length of hospital stay after total knee arthroplasty: a prospective study', *Knee Surgery, Sports Traumatology, Arthroscopy*, 2009, 17(10), pp. 1189–1194.

21 R. Lieb et al., 'Parental psychopathology, parenting styles, and the risk of social phobia in offspring: a prospective-longitudinal community study', *Archives of General Psychiatry*, 2000, 57(9), pp. 859–866.

22 J. Richer, 'Avoidance behavior, attachment and motivational conflict', *Early Child Development and Care*, 1993, 96(1), pp. 7–18.

23 http://www.nhs.uk/conditions/social-anxiety/Pages/Social-anxiety.aspx (accessed September 2015).

24 G. F. Koob, 'Drugs of abuse: anatomy, pharmacology and function of reward pathways', *Trends in Pharmacological Sciences*, 1992, 13, pp. 177–184.

25 L. Reyes-Castro et al., 'Pre-and/or postnatal protein restriction in rats impairs learning and motivation in male offspring', *International Journal of Developmental Neuroscience*, 2011, 29(2), pp. 177–182.

26 W. Sluckin, D. Hargreaves and A. Colman, 'Novelty and human aesthetic preferences', *Exploration in Animals and Humans*, 1983, pp. 245–269.

27 B. C. Wittmann et al., 'Mesolimbic interaction of emotional valence and reward improves memory formation', *Neuropsychologia*, 2008, 46(4), pp. 1000–1008.

28 A. Tinwell, M. Grimshaw and A. Williams, 'Uncanny behaviour in survival horror games', *Journal of Gaming & Virtual Worlds*, 2010, 2(1), pp. 3–25.

29 R. S. Neary and M. Zuckerman, 'Sensation seeking, trait and state anxiety, and the electrodermal orienting response', *Psychophysiology*, 1976, 13(3), pp. 205–211.

30 L. M. Bouter et al., 'Sensation seeking and injury risk in downhill skiing', *Personality and Individual Differences*, 1988, 9(3), pp. 667–673.

31 M. Zuckerman, 'Genetics of sensation seeking', in J. Benjamin, R. Ebstein and R. H. Belmake (eds), *Molecular Genetics and the Human Personality*, Washington, DC, American Psychiatric Association, pp. 193–210.

32 S. B. Martin et al., 'Human experience seeking correlates with hippocampus volume: Convergent evidence from manual tracing and voxel-based morphometry', *Neuropsychologia*, 2007, 45(12), pp. 2874–2881.

33 R. F. Baumeister et al., 'Bad is stronger than good', *Review of General Psychology*, 2001, 5(4), p. 323.

34 S. S. Dickerson, T. L. Gruenewald and M. E. Kemeny, 'When the social self is threatened: Shame, physiology, and health', *Journal of Personality*, 2004, 72(6), pp. 1191–1216.

35 E. D. Weitzman et al., 'Twenty-four hour pattern of the episodic secretion of cortisol in normal subjects', *Journal of Clinical Endocrinology & Metabolism*, 1971, 33(1), pp. 14–22.

36 V. F. Castellucci and E. R. Kandel, 'A quantal analysis of the synaptic depression underlying habituation of the gill-withdrawal reflex in Aplysia', *Proceedings of the National Academy of Sciences*, 1974, 71(12), pp. 5004–5008.

37 R. S. Nickerson, 'Confirmation bias: A ubiquitous phenomenon in many guises', *Review of General Psychology*, 1998, 2(2), p. 175.

Rozdział 4. Masz się za mądralę, co?

1 R. E. Nisbett et al., 'Intelligence: new findings and theoretical developments', *American Psychologist*, 2012, 67(2), pp. 130–159.

2 H.-M. Süß et al., 'Working-memory capacity explains reasoning ability – and a little bit more', *Intelligence*, 2002, 30(3), pp. 261–288.

3 L. L. Thurstone, *Primary Mental Abilities*, University of Chicago Press, 1938.

4 H. Gardner, *Frames of Mind: The Theory of Multiple Intelligences*, Basic Books, 2011.

5 A. Pant, 'The Astonishingly Funny Story of Mr McArthur Wheeler', 2014, http://awesci.com/the-astonishingly-funny-story-of-mr-mcarthur-wheeler/ (accessed September 2015).

6 T. DeAngelis, 'Why we overestimate our competence', *American Psychological Association*, 2003, 34(2).

7 H. J. Rosen et al., 'Neuroanatomical correlates of cognitive self-appraisal in neurodegenerative disease', *Neuroimage*, 2010, 49(4), pp. 3358–3364.

8 G. E. Larson et al., 'Evaluation of a „mental effort" hypothesis for correlations between cortical metabolism and intelligence', *Intelligence*, 1995, 21(3), pp. 267–278.

9 G. Schlaug et al., 'Increased corpus callosum size in musicians', *Neuropsychologia*, 1995, 33(8), pp. 1047–1055.

10 E. A. Maguire et al., 'Navigation-related structural change in the hippocampi of taxi drivers', *Proceedings of the National Academy of Sciences*, 2000, 97(8), pp. 4398–4403.

11 D. Bennabi et al., 'Transcranial direct current stimulation for memory enhancement: From clinical research to animal models', *Frontiers in Systems Neuroscience*, 2014, issue 8.

12 Y. Taki et al., 'Correlation among body height, intelligence, and brain gray matter volume in healthy children', *Neuroimage*, 2012, 59(2), pp. 1023–1027.

13 T. Bouchard, 'IQ similarity in twins reared apart: Findings and responses to critics', *Intelligence, Heredity, and Environment*, 1997, pp. 126–160.

14 H. Jerison, *Evolution of the Brain and Intelligence*, Elsevier, 2012.

15 L. M. Kaino, 'Traditional knowledge in curricula designs: Embracing indigenous mathematics in classroom instruction', *Studies of Tribes and Tribals*, 2013, 11(1), pp. 83–88.

16 R. Rosenthal and L. Jacobson, 'Pygmalion in the classroom', *Urban Review*, 1968, 3(1), pp. 16–20.

Rozdział 5. Czy zauważyłeś, że ma się pojawić ten rozdział?

1 R. C. Gerkin and J. B. Castro, 'The number of olfactory stimuli that humans can discriminate is still unknown', edited by A. Borst, *eLife*, 2015, 4 e08127; http://www.ncbi.nlm.nih.gov/pmc/articles/PMC4491703/ (accessed September 2015).

2 L. Buck and R. Axel, 'Odorant receptors and the organization of the olfactory system', *Cell*, 1991, 65, pp. 175–187.

3 R. T. Hodgson, 'An analysis of the concordance among 13 US wine competitions', *Journal of Wine Economics*, 2009, 4(01), pp. 1–9.

4 R. M. Weiler, 'Olfaction and taste', *Journal of Health Education*, 1999, 30(1), pp. 52–53.

5 M. Auvray and C. Spence, 'The multisensory perception of flavor', *Consciousness and Cognition*, 2008, 17(3), pp. 1016–1031.

6 http://www.planet-science.com/categories/experiments/biology/2011/05/how-sensitive-are-you.aspx (accessed September 2015).

7 http://www.nationalbraille.org/NBAResources/FAQs/ (accessed September 2015).

8 H. Frenzel et al., 'A genetic basis for mechanosensory traits in humans', *PLOS Biology*, 2012, 10(5).

9 D. H. Hubel and T. N. Wiesel, 'Brain Mechanisms of Vision', *Scientific American*, 1979, 241(3), pp. 150–162.

10 E. C. Cherry, 'Some experiments on the recognition of speech, with one and with two ears', *Journal of the Acoustical Society of America*, 1953, 25(5), pp. 975–979.

11 D. Kahneman, *Attention and Effort*, Citeseer, 1973.

12 B. C. Hamilton, L. S. Arnold and B. C. Tefft, 'Distracted driving and perceptions of hands-free technologies: Findings from the 2013 Traffic Safety Culture Index', 2013.

13 N. Mesgarani et al., 'Phonetic feature encoding in human superior temporal gyrus', *Science*, 2014, 343(6174), pp. 1006–1010.

14 K. M. Mallan, O. V. Lipp and B. Cochrane, 'Slithering snakes, angry men and out-group members: What and whom are we evolved to fear?', *Cognition & Emotion*, 2013, 27(7), pp. 1168–1180.

15 D. J. Simons and D. T. Levin, 'Failure to detect changes to people during a real-world interaction', *Psychonomic Bulletin & Review*, 1998, 5(4), pp. 644–649.

16 R. S. F. McCann, D. C. Foyle and J. C. Johnston, 'Attentional Limitations with Heads-Up Displays', *Proceedings of the Seventh International Symposium on Aviation Psychology*, 1993, pp. 70–75.

Rozdział 6. Osobowość: koncepcja warta przetestowania

1 E. J. Phares and W. F. Chaplin, *Introduction to Personality* (4th edn), Prentice Hall, 1997.

2 L. A. Froman, 'Personality and political socialization', *Journal of Politics*, 1961, 23(02), pp. 341–352.

3 H. Eysenck and A. Levey, 'Conditioning, introversion-extraversion and the strength of the nervous system', in V. D. Nebylitsyn and J. A. Gray (eds), *Biological Bases of Individual Behavior*, Academic Press, 1972, pp. 206–220.

4 Y. Taki et al., 'A longitudinal study of the relationship between personality traits and the annual rate of volume changes in regional gray matter in healthy adults', *Human Brain Mapping*, 2013, 34(12), pp. 3347–3353.

5 K. L. Jang, W. J. Livesley and P. A. Vernon, 'Heritability of the big five personality dimensions and their facets: A twin study', *Journal of Personality*, 1996, 64(3), pp. 577–592.

6 M. Friedman and R. H. Rosenman, *Type A Behavior and Your Heart*, Knopf, 1974.

7 G. V. Caprara and D. Cervone, *Personality: Determinants, Dynamics, and Potentials*, Cambridge University Press, 2000.

8 J. B. Murray, 'Review of research on the Myers-Briggs type indicator', *Perceptual and Motor Skills*, 1990, 70(3c), pp. 1187–1202.

9 A. N. Sell, 'The recalibrational theory and violent anger', *Aggression and Violent Behavior*, 2011, 16(5), pp. 381–389.

10 C. S. Carver and E. Harmon-Jones, 'Anger is an approach-related affect: evidence and implications', *Psychological Bulletin*, 2009, 135(2), pp. 183–204.

11 M. Kazén et al., 'Inverse relation between cortisol and anger and their relation to performance and explicit memory', *Biological Psychology*, 2012, 91(1), pp. 28–35.

12 H. J. Rutherford and A. K. Lindell, 'Thriving and surviving: Approach and avoidance motivation and lateralization', *Emotion Review*, 2011, 3(3), pp. 333–343.

13 D. Antos et al., 'The influence of emotion expression on perceptions of trustworthiness in negotiation', *Proceedings of the Twenty-fifth AAAI Conference on Artificial Intelligence*, 2011.

14 S. Freud, *Beyond the Pleasure Principle*, Penguin, 2003 (wyd. pol. pod mylącym tytułem *Poza zasadą przyjemności*, Wydawnictwo Naukowe PWN, Warszawa 2000).

15 S. McLeod, 'Maslow's hierarchy of needs', *Simply Psychology*, 2007 (updated 2014), http:// www.simplypsychology.org/ maslow.html (accessed September 2015).

16 R. M. Ryan and E. L. Deci, 'Self-determination theory and the facilitation of intrinsic motivation, social development, and well-being', *American Psychologist*, 2000, 55(1), p. 68.

17 M. R. Lepper, D. Greene and R. E. Nisbett, 'Undermining children's intrinsic interest with extrinsic reward: A test of the „overjustification" hypothesis', *Journal of Personality and Social Psychology*, 1973, 28(1), p. 129.

18 E. T. Higgins, 'Self-discrepancy: A theory relating self and affect', *Psychological Review*, 1987, 94(3), p. 319.

19 J. Reeve, S. G. Cole and B. C. Olson, 'The Zeigarnik effect and intrinsic motivation: Are they the same?', *Motivation and Emotion*, 1986, 10(3), pp. 233–245.

20 S. Shuster, 'Sex, aggression, and humour: Responses to unicycling', *British Medical Journal*, 2007, 335(7633), pp. 1320–1322.

21 N. D. Bell, 'Responses to failed humor', *Journal of Pragmatics*, 2009, 41(9), pp. 1825–1836.

22 A. Shurcliff, 'Judged humor, arousal, and the relief theory', *Journal of Personality and Social Psychology*, 1968, 8(4p1), p. 360.

23 D. Hayworth, 'The social origin and function of laughter', *Psychological Review*, 1928, 35(5), p. 367.

24 R. R. Provine and K. Emmorey, 'Laughter among deaf signers', *Journal of Deaf Studies and Deaf Education*, 2006, 11(4), pp. 403–409.

25 R. R. Provine, 'Contagious laughter: Laughter is a sufficient stimulus for laughs and smiles', *Bulletin of the Psychonomic Society*, 1992, 30(1), pp. 1–4.

26 C. McGettigan et al., 'Individual differences in laughter perception reveal roles for mentalizing and sensorimotor systems in the evaluation of emotional authenticity', *Cerebral Cortex*, 2015, 25(1) pp. 246–257.

Rozdział 7. Uścisk grupowy!

1 A. Conley, 'Torture in US jails and prisons: An analysis of solitary confinement under international law', *Vienna Journal on International Constitutional Law*, 2013, 7, p. 415.

2 B. N. Pasley et al., 'Reconstructing speech from human auditory cortex', *PLoS-Biology*, 2012, 10(1), p. 175.

3 J. A. Lucy, *Language Diversity and Thought: A Reformulation of the Linguistic Relativity Hypothesis*, Cambridge University Press, 1992.

4 I. R. Davies, 'A study of colour grouping in three languages: A test of the linguistic relativity hypothesis', *British Journal of Psychology*, 1998, 89(3), pp. 433–452.

5 O. Sacks, *The Man Who Mistook His Wife for a Hat, and Other Clinical Tales*, Simon and Schuster, 1998. (Wyd. pol. *Mężczyzna, który pomylił swoją żonę z kapeluszem*, Poznań 1994.).

6 P. J. Whalen et al., 'Neuroscience and facial expressions of emotion: The role of amygdala–prefrontal interactions', *Emotion Review*, 2013, 5(1), pp. 78–83.

7 N. Guéguen, 'Foot-in-the-door technique and computer-mediated communication', *Computers in Human Behavior*, 2002, 18(1), pp. 11–15.

8 A. C.-y. Chan and T. K.-f. Au, 'Getting children to do more academic work: foot-in-the-door versus door-in-the-face', *Teaching and Teacher Education*, 2011, 27(6), pp. 982–985.

9 C. Ebster and B. Neumayr, 'Applying the door-in-the-face compliance technique to retailing ', *International Review of Retail, Distribution and Consumer Research*, 2008, 18(1), pp. 121–128.

10 J. M. Burger and T. Cornelius, 'Raising the price of agreement: Public commitment and the lowball compliance procedure', *Journal of Applied Social Psychology*, 2003, 33(5), pp. 923–934.

11 R. B. Cialdini et al., 'Low-ball procedure for producing compliance: commitment then cost', *Journal of Personality and Social Psychology*, 1978, 36(5), p. 463.

12 T. F. Farrow et al., 'Neural correlates of self-deception and impression-management', *Neuropsychologia*, 2015, 67, pp. 159–174.

13 S. Bowles and H. Gintis, *A Cooperative Species: Human Reciprocity and Its Evolution*, Princeton University Press, 2011.

14 C. J. Charvet and B. L. Finlay, 'Embracing covariation in brain evolution: large brains, extended development, and flexible primate social systems', *Progress in Brain Research*, 2012, 195, p. 71.

15 F. Marlowe, 'Paternal investment and the human mating system', *Behavioural Processes*, 2000, 51(1), pp. 45–61.

16 L. Betzig, 'Medieval monogamy', *Journal of Family History*, 1995, 20(2), pp. 181–216.

17 J. E. Coxworth et al., 'Grandmothering life histories and human pair bonding', *Proceedings of the National Academy of Sciences*, 2015. 112(38), pp. 11806–11811.

18 D. Lieberman, D. M. Fessler and A. Smith, 'The relationship between familial resemblance and sexual attraction: An update on Westermarck, Freud, and the incest taboo', *Personality and Social Psychology Bulletin*, 2011, 37(9), pp. 1229–1232.

19 A. Aron et al., 'Reward, motivation, and emotion systems associated with early-stage intense romantic love', *Journal of Neurophysiology*, 2005, 94(1), pp. 327–337.

20 A. Campbell, 'Oxytocin and human social behavior', *Personality and Social Psychology Review*, 2010.

21 W. S. Hays, 'Human pheromones: have they been demonstrated?', *Behavioral Ecology and Sociobiology*, 2003, 54(2), pp. 89–97.

22 L. Campbell et al., 'Perceptions of conflict and support in romantic relationships: The role of attachment anxiety', *Journal of Personality and Social Psychology*, 2005, 88(3), p. 510.

23 E. Kross et al., 'Social rejection shares somatosensory representations with physical pain', *Proceedings of the National Academy of Sciences*, 2011, 108(15), pp. 6270–6275.

24 H. E. Fisher et al., 'Reward, addiction, and emotion regulation systems associated with rejection in love', *Journal of Neurophysiology*, 2010, 104(1), pp. 51–60.

25 J. M. Smyth, 'Written emotional expression: Effect sizes, outcome types, and moderating variables', *Journal of Consulting and Clinical Psychology*, 1998, 66(1), p. 174.

26 H. Thomson, 'How to fix a broken heart', *New Scientist*, 2014, 221(2956), pp. 26–27.

27 R. I. Dunbar, 'The social brain hypothesis and its implications for social evolution', *Annals of Human Biology*, 2009, 36(5), pp. 562–572.

28 T. Dávid-Barrett and R. Dunbar, 'Processing power limits social group size: computational evidence for the cognitive costs of sociality', *Proceedings of the Royal Society of London B: Biological Sciences*, 2013, 280(1765), 10.1098/rspb.2013.1151.

29 S. E. Asch, 'Studies of independence and conformity: I. A minority of one against a unanimous majority', *Psychological Monographs: General and Applied*, 1956, 70(9), pp. 1–70.

30 L. Turella et al., 'Mirror neurons in humans: consisting or confounding evidence?', *Brain and Language*, 2009, 108(1), pp. 10–21.

31 B. Latané and J. M. Darley, 'Bystander „apathy"', *American Scientist*, 1969, pp. 244–268.

32 I. L. Janis, *Groupthink: Psychological Studies of Policy Decisions and Fiascoes*, Houghton Mifflin, 1982.

33 S. D. Reicher, R. Spears and T. Postmes, 'A social identity model of deindividuation phenomena', *European Review of Social Psychology*, 1995, 6(1), pp. 161–198.

34 S. Milgram, 'Behavioral study of obedience', *Journal of Abnormal and Social Psychology*, 1963, 67(4), p. 371.

35 S. Morrison, J. Decety and P. Molenberghs, 'The neuroscience of group membership', *Neuropsychologia*, 2012, 50(8), pp. 2114–2120.

36 R. B. Mars et al., 'On the relationship between the „default mode network" and the „social brain"', *Frontiers in Human Neuroscience*, 2012, vol. 6, article 189.

37 G. Northoff and F. Bermpohl, 'Cortical midline structures and the self', *Trends in Cognitive Sciences*, 2004, 8(3), pp. 102–107.

38 P. G. Zimbardo and A. B. Cross, *Stanford Prison Experiment*, Stanford University, 1971.

39 G. Silani et al., 'Right supramarginal gyrus is crucial to overcome emotional egocentricity bias in social judgments', *Journal of Neuroscience*, 2013, 33(39), pp. 15466–15476.

40 L. A. Strömwall, H. Alfredsson and S. Landström, 'Rape victim and perpetrator blame and the just world hypothesis: The influence of victim gender and age', *Journal of Sexual Aggression*, 2013, 19(2), pp. 207–217.

Rozdział 8. Kiedy mózg się psuje

1 V. S. Ramachandran and E. M. Hubbard, 'Synaesthesia – a window into perception, thought and language', *Journal of Consciousness Studies*, 2001, 8(12), pp. 3–34.

2 H. Green et al., *Mental Health of Children and Young People in Great Britain, 2004*, Palgrave Macmillan, 2005.

3 R. Hirschfeld, 'History and evolution of the monoamine hypothesis of depression', *Journal of Clinical Psychiatry*, 2000.

4 J. Adrien, 'Neurobiological bases for the relation between sleep and depression', *Sleep Medicine Reviews*, 2002, 6(5), pp. 341–351.

5 D. P. Auer et al., 'Reduced glutamate in the anterior cingulate cortex in depression: An in vivo proton magnetic resonance spectroscopy study', *Biological Psychiatry*, 2000, 47(4), pp. 305–313.

6 A. Lok et al., 'Longitudinal hypothalamic–pituitary–adrenal axis trait and state effects in recurrent depression', *Psychoneuroendocrinology*, 2012, 37(7), pp. 892–902.

7 H. Eyre and B. T. Baune, 'Neuroplastic changes in depression: a role for the immune system', *Psychoneuroendocrinology*, 2012, 37(9), pp. 1397–1416.

8 W. Katon et al., 'Association of depression with increased risk of dementia in patients with type 2 diabetes: The Diabetes and Aging Study', *Archives of General Psychiatry*, 2012, 69(4), pp. 410–417.

9 A. M. Epp et al., 'A systematic meta-analysis of the Stroop task in depression', *Clinical Psychology Review*, 2012, 32(4), pp. 316–328.

10 P. F. Sullivan, M. C. Neale and K. S. Kendler, 'Genetic epidemiology of major depression: review and meta-analysis', *American Journal of Psychiatry*, 2007, 157(10), pp. 1552–1562.

11 T. H. Holmes and R. H. Rahe, 'The social readjustment rating scale', *Journal of Psychosomatic Research*, 1967, 11(2), pp. 213–218.

12 D. H. Barrett et al., 'Cognitive functioning and posttraumatic stress disorder', *American Journal of Psychiatry*, 1996, 153(11), pp. 1492–1494.

13 P. L. Broadhurst, 'Emotionality and the Yerkes–Dodson law', *Journal of Experimental Psychology*, 1957, 54(5), pp. 345–352.

14 R. S. Ulrich et al., 'Stress recovery during exposure to natural and urban environments' *Journal of Environmental Psychology*, 1991, 11(3), pp. 201–230.

15 K. Dedovic et al., 'The brain and the stress axis: The neural correlates of cortisol regulation in response to stress', *Neuroimage*, 2009, 47(3), pp. 864–871.

16 S. M. Monroe and K. L. Harkness, 'Life stress, the „kindling" hypothesis, and the recurrence of depression: Considerations from a life stress perspective', *Psychological Review*, 2005, 112(2), p. 417.

17 F. E. Thoumi, 'The numbers game: Let's all guess the size of the illegal drug industry', *Journal of Drug Issues*, 2005, 35(1), pp. 185–200.

18 S. B. Caine et al., 'Cocaine self-administration in dopamine D receptor knockout mice', *Experimental and Clinical Psychopharmacology*, 2012, 20(5), p. 352.

19 J. W. Dalley et al., 'Deficits in impulse control associated with tonically-elevated serotonergic function in rat prefrontal cortex', *Neuropsychopharmacology*, 2002, 26, pp. 716–728.

20 T. E. Robinson and K. C. Berridge, 'The neural basis of drug craving: An incentive-sensitization theory of addiction', *Brain Research Reviews*, 1993, 18(3), pp. 247–291.

21 R. Brown, 'Arousal and sensation-seeking components in the general explanation of gambling and gambling addictions', *Substance Use & Misuse*, 1986, 21(9–10), pp. 1001–1016.

22 B. J. Everitt et al., 'Associative processes in addiction and reward the role of amygdala ventral striatal subsystems', *Annals of the New York Academy of Sciences*, 1999, 877(1), pp. 412–438.

23 G. M. Robinson et al., 'Patients in methadone maintenance treatment who inject methadone syrup: A preliminary study', *Drug and Alcohol Review*, 2000, 19(4), pp. 447–450.

24 L. Clark and T. W. Robbins, 'Decision-making deficits in drug addiction', Trends in Cognitive Sciences, 2002, 6(9), pp. 361–363.

25 M. J. Kreek et al., 'Genetic influences on impulsivity, risk taking, stress responsivity and vulnerability to drug abuse and addiction', *Nature Neuroscience*, 2005, 8(11), pp. 1450–1457.

26 S. S. Shergill et al., 'Functional anatomy of auditory verbal imagery in schizophrenic patients with auditory hallucinations', *American Journal of Psychiatry*, 2000, 157(10), pp. 1691–1693.

27 P. Allen et al., 'The hallucinating brain: a review of structural and functional neuroimaging studies of hallucinations' *Neuroscience & Biobehavioral Reviews*, 2008, 32(1), pp. 175–191.

28 S.-J. Blakemore et al., 'The perception of self-produced sensory stimuli in patients with auditory hallucinations and passivity experiences: evidence for a breakdown in self-monitoring', *Psychological Medicine*, 2000, 30(05), pp. 1131–1139.

29 P. Allen et al., 'The hallucinating brain: a review of structural and functional neuroimaging studies of hallucinations' *Neuroscience & Biobehavioral Reviews*, 2008, 32(1), pp. 175–191.

30 R. L. Buckner and D. C. Carroll, 'Self-projection and the brain', *Trends in Cognitive Sciences*, 2007, 11(2), pp. 49–57.

31 A. W. Young, K. M. Leafhead and T. K. Szulecka, 'The Capgras and Cotard delusions', *Psychopathology*, 1994, 27(3–5), pp. 226–231.

32 M. Coltheart, R. Langdon, and R. McKay, 'Delusional belief', *Annual Review of Psychology*, 2011, 62, pp. 271–298.

33 P. Corlett et al., 'Toward a neurobiology of delusions', *Progress in Neurobiology*, 2010, 92(3), pp. 345–369.

34 J. T. Coyle, 'The glutamatergic dysfunction hypothesis for schizophrenia', *Harvard Review of Psychiatry*, 1996, 3(5), pp. 241–253.